JEZUS. EEN BIOGRAFIE

Lambert J. Giebels

Jezus. Een biografie

Mythe en werkelijkheid

2004 Uitgeverij Bert Bakker Amsterdam

De uitgever heeft getracht alle rechthebbenden te achterhalen. Aan hen die desondanks menen aanspraak te kunnen maken op enig recht, wordt verzocht contact op te nemen met Uitgeverij Bert Bakker,
Postbus 1662, 1000 BR Amsterdam.

© 2004 Lambert J. Giebels
Omslagontwerp Geert Franssen
Omslagillustratie Vicente Juan Macip, *Ecce Homo*, Bridgeman Art Library
www.uitgeverijbertbakker.nl
ISBN 90 351 2631 9

Inhoud

Woord vooraf   7

I **De historiciteit van Jezus**
   Joodse en Romeinse bronnen   11
   De vier evangelies als historische bron   15
   De evangelies als volkslectuur   20

II **Beperkingen van de evangelies als historische bron**
   Versluiering van de historiciteit van de evangelies   24
   Anti-judaïsme en antignosticisme   28
   Historische interpretatie van de evangelieteksten   34
   De volkstelling ten tijde van keizer Augustus   36
   De geboorte van Jezus van Nazareth   39

III **Drieëndertig duistere jaren**
   Nazareth   47
   Jezus in Nazareth   51
   Begin van het openbare leven van Jezus van Nazareth   55
   Het onbestemde uiterlijk van Jezus van Nazareth   59

IV **De theocratie Palestina**
   De geschiedenis van de Israëlische theocratie   68
   De komst van de Romeinen   74
   Koning Herodes de Grote   78
   De verdeling van Herodes' rijk   82

V **Een bezet land**
   Pontius Pilatus   90
   De priesterstaat   95
   Broeiend messianisme   99

VI **De rabbi Jezus van Nazareth**
Rekrutering van de apostelen 105
De prediker 110
De bergrede 114
De magiër 118

VII **Het lijdensverhaal**
Van Galilea naar Judea 124
Jeruzalem 130
Het lijdensverhaal als midrasj 133
Het proces 137
De kruisiging 144

VIII **Is van Jezus een biografie te schrijven?**
Hybride van een biografie en een mythologie 149
Het begin van het kritisch bijbelonderzoek 152
Reimarus – Strauss – Renan 154
Albert Schweitzer 157
Bultmann 160
Bultmannianen en antibultmannianen 162
Een biografie van Jezus van Nazareth? 166

IX **Het historisch onderzoek naar Jezus van Nazareth**
Het huidige historisch onderzoek 174
Het tekstueel onderzoek 176
Dode-Zeerollen en de kruik van Nag Hammadi 179
Archeologische vondsten in Palestina 186
Ossuaria 192

Slotbeschouwing. Christendom zonder Christus
De kwestie van het verdwenen lijk 199
De christelijke invloed op de westerse beschaving 204
Globalisering 211
De profeet Jezus van Nazareth 213

Bibliografie 217
Illustratieverantwoording 220
Persoonsnamenregister 221

Woord vooraf

Het Nieuwe Testament is zo niet het meest gelezen dan toch het meest verspreide boek uit de wereldliteratuur – zelfs in onze ontkerstende wereld treft de gast van menige hotelketen het boek nog steeds als stichtelijke lectuur op zijn nachtkastje aan. Het Nieuwe Testament ontleent zijn bekendheid en wijde verspreiding aan de vier evangelies, die verhalen over de grondlegger van het christendom. Bieden deze verhalen het materiaal voor een biografie van Jezus?

De katholieke generatie waartoe ik behoor is opgegroeid met dagelijkse verkondiging van het evangelie, waarvan tijdens de Heilige Mis door celebrant of diaken een stuk werd voorgelezen. Wij leerden dat via de evangelisten God zelf tot ons sprak – zij het in de betekenis die het kerkelijk leergezag daaraan had gegeven. Aldus werden we vertrouwd gemaakt met de Waarheid, die met een hoofdletter werd geschreven. Zo kon op warme zomerdagen, wanneer de ramen van onze lagere school openstonden, de voorbijganger zulke ondoorgrondelijke wijsheden over het schoolplein horen schallen als: 'Er is één God in drie Personen, God de Vader, God de Zoon en God de Heilige Geest, en Zij zijn Eén!' Niet zelden reikte het Woord Gods te hoog voor het kinderlijke brein en raakte de scholier het spoor bijster in het vraag-en-antwoordspel waarin de katholieke geloofsleer werd aangereikt. Dan kon de jonge examinandus op de vraag 'Wie zijn de vier evangelisten?' ten antwoord geven: 'De vier evangelisten zijn deze drie, Petrus en Paulus, en zij zijn één.'

Nu ik zo vele decennia later ertoe kom de evangelies systematisch te lezen bemerk ik dat het kinderlijke antwoord nog zo gek niet was. Drie van de evangelies, die van Marcus, Matteüs en Lucas, zijn zo verwant met elkaar dat het lijkt of ze van elkaar hebben afgekeken; de drie worden vanwege hun onderlinge overeenkomsten dan ook de 'synoptische evangelies' genoemd. En er zijn exegeten die menen dat het vierde evangelie, dat aan Johannes wordt toegeschreven en dat van latere datum is, van de andere drie evangelies gebruik heeft gemaakt.

Als historicus en schrijver van enkele biografieën intrigeert mij de vraag of er een wetenschappelijke biografie van Jezus te schrijven is – een wetenschappelijk biografie, dat wil zeggen een levensbeschrijving gebaseerd op te verifiëren historische bronnen. Deze vraag en de beantwoording ervan zijn het thema van dit boek. Over Jezus zijn in de loop der eeuwen talloze boeken geschreven die door de auteurs ervan als een 'biografie' zijn gepresenteerd. Mijn boek is niet een zoveelste poging een Jezus-biografie te schrijven. Mijn intentie is tweeërlei. Ik wil laten zien met welke problemen de auteur van een wetenschappelijke biografie van Jezus zich geconfronteerd ziet. In de tweede plaats wil ik nagaan of de huidige stand van het historische onderzoek uitzicht biedt op een oplossing van deze problemen in de nabije of verdere toekomst. Om duidelijk te maken welke problemen een biografie van Jezus oplevert, zal ik eerst nagaan welke bronnen daarvoor beschikbaar zijn en daarvan de betrouwbaarheid proberen vast te stellen. Vervolgens zal ik het levenspad van Jezus volgen, voorzover dat uit de bronnen te reconstrueren valt, en dat plaatsen in de context van zijn tijd. Ook komt de vraag aan de orde of onder de vele biografieën over Jezus er een is die het epitheton 'wetenschappelijk' verdient. Ten slotte zal ik de huidige stand van zaken van het historisch onderzoek naar de figuur Jezus schetsen, alsook het perspectief dat dat onderzoek biedt.

Als historicus houd ik mij verre van de exegese, voorzover deze theologische doelen dient. De bijbelverklaring, waaraan zo vele grote geesten zo vele eeuwen hun krachten hebben gewijd, heeft niet alleen munitie aangedragen voor het theologische debat, doch heeft ook verscheidene historische wetenswaardigheden aan het licht gebracht. Een biografie van Jezus mag deze resultaten niet veronachtzamen.

Dit boek is geen religieus boek. Met religiositeit is het als met muzikaliteit: je moet er aanleg voor hebben. Voor beide ontbreekt mij het talent. Mijn boek is evenmin een antireligieus boek. Religieuze herinneringen als waarvan ik boven gewag maakte, doen mij niet met wrok omzien naar mijn katholieke jeugd, maar stemmen mij weemoedig. Ook word ik niet gedreven door een drang om af te rekenen met mijn puberteit, toen zoals bij zovelen van mijn generatie ook bij mij het kinderlijk geloven het moest afleggen tegen het nuchtere denken. Wat bij mij resteert van het geloof der vaderen is wat ik het beste kan omschrijven als een cultureel katholicisme. Ik ben mij ervan bewust dat in de taal waarin ik denk, in de klanken die ik hoor en in mijn visuele beleving de metaforen, klankkleur en beelden bezonken liggen van het katholieke milieu waarin ik ben opgegroeid en waarvan ik de sporen nog dagelijks in mijn omgeving ervaar. Van de sacramentele service die de katholieke kerk de gelovige biedt maak ik echter geen gebruik meer – niettemin hoop ik dat als het moment daar is, waarvan de evangelist zegt: 'gij kent dag noch uur', mijn nabestaanden mij met een vermanend 'Dies Irae' en een troostrijk 'In paradisum' ten grave zullen dragen.[1]

---

1 Dies Irae, Dies Illa (Die Dag, die Dag des Toorns) en In paradisum te deducant angeli (Mogen de engelen u op hun vleugelen het paradijs binnen voeren) zijn gezangen die gezongen worden tijdens de rooms-katholieke uitvaartmis.

I
De historiciteit van Jezus

De vraag die bij de lezer van de evangelies meteen opkomt is of ze het verhaal vertellen van een man van vlees en bloed. Het evangelie van Matteüs begint met een stamboom die de herkomst van Jezus – dat wil zeggen van zijn ('voedster-') vader Jozef – terugvoert tot Abraham, de legendarische joodse aartsvader wiens bestaan door de bijbelse geschiedenis twee millennia vóór dat van Jezus wordt gedateerd. Lucas voert in zijn 'geslachtslijst' van Jezus de genealogische verkenning zelfs terug tot Adam. Bijbelexegeten hebben zich niet gewaagd aan een datering van deze eerste mens uit het boek Genesis. Indien de bijbelse Adam dezelfde is als de homo sapiens, die aan het begin van het menselijke geslacht staat, dan moet hij volgens de huidige stand van de paleontologie ruim honderdduizend jaar geleden hebben geleefd. Stambomen van zulke diepgang lijken te behoren bij mythologische figuren, niet bij historische personages. Er zijn echter andere historische bronnen die melding maken van het bestaan van Jezus.

JOODSE EN ROMEINSE BRONNEN

De eerste historicus die getuigt over het bestaan van Jezus is de joodse geschiedschrijver Flavius Josephus, wiens oorspronkelijke naam Joseph ben Mathitjahoe ha-Kohen luidde. Zijn bekendste werk is *De joodse oorlog*, waarin hij verslag doet van de Grote Joodse Opstand tegen de Romeinen. De auteur kon met gezag hierover schrijven omdat hij zelf aan de opstand had deelgenomen, en wel aan beide zijden. De farizeese telg uit een priestergeslacht in Jeruzalem werd in 66 na Christus door de joodse leiders naar Galilea gestuurd om daar leiding te geven aan het verzet tegen de Romeinen. Joseph zag kennelijk weinig heil in zijn opdracht. Bij de verdediging van de vesting Jotapata gaf hij zich zonder slag of stoot over. De Romeinse belegeraar Varus leidde hem voor aan zijn bevelhebber generaal Vespasianus, aan wie de joodse gevangene met vooruitziende blik de keizerskroon voorspelde. Joseph redde daarmee niet alleen zijn leven, maar verwierf er ook de gunst van Vespasianus mee, die hem meestuurde met zijn zoon Titus op diens veldtocht tegen Jeruzalem. Na de val van de hoofdstad van Palestina en de verwoesting van de Tempel in 70 reisde Joseph in het kielzog van Titus naar Rome, waar hem het Romeinse burgerschap werd verleend. Hij latiniseerde zijn joodse naam Joseph tot Josephus en voegde er de familienaam van zijn beschermheer Vespasianus, 'Flavius', aan toe[1].

In zijn boek *De joodse oorlog*, dat hij tussen 75 en 79 in Rome schreef, neemt de schrijver het op voor de Romeinse overweldiger – of beziet althans de joodse opstand van de Romeinse kant. Dit werd hem door zijn volksgenoten, die de Farizeeër als een verrader waren gaan beschouwen, niet in dank afgenomen. Flavius Josephus rehabiliteerde zich enigermate tegenover hen met zijn tweede grote werk *De oude geschiedenis van de joden*, waarin hij de Grieks-Romeinse lezer vertrouwd maakte met het jodendom. Flavius Josephus is, zoals zal blijken, een waardevolle bron voor kennis over het Palestina ten tijde van Jezus van Nazareth. Over Jezus zelf spreekt hij slechts terloops, zoals wanneer hij hem identificeert als 'de broer van Jakobus'.

Bij Romeinse schrijvers zijn de opmerkingen over Jezus al even terloops. Ze wijden in hun geschriften slechts aandacht aan hem als de jood die Rome het lastige christenvolk op het dak heeft gestuurd. De eerste Romeinse getuigenis is van de schrijver Plinius de Jongere. Toen Plinius in 112 in Klein-Azië stadhouder was van Pontus en Bithynië, consulteerde hij keizer Trajanus over het te voeren beleid jegens het groeiend aantal christenen in zijn ambtsgebied. Waarschuwend zei hij erbij dat de christenen 'Christus als ware hij een God' vereerden, en ook dat ze de Romeinse tempels links lieten liggen. De keizer schreef de stadhouder terug dat hij geen heksenjacht tegen de christenen moest ontketenen. Wanneer ze werden aangebracht, dan moest hij hun de kans geven zich te bekeren 'door onze goden aan te roepen'; bleven ze hardnekkig in hun bijgeloof dan moest hij hun een afstraffing geven.

Omstreeks dezelfde tijd maakt ook Plinius' beschermeling, de Romeinse historicus Suetonius, terloops gewag van de Christusfiguur. Hij doet dat in zijn bekende keizersbiografie, waarin hij biografische schetsen geeft van Julius Caesar tot Domitianus. In de levensschets van keizer Claudius vertelt Suetonius dat

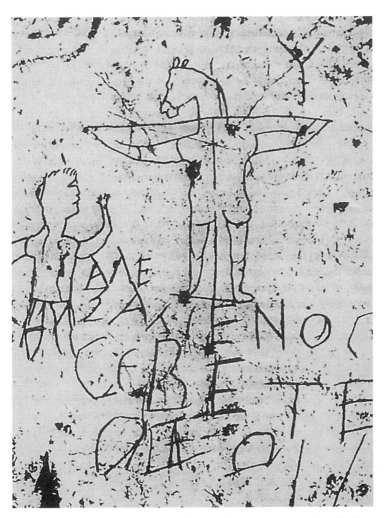

Afb. 1. De Romeinen beweerden dat de christenen een ezel aanbaden; graffito uit de tweede eeuw.

'joden opgehitst door de agitator Christus ongeregeldheden veroorzaakten en daarom [rond 50] uit Rome verdreven werden'. De meest bekende en ook exacte Romeinse vermelding van het bestaan van Jezus is een passage in de *Annalen* van de beroemde Romeinse historicus Tacitus. Tacitus is al evenmin te spreken over de lastige sekte onder de Romeinse joden met het even kinderlijke als hinderlijke bijgeloof dat ze van Palestina naar Rome hebben overgebracht. Hij schrijft dat de aanhangers in de volksmond 'christenen' worden genoemd en zegt erbij: 'De naam is afgeleid van een zekere Chrestos, die onder keizer Tiberius door toedoen van de procurator [van Judea] Pontius Pilatus is gekruisigd.'

Een wat latere Romeinse getuige ten slotte, uit de tweede eeuw, is Lucianus van Samosata, een cynische filosoof die op spottende toon zijn laatdunkende mening over de mensheid aan de lezer doorgeeft. Schrijvend over zijn geboortestreek Pontus – hetzelfde gebied waarover Plinius aan keizer Trajanus zijn bezorgdheid over het oprukkende christendom had voorgelegd – vertelt Lucianus dat het daar vol zit met 'epicuristen en christenen'. De Christus die de favoriet is van de christenen omschrijft hij als 'de eerste wetgever van de christenen, een sofist en magiër, die in Palestina gekruisigd is'.

De vroegste schriftelijke christelijke getuigenis over Jezus zijn niet de evangelies, maar de brieven van Paulus. Hij was de jood Saul uit het hellenistische Tarsus, waar hij omstreeks 10, naar eigen zeggen als Romeins burger, was geboren, en die in Jeruzalem was opgeleid in een streng farizees milieu. Saul latiniseerde zijn joodse naam tot Saulus. Saulus heeft verteld dat hij aanvankelijk de christenen vervolgde, maar dat hij, op weg naar Damascus met blindheid geslagen, een visioen had van Jezus. De verschijning had hem overgehaald tot het christendom en hem naast de twaalf apostelen die Jezus bij zijn leven had aangeworven, postuum als dertiende apostel ingelijfd. Volgens de overlevering bracht de schokkende ervaring Saulus ertoe zijn naam te wijzigen in Paulus. Paulus moet zo niet de eigenlijke oprichter, dan toch de organisator van het christendom worden genoemd. Hij was de succesvolste missionaris van de nieuwe leer onder de 'heidenen' – tot wie joden iedereen rekenen die niet hun geloof deelden. De missiereizen van Paulus omspanden een groot deel van het Romeinse Rijk, van Turkije tot (waarschijnlijk) Spanje. In zijn brieven, waarvan er veertien door opneming in het Nieuwe Testament zijn gecanoniseerd,[2] beleerde, vermaande en bemoedigde hij de kleine kuddes gelovigen, aan wie in zijn missiegebied de blijde boodschap was verkondigd, en correspondeerde hij met zijn volgelingen, zoals Timotheus en Titus, die hij *episkopoi*, bisschoppen noemde. In zijn brieven schrijft Paulus uiteraard ook over Jezus, die hij de Verlosser noemt. Als biografische bron zijn de brieven nogal mager. Over de Jezusfiguur wordt niet veel meer verteld dan dat hij een jood was, enkele broers had, onder wie bovengenoemde Jakobus, dat hij zich had omringd met twaalf apostelen en dat hij was gestorven, begraven en uit den dode was opgestaan.

Als Jezus van Nazareth is gestorven, dan is hij geboren en heeft hij geleefd. Geboorte, leven, dood vormen de grondstructuur van een biografie.

DE VIER EVANGELIES ALS HISTORISCHE BRON

De vier evangelies vermelden de Jezusfiguur niet slechts terloops, doch zijn volledig aan zijn persoon gewijd. Zij vormen daarmee een onmisbare historische bron voor een biografie van Jezus van Nazareth. Ze lijken ook een betrouwbare bron. De vier evangelisten geven heel wat meer bijzonderheden over hun leermeester Jezus dan bijvoorbeeld de dialogen van Plato en de 'memoires' van Xenophon over Socrates verschaffen, die niettemin als een ons vertrouwde filosoof uit het Athene van de Gouden Eeuw naar voren treedt. Met Socrates heeft Jezus gemeen dat hij zelf geen geschriften heeft nagelaten; evenals we Socrates' filosofie kennen via Plato's dialogen, zo kennen we Jezus' leer door de evangelies.

Van de vermoedelijke auteurs van de evangelies behoorden twee, de ex-douaneambtenaar Matteüs en Johannes, een vissersszoon, tot de apostelen, en hebben Jezus van Nazareth dus persoonlijk gekend. Marcus, een man uit een joods priestergeslacht, was een vertrouweling van de apostel Petrus, die hem ertoe aanzette om wat hijzelf allerwegen preekte over de Heiland op papier te zetten. De best geïnformeerde evangelist lijkt mij Lucas, een waarschijnlijk niet-joodse arts uit Antiochië – die volgens de overlevering ook schilder was en daarom de patroonheilige van het schildersgilde was. Lucas heeft naast zijn evangelie de Handelingen der Apostelen geschreven, waarin hij na de dood van Jezus van Nazareth de draad van zijn evangelie weer oppakt en vertelt hoe het de twee belangrijkste apostelen, Petrus en Paulus, is vergaan. Evenals Lucas' evangelie zijn ook de door hem geschreven Handelingen der Apostelen in het Nieuwe Testament opgenomen. In het voorwoord van beide boeken richt Lucas zich tot een zekere Teofilus. Hij spreekt deze 'Godsvriend' aan met 'hoogedele', een aanspreektitel die in de Romeinse tijd was voorbehouden aan hooggeplaatste functionarissen – maar wie en wat de adressaat van Lucas is geweest is in de nevelen der bijbelse geschiedenis verloren gegaan.

Lucas was reisgezel en een soort secretaris van Paulus. Toen zijn patroon om niet helemaal duidelijke redenen in de jaren 58-59 door de procurator van Judea in diens residentie Caesarea werd vastgehouden, maakte Lucas van het gedwongen oponthoud aan de Middellandse-Zeekust nuttig gebruik door research te doen in het achterland Galilea, waar Jezus vandaan kwam. Kennelijk heeft hij meerdere getuigen uit Jezus' tijd kunnen interviewen, onder wie opvallend veel vrouwen. In het voorwoord bij zijn evangelie schrijft Lucas aan de 'hoogedele' – en daarom wellicht kritische – Teofilus 'van meet af aan alles nauwkeurig te hebben onderzocht'. Met deze verantwoording presenteert Lucas zich als een kroniekschrijver die serieus werk heeft gemaakt van zijn historisch onderzoek.

Over de tijd van ontstaan van de vier evangelies vertoont de historische exegese geen eenstemmigheid. Bij de datering daarvan tekent zich een tegenstelling af, die we vaker zullen signaleren, een tegenstelling namelijk tussen de gelovige exegeet en de kritische historicus. De eerste dateert de drie synoptische evangelies vóór het jaar 70, omdat daarin door Jezus de verwoesting van de Tempel in dat jaar wordt voorspeld,[3] en een profetie verdient slechts die naam wanneer zij aan de voorspelde gebeurtenissen voorafgaat. De historicus, in wiens gereedschapskist de profetie ontbreekt, concludeert uit de mededeling over de verwoesting van de Tempel dat de synoptici hun evangelies ná 70 hebben opgetekend. Meer eenstemmigheid bestaat over de datering van het Johannes-evangelie, waarvan vrijwel unaniem wordt aangenomen dat het op het eind van de eerste eeuw is opgetekend.

Aan de optekeningen door de evangelisten ligt naast hun eigen ervaringen oral history over de figuur Jezus ten grondslag uit de vroegste christengemeente. Dit betekent dat de oorspronkelijke optekeningen over Jezus van Nazareth in de evangelies jong genoeg zijn om ze als contemporaine bronnen te betitelen, hetgeen hun betrouwbaarheid lijkt te schragen – verscheidene hedendaagse biografieën beschrijven historische figuren wier leven in een veel verder verleden ligt, en worden niettemin als authentiek geprezen.[4]

De autografen van de vier evangelies zijn verloren gegaan; ze zijn overgeleverd in afschriften, waarvan de eerste slechts fragmentarisch bewaard zijn gebleven. Het oudste fragment bestaat uit enkele passages (perikopen) uit het Johannes-evangelie, die van het begin van de tweede eeuw dateren, dus niet lang na de optekening van dit evangelie. Het fragment is gevonden in Egypte, waar het broze papyrusmateriaal dankzij het droge klimaat de tand des tijds heeft doorstaan. De eerste complete, perkamenten, teksten van de bijbel zijn de *codex Sinaïticus* en de *codex Vaticanus*. De eerste stamt uit de vierde eeuw en is in 1844 door de Duitse geleerde Konstantin von Tischendorf opgespoord in een klooster in de Sinaïwoestijn; hij berust thans in het British Museum. De tweede codex, de *codex Vaticanus*, die in katholieke kring het meeste gezag geniet, stamt eveneens uit de vierde eeuw; hij berust al sedert 1448 in de bibliotheek van het Vaticaan. De tijdspanne tussen de optekening van de evangelies en de eerste authentieke codices lijkt lang. Maar handschriften van bijvoorbeeld Thucydides en Plato, waarop we voor de kennis van hun werken zijn aangewezen, zijn duizend jaar jonger dan hun originelen. De tijd die ligt tussen de autografen van de evangelies en de oudste codificatie ervan bestrijkt nauwelijks twee eeuwen.

Voor de beoordeling van de historische inhoud van de vier evangelies is de volgorde van hun ontstaan van belang. Deze bepalen wordt extra bemoeilijkt doordat aan hun optekening, wat ik boven noemde, oral history is voorafgegaan; de ene evangelist kan aan het schrijven zijn gegaan terwijl de andere nog bezig was met zijn research. Omdat bekend is dat het Johannes-evangelie van later datum is, doet de vraag over de volgorde van ontstaan zich voor bij de drie synoptische evangelies, van Marcus, Matteüs en Lucas. De volgordekwestie wordt door de historische exegeten dan ook het 'synoptische vraagstuk' genoemd. Oplossing van dit vraagstuk is voor de historische exegese van belang omdat met behulp daarvan kan worden nagespeurd welke auteur bij welke auteur voor welke passages te rade is gegaan, waarmee kan worden vastgesteld welk evangelie de oorsprong vormt van de drie.

Lange tijd heeft de rooms-katholieke exegese het discours over het synoptische vraagstuk gedomineerd. Augustinus had het Matteüs-evangelie als het oudste aangewezen en aan deze apodictische uitspraak van de even heilige als geleerde kerkvader uit het begin van de vijfde eeuw heeft het Vaticaan door de eeuwen heen vastgehouden. Een in 1902 door paus Leo XIII ingestelde bijbelcommissie heeft in 1912 de katholieke exegeten deze Vaticaanse conclusie nog eens ingescherpt en doordat sedert het dogma van de pauselijke onfeilbaarheid van 1870 het 'Roma locuta, causa finita' nog volop van kracht was, hebben katholieke exegeten tot diep in de twintigste eeuw de stelling verdedigd dat het Matteüs-evangelie aan de bron van de synoptische evangelies heeft gestaan.[5]

Er is een recente exegeet, de Oostenrijker David Flusser, die Lucas als de auteur van het oudste evangelie aanwijst – de evangelist die, zoals ik eerder opmerkte, met zijn research in Galilea nog het meest beantwoordt aan het profiel van een historicus. Flusser is een van de weinige joodse geleerden die zich hebben gemengd in de voornamelijk christelijke exegese van de evangelies. Hij kreeg naar eigen zeggen belangstelling voor de evangelies nadat hij in de figuur Jezus het religieuze genie had ontdekt. Het meest bekende werk van de joodse bijbelgeleerde is *Jezus, een joodse visie*, waarvan de laatste bewerking in 1998 is verschenen, kort voor zijn dood. Doordat Flusser meer dan christelijke exegeten doen bij rabbijnse bronnen te rade gaat slaagt hij erin de lezer de joodse gestalte van Jezus van Nazareth te doen herkennen, en ook om de anti-judaïsche teneur van het evangelieverhaal uit te bannen. Flusser heeft daarvoor Lucas nodig als de evangelist die de andere is voorgegaan, omdat diens evangelie een 'neutrale' houding jegens de joden aanneemt, terwijl de andere drie doortrokken zijn van een anti-judaïsme – dat bij Johannes bepaald een virulent karakter aanneemt.

Ondanks de Vaticaanse oekaze en Flussers tour de force overheerst tegenwoordig de overtuiging in exegetische kring dat het evangelie van Marcus het eerste van de synoptische evangelies is – een opvatting die al vanaf de achttiende eeuw in protestants-christelijke kring opgang maakte. Tekstkritisch onderzoek had namelijk aanwijzingen gegeven dat het evangelie van Marcus aan dat van Matteüs en dat van Lucas moet zijn voorafgegaan. Want bij beide laatsten zijn verscheidene perikopen te vinden die onderling een opvallende overeenstemming vertonen en die op hun beurt een soms vrijwel woordelijke pendant vinden in het Marcus-evangelie. De tekstanalyse bracht echter ook aan het licht dat de evangelies van Matteüs en Lucas verscheidene onderling overeenkomende perikopen bevatten die níet op Marcus zijn terug te voeren. Ter oplossing van dit verwarrende probleem lanceerde eind negentiende eeuw de Duitse exegeet Johann Weiss de creatieve hypothese dat Matteüs en Lucas naast Marcus nog een andere gemeenschappelijke bron hebben gebruikt, die verloren moet zijn gegaan. Weiss gaf deze bron de naam 'Q-evangelie' – naar het Duitse woord *Quelle*, bron. De hypothese van de onbekende Q-bron heeft ruime aanhang gekregen.

Exegese is niet alleen een terrein der wetenschap, zij biedt ook een strijdperk waarop kampvechters steeds weer het rapier opnemen tegen de overwinnaar in de laatste pennenstrijd. De hypothese van de Duitser uit de negentiende eeuw kwam onder vuur te liggen van twintigste-eeuwse bijbelvorsers. Onder hen zijn er die de hypothese van een onbekende Quelle-hypothese wel willen aanvaarden, echter niet als een enkelvoudige bron, maar als een veelvoud van schriftelijke bronnen. Het zal de lezer niet verwonderen dat er bij al dit exegetische gekrakeel over het eerstgeboorterecht der synoptische evangelies moderne exegeten zijn die zich mismoedig hebben afgekeerd van het synoptische vraagstuk. Zij menen dat wel nooit exact kan worden vastgesteld wie het eerst zijn onderzoek van mondelinge overlevering over Jezus van Nazareth heeft beëindigd en aan het schrijven is gegaan.

DE EVANGELIES ALS VOLKSLECTUUR

Het is een uitzonderlijk verschijnsel dat volkslectuur tot de status van wereldliteratuur wordt verheven, en dat volksschrijvers stof bieden voor eeuwenlange disputen over hun geschriften door de fine fleur der geleerdenwereld. Dit is wat de auteurs van de evangelies is overkomen. Hun stijl is soms gebrekkig, hun taal veelal simpel – er zijn overigens gelovige evangelielezers die deze eenvoud zien als bewijs van de authenticiteit van de evangelies, omdat je van de ongeletterde auteurs geen literaire hoogstandjes kunt verwachten. De drie synoptische evangelies zijn narratief, verhalend, van aard. Het zijn geen ongeordende legenden rond de figuur van Jezus, zoals het geval is met de meeste apocriefe evangelies (waarop later wordt ingegaan). De auteurs willen een doorlopend verhaal vertellen en proberen dat in te passen in een biografisch kader.

Het evangelie van Marcus, dat voor velen als de bron van de synoptische evangelies wordt beschouwd, is verreweg het kortst. Het is bepaald onbeholpen van taal en stijl. Zo zaait de schrijver door zijn tekst de stoplap *kai euthus...* (en meteen), zoals een scholier zijn eerste opstellen doorspekt met 'en toen...' De beste verteller, die bovendien fraai Grieks schrijft, is degene die we boven voordroegen voor de titel van christelijk patroon der geschiedschrijvers, de ex-arts uit Antiochië Lucas. Welke auteur uit de Oudheid kan zich erop beroemen dat een verhaaltje van zijn hand – over de geboorte van Jezus van Nazareth – bijna twee millennia later ieder jaar weer in kerken over de hele wereld wordt voorgelezen, en via radio en tv tot honderden miljoenen huisgezinnen doordringt? Het evangelie van Matteüs, wiens retorische stijlfiguren door sommigen worden geapprecieerd, is het

Afb. 2. De evangelist Lucas als ikonenschilder; Russisch ikoon achttiende eeuw.

langst en uitvoerigst, en daardoor voor de exegese een vruchtbare akker, waarvan rijkelijk wordt geoogst, maar waarin ook naarstig wordt gewied.

Het Johannes-evangelie, dat zich graag bedient van de stijlfiguur van de *repetitio*, opent met de welluidende regels:

> In den beginne was het Woord
> En het Woord was bij God
> En het Woord was God

Dit was in den beginne bij God.
Alles is door Hem geworden
en zonder Hem is niets geworden van wat geworden is.
In Hem was leven,
en dat leven was het licht der mensen.
En het licht schijnt in de duisternis
en de duisternis nam het niet aan.

Hier lijkt een gnostische dichter het woord te nemen in plaats van een evangelische chroniqueur. De zwaarmoedigheid die tussen de regels hangt kondigt al de toon aan van de sombere auteur van de 'Apocalyps', een aan Johannes toegeschreven geschrift dat eveneens zijn weg naar het Nieuwe Testament gevonden heeft. Het Johannes-evangelie springt eruit doordat het meer dan de drie andere beschouwend van aard is. De schrijver legt het accent op de afscheidsrede van zijn geliefde leermeester bij het Laatste Avondmaal, waarin hij Jezus diens bedoelingen laat ontvouwen en een boodschap voor het nageslacht laat geven. Naast poëtische bespiegelingen bevat Johannes' evangelie ook verscheidene mededelingen van feitelijke aard. Ze verdienen de aandacht omdat van alle apostelen Johannes, die door Jezus zijn meest geliefde leerling werd genoemd, het intiemst met hem omging.

De taal waarin de evangelies zijn overgeleverd – en drie ervan ook oorspronkelijk zijn opgetekend – is het *Koinè*, het volkse Grieks. Het was de taal welke na de veroveringen van Alexander de Grote de lingua franca was geworden van de oostelijke landen rond de Middellandse Zee. Grieks werd ook de taal der geletterden in de overige delen van het *imperium Romanum*. Het lezerspubliek dat door de evangelies werd bereikt kan daarom voor die dagen als wereldwijd worden bestempeld. Van het Matteüs-evangelie, waarvan alleen de Griekse tekst is overgeleverd, nemen exegeten aan dat het oorspronkelijk in het Aramees is geschreven – maar de tekst daarvan is verloren gegaan. Het Aramees, dat de voertaal was in Palestina ten tijde van Jezus van Nazareth en dat vermoedelijk stamt uit Mesopotamië (het huidige Irak) was verwant aan het Hebreeuws, waarin de meeste boeken van het Oude Testament zijn geschreven; het verschilde echter van het Hebreeuws net zozeer als het moderne Grieks van het klassieke Grieks.

1 De correcte spelling van de naam van de joodse historicus zou eigenlijk Josephus Flavius zijn; ik volg in dit boek de gebruikelijke naamaanduiding Flavius Josephus.
2 De brief aan de Hebreeën is zeker niet van Paulus; vele exegeten beschouwen slechts zeven brieven in het Nieuwe Testament als authentiek Paulinisch, sommigen nog minder.
3 Jezus kondigde daarbij aan dat hij de Tempel in drie dagen weer zou opbouwen. Dit is een voorzegging die thans, bijna twee millennia later, nog steeds niet in vervulling is gegaan; van de verwoeste tempel in Jeruzalem resteert nog slechts de Klaagmuur.
4 Als voorbeeld mag gelden een nog immer veelgelezen standaardwerk uit het einde van de achttiende eeuw, *History of theDecline and Fall of the Roman Empire,* van Edward Gibbon, dat authentieke biografische schetsen bevat van Romeinse keizers die anderhalf millennium voor Gibbons tijd hadden geleefd.
5 De encycliek *Divino Afflante Spiritu* van 1943 heeft de teugels wat gevierd; zij heeft in een nieuwe uitgave van het *Enchiridion Biblicum* laten opnemen dat het katholieke bijbelvorsers is toegestaan in alle vrijheid hun bijbelonderzoekingen te verrichten, mits de standpunten en uitspraken die ze daaruit destilleren 'middellijk noch onmiddellijk met waarheden van het geloof en zeden in betrekking staan'.

II
Beperkingen van de evangelies als historische bron

De evangelies vormen een onmisbare bron voor een biografie over Jezus van Nazareth, maar ze bezitten een aantal eigenschappen die hun historiciteit danig versluieren. Bovendien hebben anti-judaïsme en antignosticisme hun historiciteit aangetast. Het zoeken naar historische feiten in de evangelieteksten is als het winnen van edele metalen. Zoals goud en zilver moeten worden ontdaan van de ertslaag die zich om de mineralen heeft gevormd, zo moet men feiten uit het leven van Jezus van Nazareth zuiveren van legenden en mystificaties die de evangelies rond die feiten hebben gesponnen.

VERSLUIERING VAN DE HISTORICITEIT VAN DE EVANGELIES

De eerste versluiering vloeit voort uit de intentie van de auteurs. Weliswaar hebben de evangelisten hun verhalen over Jezus trachten in te passen in een biografisch kader, het was evenwel niet hun opzet een biografie te schrijven. Wat zij beoogden was de heilsboodschap verkondigen. Het Griekse woord *evangelion* heeft de betekenis van 'goed nieuws'. De boodschap was dat de geliefde leermeester met zijn dood de mens heeft verlost uit de erfzonde – waarmee de mensheid is belast sedert Eva, verleid door de slang, en haar volgzame eega Adam aten van de verboden vrucht van de boom van de kennis van goed en kwaad, en deswege door Jahwe uit het paradijs werden verjaagd. De heilsboodschap was dat Christus ten teken van zijn overwinning op de duivel uit het graf was opgestaan.

Dat het inderdaad ging om de verrezen Christus, heeft de reislustige propagandist van het christendom Paulus de volgelingen van het nieuwe geloof ingeprent. In een van zijn brieven houdt hij de Corinthiërs voor: ware Christus niet verrezen, dan zou het geloof in hem ijdel zijn. De evangelisten zijn hun verhaal begonnen – daar zijn bijbelvorsers het over eens – met het lijdensverhaal, culminerend in de verrijzenis die van Jezus van Nazareth Jezus Christus maakte, de Messias.[1] Wat zij vertellen over het leven van Jezus van Nazareth is in wezen een lange inleiding op hun boodschap over de gekruisigde en verrezen Christus. De lezer van de evangelies moet daarom erop bedacht zijn dat de historische Jezus van Nazareth door de evangelisten naar de Christusfiguur is gemodelleerd, en dat in de evangelies daardoor de grens tussen verkondiging en geschiedenis nogal eens wordt versluierd.

Een tweede factor die de historische inhoud van de evangelies versluiert is van taalkundige aard. De eloquente rabbi Jezus van Nazareth placht wat hij aan zijn toehoorders wilde overbrengen, te verpakken in welluidende metaforen en allegorieën, en versterkte zijn beeldspraak graag met krachtige hyperbolen. De geijkte vorm waarin Jezus zijn metaforen, allegorieën en hyperbolen goot, is die van de parabel, waarvan er in de evangelies niet minder dan 28 te vinden zijn. Jezus – en degenen die zijn woorden hebben opgetekend – was zo'n meester in het metaforisch taalgebruik dat talrijke gezegden van hem in alle talen zijn doorgedrongen. Wie kent niet de vergelijking van de splinter in het oog van de ander met de balk in het eigen oog, van de gewillige geest en het zwakke vlees, van oude wijn in nieuwe zakken, van het licht dat men niet onder de korenmaat moet zetten, *e tutti quanti*?

Een probleem dat metaforisch taalgebruik schept, is dat het bij toehoorder en lezer onzekerheid laat of de spreker het figuurlijk of letterlijk bedoelt. Waarschijnlijk zullen de Galilese toehoorders van de gedreven rabbi het beeld van de vuuroven die de verdoemde in de hel te wachten zou staan, 'waar het geween is en geknars van tanden', wel met een korreltje zout hebben genomen. Maar hoe verstonden zij een uitspraak als: 'Want de Mensenzoon zal komen in de heerlijkheid van de Vader, vergezeld van zijn engelen, en zal dan ieder vergelden naar zijn daden'?

Hebben zij zulke woorden opgevat als een fraaie metafoor of als diepe wijsheden, zoals generaties van theologische exegeten hebben gedaan, die uit deze en dergelijke woorden en beelden diepzinnige leerstellingen hebben geput?

Bovenal hebben exegeten zich gelaafd aan de door de evangelies overgeleverde woorden van Jezus bij het Laatste Avondmaal, toen hij zijn disgenoten brood en wijn aanreikte, verklaarde dat dit 'zijn vlees en bloed' was en hen verzocht dit in de toekomst te blijven doen te zijner nagedachtenis. Moeten we woorden en gebaar letterlijk opvatten, zoals de katholieke doctrine voorschrijft, die leert dat de priester bij de eucharistie tijdens de Heilige Mis deze wonderlijke transsubstantiatie steeds weer herhaalt? Of moet men woorden en gebaar van de gastheer in de richting van zijn disgenoten, die tijdens de Avondmaalsviering worden herdacht, als symbolisch zien, zoals de opvatting en de praktijk is in protestants-christelijke kerken[2] – een opvatting die tegenwoordig overigens ook bij katholieke theologen ingang begint te vinden?

Ik lijk hiermee het glibberige pad van de theologische exegese te betreden, waarvan ik in het voorwoord zei me verre te zullen houden. Voor een biograaf van Jezus, van wie mag worden verwacht dat hij de ontwikkeling van de psyche van zijn held tracht te doorgronden, is het echter een relevante vraag hoe serieus Jezus van Nazareth zelf deze abracadabra heeft genomen die hem in de mond is gelegd.

Een derde versluierende invloed op de inhoud van de evangelies komt voort uit wat ik wil omschrijven als 'de dictatuur van het Oude Testament'. In volgende hoofdstukken zal meermalen blijken dat in de evangelies beweringen van Jezus van Nazareth en gebeurtenissen uit zijn leven worden gestaafd met de annotatie 'opdat het Woord van de Schrift zou worden vervuld' – en Jezus zelf lijkt zich terdege bewust te zijn van dit historiserend 'bewijs'. In de beoordeling van de bewijsvoering van de authenticiteit van de evangelies vanuit het Oude Testament tekent zich wederom de scheidslijn af tussen de gelovige lezer en de kritische historicus. De gelovige ziet in het in vervulling gaan van wat Jeremia, Jesaja, Zacharia en al die andere profeten hebben voorzegd, een overtuigende aanwijzing van de authenticiteit van het evangeliewoord. De historicus stemmen deze voorzeggingen echter wantrouwig; ze roepen bij hem de sceptische vraag op of de bijbelvaste auteurs van de evangelies wellicht gebeurtenissen die ze verhalen laten gebeuren omdat zij menen dat ze zijn voorzegd.

De vierde omstandigheid die de biograaf tot voorzichtigheid noopt wanneer hij de historiciteit van de inhoud van de evangelies wil vaststellen, schept tevens de belangrijkste splijtzwam tussen de gelovige en de kritische lezer van de evangelies. Er zijn diep gelovigen – al wordt hun aantal steeds kleiner – die ervan overtuigd zijn dat toen de vier evangelisten de woorden en daden van Jezus optekenden hun schrijfstift werd geleid door de Heilige Geest, en dat het aan de zorgzaamheid van deze zelfde Heilige Geest te danken is dat hun optekeningen twee eeuwen later ongeschonden zijn neergelegd in de twee genoemde codices – waaraan onze bijbelvertalingen zijn ontleend. Voor de historicus, die het uiteraard zonder de Heilige Geest moet stellen, lijkt het daarentegen meer dan logisch dat de autografen het stempel dragen van het laatste kwart van de eerste eeuw waarin zij zijn ontstaan, toen de christelijke beweging vorm kreeg.[3] 'Evangelie' betekent immers 'goed nieuws'. Dat houdt in dat het goed nieuws moest zijn voor de lezers van de jaren 70 tot 100 toen de evangelies werden gepubliceerd, dat wil zeggen kort na de Grote Joodse Opstand, en dat ze voor de lezer actueel moesten zijn. De evangelisten hadden er in hun nieuwsvoorziening rekening mee te houden wie vriend en vijand was van hun lezerspubliek, net als hedendaagse journalisten dat doen.

Een nog sterkere beïnvloeding door de tijdgeest van hun ontstaan moeten de codices hebben ondergaan, die in feite kopieën van kopieën van kopieën zijn van de oorspronkelijke evangelieteksten, en (met de hand) kopiëren was tot de uitvinding van de boekdrukkunst de enige methode om teksten te vermenigvuldigen. Ik noemde de periode van rond twee eeuwen die ligt tussen de oertekst en de eerste codices betrekkelijk kort, wanneer men die bijvoorbeeld vergelijkt met de periode van duizend jaar die ligt tussen autografen en vroegste handschriften van klassieke Griekse schrijvers. Kopiisten van Thucydides' *De Peloponnesi-*

sche Oorlog zullen echter weinig aanvechting hebben gehad het manuscript van de grote historicus te verbeteren. De kopiisten van de evangelies kenden die aanvechting wel. In de loop van de tweede en derde eeuw, waarin de kopiisten aan het werk waren, kreeg de christenbeweging organisatorisch gestalte en theologisch inhoud. De lezer van de evangelies zal er rekening mee moeten houden dat bij het kopiëren van de autografen van de evangelies de oorspronkelijke tekst van de evangelies is aangepast aan de ontluikende theologie en dat zulks in de codices sporen heeft achtergelaten.[4]

In volgende hoofdstukken zal blijken hoe eerst de optekening door de evangelisten van de mondelinge overleveringen over Jezus van Nazareth en diens leer gekleurd is door de stemming onder de eerste christenen, en hoe daarna de kopiëring van hun geschriften invloeden van hun tijd en omgeving heeft ondergaan. Hier wil ik aandacht wijden aan twee verstrekkende effecten van dit beïnvloedingsproces.

ANTI-JUDAÏSME EN ANTIGNOSTICISME

De 'joodse sekte', zoals Romeinse schrijvers het christendom zagen, moest in die eerste eeuwen zijn positie bepalen tegenover het Mozaïsche jodendom waaruit hij was ontstaan. De bakermat van het christendom, Jeruzalem, was aanvankelijk ook het centrum van de geloofsleer. De leider van het vroegste christendom in Jeruzalem was Jezus' broer Jakobus; hij was pas na de dood van Jezus diens volgeling geworden, maar had zich toen ook met hart en ziel gestort op de verspreiding van de leer die zijn (half)broer had nagelaten. Uit wat over hem is overgeleverd komt Jakobus over als een beminnelijk man die natuurlijk gezag uitstraalde; bovenal was hij een toegewijde, vrome jood, van wie werd gezegd dat hij almaar bad en daardoor zo veel eelt op zijn knieën had dat ze leken op die van een kameel. Onder invloed van Jakobus ontwikkelde het christendom dat na de dood van Jezus in Jeruzalem ontlook zich tot een joods christendom. Was Jeruzalem het centrum gebleven van het nieuwe geloof, dan had de jonge beweging misschien kunnen ingroeien in het jodendom, en had daarbinnen wellicht een reveil teweeg kunnen brengen. Ook was denkbaar geweest dat het traditionele Mozaïsche jodendom, dat ongetwijfeld aan een reveil toe was, met de nieuwe leer van de profeet Jezus van Nazareth was versmolten. Geen van beide gebeurde: het tegendeel vond plaats.

Doordat in het Jeruzalem van de jaren dertig en veertig van de eerste eeuw de controverses tussen orthodoxe joden en volgelingen van Jezus steeds scherper werden, groeiden jodendom en christendom steeds verder uit elkaar in plaats van naar elkaar toe. De groeiende tegenstelling werd opgeroepen door provocaties over en weer. Zo bleef de apostel Petrus, de tweede leider van Jezus' volgelingen in Jeruzalem, de Joodse Hoge Raad, het sanhedrin, achtervolgen met openlijke beschuldigingen dat die Jezus aan de Romeinen had uitgeleverd en wreed had laten ombrengen. Petrus bracht het sanhedrin met deze beschuldiging in een moeilijk parket, want een ontkenning daarvan zou de Romeinse prefect Pontius Pilatus, die het doodvonnis had getekend, in het geding brengen. De Romeinse bezetter verwachtte van de Raad dat deze diens maatregelen sauveerde. Het sanhedrin reageerde op de provocaties van Petrus door hem te laten arresteren, en dwong hem na een wonderlijke ontsnapping voor haar hof te verschijnen, waar Petrus en de volgelingen van Jezus met ernstige maatregelen werden bedreigd.

De wederzijdse irritaties namen toe doordat de volgelingen van Jezus vanuit Jeruzalem met succes hun aanhang probeerden uit te breiden in Palestina en in de joodse diaspora, waar onder alle lagen van de bevolking bekeerlingen werden gewonnen. Tot de bekeerlingen behoorden vele gehelleniseerde joden uit de steden – zij waren de eersten die aan Jezus' volgelingen de geuzennaam 'christenen' gaven. Orthodoxe joden, wier orthodoxie een sterke nationalistische inslag had, beschouwden hellenistische joden niet alleen als afvalligen, maar bovendien als collaborateurs van de Romeinse bezetter. Het eerste slachtoffer van de steeds verder escalerende conflicten was in het jaar 35 de joodse christen Stefanus. Omdat hij in zijn preken met het hellenisme flirtte en zelfs zou hebben opgeroepen met de tempeldienst te breken, werd hij door woedende orthodoxe joden op gezag van het sanhedrin gestenigd. Stefanus werd de eerste christelijke martelaar.

Afb. 3. De apostel Paulus in de gevangenis; paneel Rembrandt, Neurenberg Germanische Museum.

Naarmate de nieuwe leer zich verbreidde over het Romeinse Rijk buiten Palestina en er meer en meer niet-joden het christelijke geloof omhelsden werd de kloof tussen christendom en jodendom wijder. De niet-joodse christenen ervoeren de ingewikkelde zuiveringsrituelen en spijswetten, de strenge sabbatviering en vooral de verplichte besnijdenis van de Mozaïsche wetgeving als vreemde gebruiken, waarvan ze af wilden. Paulus, de succesrijke missionaris van het christendom onder de heidenen, wilde zijn bekeerlingen verlossen van deze knellende band. Hij vond een medestander in Petrus, aan wie in een hemels visioen was geopenbaard dat je niet-joodse christenen niet kon dwingen zich aan de Mozaïsche spijswetten te onderwerpen. In het jaar 45 kwamen de apostelen, met aarzelende instemming van Jakobus, in Jeruzalem overeen dat niet-joodse christenen niet langer verplicht konden worden zich aan de Mozaïsche rituele wetten te houden. Eenmaal weer op missiepad ging Paulus echter een stap verder. Hij wilde er helemaal van af, van de Mozaïsche verplichtingen, ook voor joodse christenen. In het jaar 58 werd hij hiervoor door een concilie naar Jeruzalem ter verantwoording geroepen waar fanatieke joden de renegaat met de dood bedreigden, omdat hij een heiden de Tempel zou hebben binnengesmokkeld.[5]

Misschien had Jezus' broer Jakobus de jammerlijke scheuring tussen Mozaïsche en christelijke joden kunnen voorkomen, maar hij werd een volgend slachtoffer van de controverse binnen de joodse wereld. Hoewel Jakobus voor de christelijk-joodse gemeenschap bleef vasthouden aan het onderhouden van de joodse plichten, beschuldigden orthodoxe joden hem van godslastering omdat hij behalve tot Jahwe ook tot de valse profeet Jezus van Nazareth bad. Op hun aanklacht werd hij door het sanhedrin in 63 onder hogepriester Ananus ter dood veroordeeld en gestenigd. Met de dood van Jakobus verloor de joodse christengemeente in Jeruzalem haar leider – Petrus had zijn werkgebied naar elders verplaatst. Antihellenistische, ultraorthodoxe joden, die in de hypernationalistische zeloten een strijdvaardige voorhoede hadden, namen de wapens op tegen de gehate Romeinse bezetter. Omdat zij zich niet bij de opstandelingen wilden aansluiten vluchtten de van hun leider beroofde joodse christenen Jeruzalem uit. De Grote Joodse Opstand brak uit in 63, maar werd door de Romeinen hardhandig onderdrukt. Hij vond in 70 een (voorlopig) einde in de de val van Jeruzalem en de verwoesting van de Tempel.

Een tweede grote opstand onder leiding van de messianistische leider de zeloot Simon barr Kochba, die in 132 begon, mondde in 135 uit in de verwoesting van Jeruzalem en de verdrijving van alle joden uit Judea. Dit betekende het definitieve einde van de joods-christelijke gemeente in Jeruzalem, die daarmee haar dominante positie in de jonge kerk voorgoed verloor. In plaats van Jeruzalem werd Rome, waar de apostelen Petrus en Paulus gepredikt hadden en begraven lagen, het nieuwe centrum van het christendom. Het verzet vanuit Rome tegen het Mozaïsche jodendom, dat in de diaspora bleef voortleven, werd een openlijk anti-judaïsme.[6] Niet-joodse christenen deden alle moeite zich te ontdoen van het sektarische beeld dat hun aankleefde en probeerden in het gevlei te komen bij de Romeinse heersers. Men vindt deze pogingen al weerspiegeld in de oorspronkelijke teksten van de evangelies, terwijl nijvere kopiisten er allengs een uitgesproken Romeins-vriendelijke en anti-joodse teneur aan gaven.

Andere tegenstanders met wie zelfbenoemde interpretatoren van de evangelies hadden af te rekenen, waren scheurmakers in eigen kring. Bestrijding van onorthodoxie bespeurt men al in de brieven van Paulus, waarin hij de kleine christelijke gemeenschappen waarschuwt om in het isolement waarin zij verkeren niet op eigen houtje de nieuwe leer te interpreteren, maar dat aan hem over te laten. Niettemin ontdekten de opvolgers van Petrus en Paulus steeds meer christologische dwaalleren. Ze wapenden zich daartegen door als herkenningsteken van hun eigen gelijk het begrip 'katholiek' (algemeen) voor zich op te eisen. Het debat over de orthodoxie ging bovenal over wat als de grootste bedreiging ervan werd gezien: de gnostische interpretatie van de Jezusfiguur.

De gnostiek, gegroeid uit de ontmoeting van het Griekse denken en het denken van het Nabije Oosten, was een hellenistisch gedachtestelsel dat zich in de tweede eeuw vanuit Alexandrië over het Romeinse Rijk verbreidde. Het Griekse woord *gnosis* betekent 'kennis', in de zin van 'inzicht'. De gnosticus streeft naar zelfkennis – waarin een verre weerklank te vinden is van het socratische *Gnothi seauton*, ken uzelf, de Griekse spreuk op de tempel van het orakel van Delphi. De ware gnosticus bedoelt met zelfkennis niet aangeleerde kennis, zoals men die zich via het onderwijs eigen maakt, maar intuïtieve kennis en omschrijft deze, in niet al te heldere bewoordingen, als 'verlossende kennis, die inzicht verschaft in de oorsprong van het kwaad in de wereld en die de in het menselijke lichaam ingedaalde goddelijke lichtvonk onthult, welke verlost moet worden uit de boze, duistere wereld van de materie'.

Zelfkennis zal dan voeren naar kennis van het Al. Volgens gnostici die zich in de leiding van de christelijke kerken in Noord-Afrika en het Nabije Oosten hadden genesteld, was het deze zelfkennis en kennis van het Al die Jezus met zijn kleurrijke metaforen en allegorieën had bedoeld te verkondigen. Zij beriepen zich op kennis van bijzondere openbaringen en mythes, stonden vijandig tegenover de wereld, de materie en het lichaam, en gaven zich over aan magie en mysterieuze rituelen.[7]

De leiders van de christelijke orthodoxie verweerden zich heftig tegen de christologische aberraties die opgeld deden in de tweede en derde eeuw, de periode dus dat de kopiisten van de autografen van de evangelies druk doende waren. De leiders zagen zich daarbij geconfronteerd met steeds weer nieuwe evangelies die opdoken – van Petrus, van Jakobus, het evangelie der Egyptenaren, het evangelie der Nazareners, zelfs evangelies van Judas Iskariot en Maria Magdalena, in totaal enkele tientallen. De meeste van deze merendeels quasi-evangelies hadden een gnostische inslag en vormden daarmee een ernstige bedreiging van de orthodoxie. Fijnzinnigen onder de gnostici hadden een heilige afkeer van de onfatsoenlijke voorstelling als zou de Logos, de emanatie van de Vader, in de gedaante van een menselijk foetus uit een vrouwelijke baarmoeder te voorschijn zijn gekomen. In hun visie had de goddelijke Logos pas bij de doop van Jezus van Nazareth in de Jordaan van diens lichaam bezit genomen. De apostelen hadden een gedaante aanschouwd die in feite geen lichamelijke, doch een spirituele emanatie was, de joden hadden hun woede gekoeld op een fantoom en de Romeinen hadden een leeg omhulsel gekruisigd!

Het zal de lezer duidelijk zijn dat deze Jezus een heel andere is dan de uit een maagd geboren godmens en verrezen Christus uit de vier evangelies, en dat de katholieke orthodoxie er alles aan gelegen was te voorkomen dat deze waanideeën via onheilige schriften werden verspreid en wortelschoten. Het duurde nog tot 367 voordat kerkelijke leiders erin slaagden het kaf van het koren te scheiden. Dit gebeurde niet, zoals de lezer wellicht verwacht, door de bisschop van Rome, wiens pauselijke status toen nog onzeker was, maar door de strijdbare aartsbisschop van Alexandrië Athanasius, in wiens achtertuin de gnostiek welig tierde. In de Paasbrief van genoemd jaar gaf Athanasius een opsomming van die bijbelse geschriften waarvan moest worden aangenomen dat zij door God waren geïnspireerd, de overige werden als apocrief gebrandmerkt. De geschriften die Athanasius met zijn aartsbisschoppelijk gezag canoniseerde, zijn dezelfde die tot op heden in het Nieuwe Testament zijn terug te vinden. Latere concilies hebben Athanasius' oekaze bevestigd en de apocriefe evangelies in de ban gedaan. De vraag of in deze onmiskenbaar vroege geschriften over Jezus toch niet materiaal te vinden is waarmee de biograaf van Jezus zijn nut kan doen, zal in een later hoofdstuk onder ogen worden gezien.

HISTORISCHE INTERPRETATIE VAN DE EVANGELIETEKSTEN

De levensbeschrijving van Jezus van Nazareth begint al meteen met een mystificatie: zijn geboorte uit een maagd. De Jezus van Nazareth, die door de verrijzenis was bevestigd als de beloofde Messias, vroeg om een wonderlijke geboorte – zoals men aan mythologische figuren nu eenmaal wonderlijke geboortes pleegt toe te dichten. De evangelist Matteüs meende er een vooraanwijzing voor te hebben gevonden in de Schrift, zij het dat hij er een nogal vrije interpretatie aan gaf. Matteüs verwees naar het woord van de profeet Jesaja: 'Zie de jonge vrouw zal zwanger worden en zal een jongen ter wereld brengen, en men zal Hem de naam Immanuel geven.' Matteüs heeft in Jesaja's tekst *almah*, het Hebreeuwse woord voor 'jonge vrouw', vertaald in het Griekse woord *parthenos*, maagd – en zo is de mythe van de maagdelijke geboorte geschapen.

Hoewel te verklaren is waarom het evangelie een maagdelijke geboorte van de goddelijke Heiland postuleerde, wordt daarmee de maagdelijke geboorte nog geen historisch feit. Mensenkinderen ontstaan uit de bevruchting van een vrouwelijke eicel door een mannelijke zaadcel. Bij planten en lagere diersoorten komt, sporadisch, voortplanting voor zonder bevruchting, die parthenogenese wordt genoemd. Er is wel eens de hypothese opgeworpen dat Jezus het product zou zijn van zo'n uitzonderlijke zelfvoortplanting. Maarten 't Hart heeft in een van zijn inmiddels gebundelde columns, waarin hij op onderhoudende wijze afrekent met bijbelse paradigmata waarmee hij in de puberteit door zijn orthodox-protestantse omgeving werd bestookt, een wezenlijk probleem opgeworpen tegen een op zich al uiterst speculatieve parthenogenese. Het kind van Maria zou een meisje zijn geweest, want aan de eicel van de maagd ontbreekt een Y-chromosoom![8]

In de tweede eeuw beweerde een felle tegenstander van het christendom, de joodse schrijver Celsus, in zijn boek *Het ware woord* dat Maria zwanger zou zijn geweest van een Romeinse Feniciër uit Sidon, Abdes Panthera geheten, die met het cohort boogschutters waartoe hij behoorde in Galilea gelegerd was. De diffamerende insinuatie, die gretig werd overgenomen door de talmoed, was een joodse reactie op anti-judaïsche aantijgingen uit christelijke kring, die in die tijd steeds virulenter werden, zoals boven bleek. Het vermeende Romeinse vaderschap van Jezus van Nazareth herleefde in de twintigste eeuw in het boek *Grundlagen des 19 Jahrhunderts* van Houston Stewart Chamberlain, dat een van de inspiratiebronnen is geweest van het nazisme. Hitler omarmde de idee dat de vader van Jezus een Romein zou zijn geweest omdat daarmee aan de grondlegger van het christendom arisch bloed werd toegekend. Vrome middeleeuwers hadden kennelijk al eerder het vermoeden dat Jezus een ariër moest zijn geweest. Men wordt dit gewaar bij het bekijken van middeleeuwse kruiswegstaties. Op deze kerkschilderingen van het lijdensverhaal wordt de lijdende Christus soms afgebeeld met eenzelfde arische fysionomie als de Romeinse soldaten die hem naar Golgota begeleiden, terwijl joodse schriftgeleerden en Farizeëers op deze lijdenstaferelen bij voorkeur worden afgebeeld met haakneuzen, dikke zinnelijke lippen en kwijlende monden.

De historicus is geneigd om wat het vaderschap van Jezus van Nazareth betreft de conclusie te volgen van Maarten 't Hart, die uit het geslachtsregister van een Oudsyrisch handschrift van het evangelie van Matteüs[9] als de meest logische verklaring voor het vaderschap van Jezus van Nazareth put: 'Jozef won Jezus'.

DE VOLKSTELLING TEN TIJDE VAN KEIZER AUGUSTUS

De beschrijving van de geboorte van Jezus van Nazareth is een illustratief voorbeeld van de opgave waarvoor de historicus staat wanneer hij tracht in het verhalend proza van de evangelies historische feiten bloot te leggen.

Het bekende geboorteverhaal in het Lucas-evangelie suggereert een exactheid die de biograaf alle houvast lijkt te bieden.

> In die dagen kwam er een besluit af van keizer Augustus, dat er een volkstelling moest worden gehouden in heel zijn rijk. Deze volkstelling vond plaats toen Quirinius landvoogd van Syrië was. Allen gingen op reis, ieder naar zijn eigen stad om zich te laten inschrijven. Ook Jozef trok op en omdat hij behoorde tot het huis en geslacht van David, ging hij van Galilea uit de stad Nazareth naar Judea, naar de stad van David, Betlehem geheten, om zich te laten inschrijven, samen met Maria, zijn ver-

Afb. 4. Keizer Augustus als pontifex maximus.

loofde, die zwanger was. Terwijl zij daar verbleven brak het uur aan waarop zij moeder zou worden; zij bracht een Zoon ter wereld, haar eerstgeborene, wikkelde Hem in doeken en legde Hem in een kribbe, omdat er voor hen geen plaats was in de herberg.

Het eerste probleem dat dit ogenschijnlijk nauwkeurige relaas voor de historicus oproept, is dat er nimmer in het Romeinse keizerrijk een algemene volkstelling is gehouden.[10] Gezien de omvang van het rijk, dat zich uitstrekte van de Rijn en de Donau in het noorden tot de Afrikaanse woestijnen in het zuiden en van de Atlantische Oceaan in het westen tot Mesopotamië in het oosten, gezien ook de grote verschillen tussen de in dit immense rijk levende volkeren, zou een algemene volkstelling logistiek een onmogelijke onderneming zijn geweest. Afgezien hiervan zou het uitermate onlogisch zijn geweest om, zoals Lucas wil, de bewoners van het keizerrijk zich voor een volkstelling naar de plaats te laten begeven waaruit hun voorvaderen stamden – in het geval van Jozef een stamvader van duizend jaar her! De volksverhuizing die dit zou hebben teweeggebracht zou niet alleen een complete chaos hebben veroorzaakt, zij zou de volkstelling ook volkomen waardeloos hebben gemaakt. Bij volkstellingen worden de inwoners van een land geteld, niet op de plaats waar hun voorvaderen vandaan kwamen, maar waar zij zelf woonachtig zijn.[11] Had Lucas het dan helemaal bij het verkeerde eind?

Het Griekse woord *apografè* dat Lucas gebruikt, te vertalen als 'aanschrijving', wordt door het begrip volkstelling maar ten dele gedekt. Met apografè wordt de Romeinse census bedoeld. Op gezag van de censor, een Romeinse magistraat stammend uit de tijd van de Republiek, werd in Rome van oudsher periodiek een census gehouden om de bezittingen van de Romeinse burgers vast te stellen; op basis daarvan werd onder meer de grondbelasting geheven. De inkomsten uit deze belasting vormden een belangrijke financieringsbron voor de staatsuitgaven van het rijk. Naarmate de Romeinse republiek haar macht over het Italische schiereiland uitbreidde breidde zij ook de grondbelasting uit, en daarmee de census. Na de inlijving van het Italisch schiereiland bij Rome begon de grote expansie, die tal van gebieden – en de daarop levende 'barbaren' – onder Romeinse heerschappij bracht. Deze *provinciae*, zoals de nieuwe veroveringen werden genoemd, werden schatplichtig aan Rome. De financiële middelen die de staatskas uit de wingewesten toevloeiden, bestonden aanvankelijk uit roof en buit. Het lag voor de hand om in de provincies meer structurele financieringsbronnen aan te boren; de voor de hand liggende bron was een grondbelasting.

De oekaze van Augustus waarop Lucas doelt zou het decreet kunnen zijn waarin deze na de vestiging van zijn keizerlijk gezag verordonneerde dat voortaan in de provincies grondbelasting zou worden geheven. Ter wille daarvan diende in iedere provincie een census te worden gehouden, die ingevolge Augustus' decreet elke veertien jaar moest worden hernieuwd. Het duurde enige tijd voordat het keizerlijk decreet in de talrijke provincies die het rijk omvatte werd geëffectueerd. Eerst in 745 a.u.c.[12] was de provincie Syrië, waaronder Palestina ressorteerde, aan de beurt. In dat jaar deed keizer Augustus het decreet uitgaan waarin werd aangekondigd dat het jaar daarop 746 a.u.c. (7 voor Christus) in dit gebied de census zou worden gehouden. Terugkerend bij Lucas, misschien heeft hij met 'volkstelling in het hele rijk' het 'algemene' censusdecreet van keizer Augustus in het achterhoofd gehad, maar waarschijnlijker is dat hij in het kerstverhaal het decreet van keizer Augustus van 8 voor Christus heeft bedoeld, waarin de census in Syrië werd aangekondigd.

De sleutelfiguur voor het ontrafelen van Lucas' kerstverhaal is Quirinius, van wie Lucas beweert dat deze ten tijde van de volkstelling in Palestina 'landvoogd van Syrië' was. Met deze bewering heeft de evangelist – onbewust – verwarring gesticht. Quirinius was landvoogd van Syrië in 7 na Christus, toen de tweede census in Palestina werd gehouden. Dit wekte de indruk dat Jezus van Nazareth zeven jaar na het begin van de christelijke jaartelling zou zijn geboren. Daarmee is evenwel in tegenspraak dat Lucas en Matteüs, ieder in een andere context, hebben verteld dat Jezus van Nazareth geboren is toen Herodes de Grote nog koning van Palestina was; en deze is, zoals onomstotelijk vaststaat, in 4 voor de christelijke jaartelling gestorven. Onderzoek van historische bronnen, onder wie de gezaghebbende Tacitus, wijst uit dat Lucas zich niet helemaal heeft vergist. In het jaar van de eerste census in Palestina, 7 voor Christus, was weliswaar niet Quirinius, maar Saturinus landvoogd (*praefectus*) van Syrië, maar Quirinius was terzelfder tijd in het gebied *legatus Caesaris pro* praetore. Hij bekleedde het militaire equivalent van de civiele praefectus, van wie hij gelijke in rang was.

Onder de bevolking broeide verzet tegen de Romeinse census. De orthodoxen onder hen bezwoeren dat het grondgebied van Palestina eigendom was van Jahwe, die het bij uitsluiting aan de joodse bewoners in gebruik had gegeven. Hieruit vloeide de religieuze impact van het verzet voort, want Jahwe's vermeende *dominium eminens* over de joodse grond stond diametraal tegenover de wellicht wat platvloerse Romeinse opvatting dat veroverd gebied de veroveraar toebehoorde. De aangekondigde census was in de ogen van de gelovige jood niet minder dan een godslastering. Het volksverzet ertegen vond een leider in Judas de Galileeër.[13] Het gewelddadige verzet dat hij op gang bracht putte kracht uit twee drijfveren, die door de eeuwen heen de joden hebben aangedreven bij hun verzet tegen vreemde heersers: nationalisme en messianisme. De nationalistische leider wierp zich op als de Messias, het Hebreeuwse woord voor 'Gezalfde'. De Gezalfde was de door de profeten aangekondigde Messias, voor wie koning David model stond en van wie werd verwacht dat hij het joodse volk zou verlossen van het vreemde juk dat het was opgelegd. De messianistische drive gaf aan de verzetsbeweging van Judas de Galileeër een revolutionair karakter.

DE GEBOORTE VAN JEZUS VAN NAZARETH

Het gewelddadig verzet tegen de aangekondigde census in Palestina dwong de prefect in Antiochië om deze manu militari te doen volvoeren. Dat bracht zijn militaire collega Quirinius in het veld die het politionele toezicht op de volkstelling in het lastige gewest had te organiseren. En zo had Lucas niet helemaal ongelijk toen hij in zijn evangelie bij de 'volkstelling' van 7 voor Christus de 'landvoogd' Quirinius ten tonele voerde.

Omdat het de eerste census in Palestina was vergde deze uiteraard nogal wat tijd. Romeinse schattingcommissies, vergezeld van Quirinius' politietroepen, werkten streek voor streek af. Zij vestigden zich ter wille van hun kadastrale werkzaamheden in de hoofdplaats van de regio die ze onder handen namen, en waar ze ongetwijfeld maandenlang de handen vol hadden aan het registeren van het onroerend goed. Zo streek de schattingscommissie ook neer in Betlehem, destijds een stadje van circa 1200 inwoners. Het lijkt erop dat Jozef in of nabij deze plaats onroerend goed bezat (een olijfgaard wellicht), dat onderworpen zou worden aan de Romeinse census. Ook is niet uitgesloten dat zijn verloofde Maria, wier familie in Judea woonde, getuige haar bezoek in het evangelie van Lucas aan haar nicht Elizabet in Judea, er onroerend goed bezat, in welk geval zij een mannelijke voogd nodig had om het te laten registreren.

Voor joodse eigenaren schiep de Romeinse inbreuk op het prerogatief van Jahwe een precair dilemma. Onderwierpen zij zich aan de census dan laadden ze de verdenking van de Judasbeweging op zich collaborateurs te zijn, boycotten zij de census dan liepen ze het risico straks bij de heffing van de grondbelasting te hoog te worden aangeslagen. Uit het evangelie van Lucas moeten we concluderen dat Jozef het laatste heeft laten overwegen. Wellicht heeft hij bij zijn overwegingen laten meewegen dat de kadastrale inschrijving hoe dan ook het uitzicht bood dat de eigendom van zijn onroerend goed kwam vast te liggen – een overweging die waarschijnlijk vele joodse grondbezitters over hun scrupules heen heeft doen stappen.

Lucas vertelt dat Jozef voor de Romeinse 'volkstelling' naar Betlehem toog, de stad van David. Wat de historicus bij deze mededeling meteen op zijn hoede doet zijn is dat een profeet, in dit geval Micha, had voorzegd dat de beloofde Messias geboren zou worden 'in de stad van David', te weten Betlehem. Hij vraagt zich af of Lucas Jozef een voettocht laat maken van circa 150 kilometer, omdat een profeet dit heeft voorzegd. Niet uitgesloten mag echter worden dat Lucas deze profetische aankondiging zich achteraf heeft gerealiseerd, nadat hij – in Galilea – van de geboorte in Betlehem op de hoogte was gebracht. Hoe dan ook maakt het verdere verloop van Lucas' relaas aannemelijk dat het echtpaar direct na de geboorte verbleven heeft in de buurt van Jeruzalem, dat op ongeveer twee uur gaans lag van Betlehem.

Het ligt voor de hand dat Jozef net als waarschijnlijk iedere inwoner van Palestina gehoord heeft dat de Romeinse census ophanden was, en hij zal tijdig te weten zijn gekomen wanneer de Romeinse schattingscommissie tot in Betlehem was gevorderd. Indien de Galileeër Jozef of zijn aanstaande bruid inderdaad onroerend goed bezeten heeft in het voor hem verre Judea, dan zal het geen onbeduidend lapje grond zijn geweest. Om het kadastraal te laten beschrijven moest hij een verre en moeilijke voetreis ondernemen met een vrouw die in verwachting was – al zal op het moment dat het echtpaar op stap ging Maria wel niet, zoals het kerstverhaal wil doen geloven, hoogzwanger zijn geweest – en de werkwijze van de schattingscommissie gebood hem voor langere tijd huis en hof in de steek te laten.

Van Lucas' kerstverhaal resteren nog de woorden die de bron zijn geworden van een rijke kerststalcultuur: 'En zij legden Hem in een kribbe, omdat er voor hen geen plaats was in de herberg.' De anekdote klinkt zo triviaal dat hij daarom al authentiek aandoet. Indien Jozef of Maria conform bovenstaande reconstructie inderdaad een stuk grond in Betlehem bezat, met wellicht een primitieve behuizing erop, dan lijkt het voor de hand te liggen dat het echtpaar gedurende de maanden die ze gedwongen waren in Betlehem te verblijven op hun grond een onderkomen heeft gezocht. Wellicht was er vanwege de drukte van de schattingscommissie ter plaatse geen plek te vinden in een herberg of anderszins toen het uur van de bevalling was aangebroken, en was de kraamvrouw aangewezen op het primitieve onderkomen waarin ze huisden. Dit heeft dan Lucas' anekdote opgeleverd dat een kribbe als de wieg van de Heiland heeft gediend, compleet met de stal die eromheen is opgetrokken en een os en ezel – die Jesaja al had voorzegd – die door de eeuwen heen zo tot de verbeelding heeft gesproken. Kribbe en stal hebben het hardnekkig beeld geschapen van bittere armoede waarin Jezus van Nazareth zou zijn geboren en – neemt men gemakshalve aan – is opgegroeid. Maar een echtpaar dat zich de moeite neemt om ver van huis en haard getuige te zijn van de kadastrale beschrijving van zijn onroerend is moeilijk te rijmen met het begrip armoedzaaiers.

Het verhaal dat Lucas nog rond Jezus' geboorte heeft geweven over de boodschap van de engel aan de herders in het veld, compleet met zingende hemelse heerscharen, en dat van Matteüs over de drie Wijzen uit het Oosten, aan wie de weg naar Betlehem werd gewezen door een ster, moeten vrome legenden zijn, die waarschijnlijk in later eeuwen aan het evangelieverhaal zijn toegevoegd. Aan de historicus, voor wie engelen wezens zijn van lucht en die het oosterse reisgezelschap, waarvan de middeleeuwer drie koningen heeft gemaakt – met de welluidende namen Caspar, Balthasar en Melchior – met de beste wil niet kan identificeren, bieden beide verhalen geen enkel houvast.[14]

Twee gebeurtenissen kort na de geboorte van Jezus van Nazareth die Lucas nog vermeldt, lijken feitelijk genoeg om ze als historische feiten te registreren – ook al omdat er geen profetische voorspellingen voor nodig waren. Het ene is de besnijdenis van het kind acht dagen na de geboorte. Het andere is de, al evenzeer door de Mozaïsche wet voorgeschreven, zuivering van de moeder veertig dagen na de bevalling. Lucas vertelt dat Jezus bij deze zuivering werd opgedragen in de Tempel; hij presenteert daarbij twee getuigen: een blinde priester Simeon en een zieneres, Anna geheten, die hij opvallend nauwkeurig nader omschrijft als 'dochter van Fanuël uit de stam van Aser'. De opdracht in de Tempel wijst uit dat echtpaar en kind op dat moment niet ver van Jeruzalem verbleven wat, zoals eerder opgemerkt, het verblijf in Betlehem aannemelijk maakt. Volgens Lucas keerde Jozef met vrouw en kind na de opdracht in de Tempel terug naar Nazareth in Galilea.

De evangelist Lucas verschaft al met al redelijke zekerheid over de plaats van diens geboorte, Betlehem. Ook is dankzij Lucas' 'kerstverhaal' met enige nauwkeurigheid het jaar van de geboorte van Jezus vast te stellen. Dit moet, afhankelijk van de vorderingen van de Romeinse schattingscommissies in Palestina, in het jaar 7, 6 of 5 voor de christelijke jaartelling zijn geweest – de meeste historische exegeten houden het tegenwoordig op 6 voor Christus (748 a.u.c.).

Het kerstverhaal van de naar mijn indruk fantasierijke – of later flink bewerkte – evangelist Matteüs voegt aan het speculatieve bezoek van de drie Wijzen uit het Oosten aan Betlehem nóg twee speculaties toe – die overigens alleen door hem worden vermeld. Ze wekken wederom argwaan omdat de ene, de vlucht naar Egypte, overgeschreven lijkt van de profeet Hosea en de andere, de kindermoord door Herodes, door de profeet Jeremia zij het in duistere bewoordingen was voorspeld.

In plaats van Jozef, Maria en het kind rustig naar Galilea te laten terugkeren, zoals Lucas hen laat doen, laat Matteüs hen halsoverkop naar Egypte vluchten, omdat koning Herodes als gevolg van de loslippigheid van de onbestemde Wijzen uit het Oosten een dodelijke bedreiging voor het kind zou zijn geworden. De vlucht was net op tijd, want aldus Matteüs: 'Koning Herodes (...) liet in Betlehem en heel het gebied daarvan alle jongens vermoorden van twee jaar en jonger.' Zou dit spectaculaire verhaal, dat een tot wantrouwen stemmende analogie bezit met wat de Egyptische eerstgeborenen zou zijn overkomen tijdens de Egyptische ballingschap van het joodse volk, op waarheid berusten dan was het ongetwijfeld terug te vinden geweest bij Flavius Josephus, die in zijn joodse geschiedschrijving veel werk heeft gemaakt van de gruwelverhalen van koning Herodes de Grote.

1 Het van oorsprong Griekse woord 'Christus' is in het Hebreeuws 'Messias', Gezalfde.
2 In de tijd van de Hervorming werd het paradigma van de transsubstantiatie belachelijk gemaakt met het ons nog immer vertrouwde 'hocus pocus, Pilatus, pas': *hoc est corpus (sub) Pilato passum* – alsof je met de formule 'Dit is het lichaam dat onder Pilatus geleden heeft' een hostie kunt omtoveren in het vlees van de Heiland.
3 Al in een vroeg stadium werd ter initiatie van nieuwe leden in de beweging de doop ingevoerd en was de gemeenschappelijke Avondmaalsviering een bindmiddel; in de vroegste christengemeenten ontstond voorts de praktijk goederen en bezittingen van de volgelingen van Jezus Christus, rijk en arm, met elkaar te delen – wat de wervingskracht van het christendom onder de have-nots versterkte.
4 Weliswaar verschaffen de twee codices thans een gestandaardiseerde tekst van de evangelies; gedurende de eeuwen die aan hun vondst zijn voorafgegaan hebben bezorgers van bijbelteksten uit de wirwar

van beschikbare bronnen hun eigen bijbel gedestilleerd, zodat bijvoorbeeld de door de Dordtse synode geautoriseerde Statenbijbel nogal verschilt van de door het Vaticaan geautoriseerde Vulgata.

5   Het was toen dat Paulus zich erop beriep als Romeins burger te zijn geboren, en tegen zijn joodse belagers bij de Romeinse bezetter bescherming zocht – wat hem begrijpelijkerwijs in de ogen van zijn joodse vervolgers nog meer verdacht maakte.

6   De restanten van de volgelingen van Jakobus, die een joods christendom praktiseerde, Ebionieten genaamd, werden in de tweede eeuw door de kerkvader Irenaeus als scheurmakers in de ban gedaan.

7   Het gnosticisme is een esoterische leer die een hardnekkig leven leidt. Men vindt het gnostisch gedachtegoed terug in de joodse kabbalistiek, in de filosofie van Hegel en in de antroposofie van Steiner; heden ten dage lijkt het zich te manifesteren in het new-agedenken, waarvan blijmoedige ingewijden beweren dat, nu het rationalistische tijdperk van de Vissen ten einde spoedt, dat werd gedomineerd door de Christusfiguur, het gelukzalige Aquarius-tijdperk is aangebroken.

8   De vrome gelovige die zweert bij het bijbelse woord 'Zij heeft ontvangen van de Heilige Geest' zal de conclusie moeten trekken dat de Heilige Geest, die bij voorkeur de gedaante van een duif wordt gegeven, een doffer moet zijn!

9   Het palimpsesthandschrift werd in 1892 ontdekt in een nonnenklooster in de Sinaïwoestijn.

10 Wel heeft keizer Augustus, zoals hij in zijn *Index rerum gestarum* vermeldt, in de loop van zijn bewind viermaal de *cives Romani*, de Romeinse burgers, in zijn rijk laten tellen – wier aantal bij de eerste telling ruim vier miljoen, bij de vijfde telling bijna vijf miljoen bedroeg.

11 Zo werden de volkstellingen die voorheen om de tien jaar in Nederland plaatsvonden bij voorkeur op oudjaar gehouden, wanneer de tellers de meeste kans hadden de mensen thuis te treffen.

12 De Romeinen hanteerden, zoals de lezer zal begrijpen, niet de christelijke jaartelling. Zij telden de jaren *ab urbe condita* (a.u.c.), dit is 'vanaf van de stichting van de stad' (Rome) door het legendarische duo Remus en Romulus. Wanneer de christelijke jaartelling begint zijn de Romeinen gevorderd tot 753 a.u.c.

13 Judas de Galileeër richtte de verzetsbeweging van de zeloten op, de 'ijveraars'. Deze zouden de Romeinse bezetter tot het uiterste tarten en zouden driekwart eeuw later de val van Jeruzalem en de verwoesting van de Tempel over zich afroepen.

14 In de 'Ster van Betlehem', die de Wijzen c.q. Koningen de weg naar de kerststal zou hebben gewezen, menen enkele astronomisch onderlegde bijbelexegeten een aanknopingspunt te hebben gevonden

voor een nadere datering van Jezus' geboorte. Zij herkennen in de ster de conjunctie van de planeten Jupiter en Saturnus in het sterrenbeeld van de Vissen op respectievelijk 29 mei, 3 oktober en 4 december in het jaar 7 voor Christus, die ter hoogte van Betlehem – althans bij een wolkeloze hemel – één bijzonder heldere ster moet hebben geleken.

III
Drieëndertig duistere jaren

Een biograaf die het leven wil beschrijven van een man die vier- à vijfendertig jaren heeft geleefd ervaart het als een ernstige handicap wanneer hij ontdekt dat naar schatting de eerste drieëndertig levensjaren van zijn held in nevelen zijn gehuld. Schrijvers over Jezus die alleen maar geïnteresseerd zijn in de Christusfiguur ervaren deze leemte niet als een handicap. Voor hen telt alleen de laatste levensperiode van Jezus van Nazareth, wanneer hij als rabbi op het toneel verschijnt, een spoor van wonderverhalen door Galilea en Judea trekt, zich de Messias noemt en na een smartelijke lijdensweg wordt gekruisigd. Dit is immers de aanloop voor de verrijzenis van Jezus Christus om wie het hen gaat. Voor hen is het zelfs een gênante gedachte zich te verdiepen in de luiermaanden, de zoogtijd van twee tot drie jaar, de jeugd en de adolescentie van de Heiland. Boven bleek hoe sommige gnostici deze gêne ontweken door de Christusgedaante zich eerst te laten manifesteren op het moment dat Jezus door Johannes de Doper in de Jordaan wordt gedoopt en daarmee in de openbaarheid treedt.

Een schrijver van een wetenschappelijke biografie van Jezus van Nazareth kan het zich niet veroorloven diens eerste drieëndertig levensjaren te veronachtzamen of met een enkel woord af te doen. Hij is geïnteresseerd in wat *nature* en *nurture* aan de persoonsvorming van Jezus van Nazareth hebben bijgedragen; hij wil weten welke de idealen zijn geweest van de puber, die zich zou ontpoppen als de grootste wereldhervormer in de geschiedenis van de mensheid; hij vraagt zich af welk beeld Jezus als volwassene van zichzelf had, en ook hoe zijn omgeving hem zag; hij probeert te achterhalen wat Jezus van Nazareth ertoe bracht om na rond drieëndertig jaar van een onopvallend bestaan in een onbetekenend gehucht in Galilea als onbezoldigde rabbi door het land te gaan trekken. Ondanks de overvloed aan literatuur en lectuur over Jezus en zijn leer is naar deze voor de hand liggende vragen voorzover mij bekend nimmer gericht onderzoek gedaan. Een biograaf van Jezus van Nazareth zal het vooralsnog moeten doen met de spaarzame mededelingen in de evangelies over deze duistere jaren en met wat er uit historisch onderzoek bekend is over het leven in een Galilees dorp zoals Nazareth, waar Jezus opgroeide en het grootste deel van zijn leven heeft gewoond.

NAZARETH

Sommige schrijvers hebben hun twijfel uitgesproken of Nazareth ten tijde van Jezus wel bestond.[1] In het Oude Testament wordt Nazareth nergens genoemd. De historicus Flavius Josephus, die tijdens de Grote Joodse Opstand in Galilea korte tijd generaal van de opstandelingen was, vermeldt in *De joodse oorlog* ruim dertig plaatsen in Galilea, maar Nazareth is daar niet bij.

Opgravingen in Nazareth hebben in de jaren zestig van de vorige eeuw relicten uit de onderste archeologische lagen naar boven gebracht waaruit kan worden opgemaakt dat daar in het begin van de christelijke jaartelling inderdaad een kleine nederzetting is geweest. Het beeld dat deze opgravingen geven is dat van een gehucht waarvan de paar honderd inwoners merendeels leefden in primitieve, voor bewoning ingerichte grotten.[2] De opgegraven artefacten uit die eerste tijd van Nazareths bestaan zijn ruw keukengereedschap van plaatselijke makelij, uiterst simpele sieraden, enkele bronzen munten en meer van dergelijke eenvoudige voorwerpen; ze getuigen van een ook voor Galilea uit die tijd armoedig dorpsbestaan. Zilveren munten, glaswerk, amfora's, die elders in Galilea uit die tijd op het platteland in ruime mate zijn opgegraven, zijn in Nazareth niet gevonden. Traditionele graven en een tweetal rituele baden die zijn blootgelegd getuigen van het strikt joodse karakter van de samenleving die Nazareth ten tijde van Jezus was.

Het gehucht Nazareth lag verscholen in een heuvelkom, op circa 400 meter boven de zeespiegel, strategisch gelegen op de

Afb. 5. Reconstructie van Nazareth uit de eerste eeuw.

scheiding van twee valleien. Aan de zuidkant strekte zich de vruchtbare vlakte van Jizreël uit, in de noordelijke vallei van Betofah lag op anderhalf uur gaans – langs een pad dat over de heuvelkam naar beneden door het dal voerde – de voorname stad Sepforis.[3] Het fraaie landschapsbeeld dat zich vanaf de Nazareth-hoogte ontrolde werd gecompleteerd door de nabije bergen Karmel en Tabor en ver weg in het noorden de met eeuwige sneeuw bedekte top van de Hermon.

De dorpseconomie van Nazareth dreef op de verbouw van tarwe en gerst, van groente, van olijven en vijgen; voorts waren er enkele wijngaarden die goed gedijden op de hellingen van de heuvel waarop het plaatsje gelegen was. De productie diende primair de eigen behoeften van de dorpsgemeenschap; was er een surplus dan werd dat afgezet op de markt van Sepforis, waar met de opbrengst ervan dingen konden worden gekocht waarin Nazareth zelf niet kon voorzien. De 'veeteelt' van het dorp bestond uit het houden van schapen en geiten, de eerste voor de wol, de tweede voor de melk, beide voor de slacht, terwijl enkele dorpelingen een os of ezel hadden. Het enige productiehout in de streek was het zachthout van de sycomoor, de wilde vijgenboom. Een natuurlijke bron, tegenwoordig de Mariabron geheten, gaf een goed deel van het jaar water, dat in een dun stroompje van west naar oost door het dorp sijpelde.

In zijn latere parabels verwerkte Jezus graag beelden van het dorpsleven. Was Jezus een dorpskind, een boerenzoon was hij kennelijk niet. Weliswaar gebruikte hij graag metaforen die ontleend waren aan de landbouw, maar hij gaf daarbij blijk weinig notie te hebben van het landbouwbedrijf. In de vaak geciteerde parabel van de zaaier bijvoorbeeld laat Jezus het zaad dat op vruchtbare bodem gevallen is het dertigvoudige, het zestigvoudige, ja het honderdvoudige voortbrengen. Hij rekte daarmee zijn hyperbool zo ver op dat de boeren onder zijn gehoor de parabel als absurd in de oren moet hebben geklonken. Een boer in Nazareth was al blij als hij het vijfvoudige van zijn zaaigoed oogstte!

In de evangelies duiken terloops de namen op van vier broers van Jezus, Jakobus, Jozef, Simon en Judas; zij worden geaccompagneerd door een onbepaald aantal naamloze zusters. Deze gezinsleden passen slecht bij de gepostuleerde maagdelijkheid van Jezus' moeder. Traditionalistische exegeten lossen het lastige probleem op met de bewering dat waar het evangelie spreekt van broers en zusters van Jezus, diens neven en nichten zijn bedoeld. Dit strookt echter niet met het Grieks waarin de evangelies zijn overgeleverd en dat voor broer en neef en voor zuster en nicht verschillende woorden kent. De evangelieteksten gebruiken wel degelijk de woorden 'broers' en 'zusters' en niet 'neven' en 'nichten'.[4]

Een andere hypothese die in de kring der exegeten opgeld doet is dat Jozef kinderen had uit een eerder huwelijk, voordat hij – wellicht weduwnaar – hertrouwde met de jonge vrouw Maria. Van Jezus' broer Jakobus, die eerder al ten tonele verscheen, vertelt Flavius Josephus dat hij toen hij in 63 ter dood werd gebracht, een grijsaard was. Hij zal dus ouder zijn geweest dan zijn broer Jezus, wiens geestelijke nalatenschap hij behartigde. Het leeftijdsverschil lijkt een aanwijzing dat Jakobus inderdaad een kind was uit een eerder huwelijk van Jozef – en dus een halfbroer van Jezus. Is Maria dan na de 'maagdelijke' geboorte van Jezus maagd gebleven? Deze kerkelijke leer wordt door een terloopse opmerking van Lucas aan het wankelen gebracht, waar de evangelist namelijk over Jezus spreekt als haar 'eerstgeborene'. Het is weliswaar geen onmstotelijk bewijs, maar wel een sterke aanwijzing dat zij na Jezus meer kinderen heeft gehad. Voor een biograaf is het niet cruciaal, maar niettemin verhelderend te weten welke plaats zijn held in het gezin innam. Weten we van Flavius Josephus dat Jezus niet de oudste was, Matteüs' mededeling is een aanwijzing dat hij ook niet de benjamin van het gezin is geweest.

Twee van de evangelisten noemen als beroep van Jezus' vader, Jozef, timmerman. Er lijkt geen reden om aan deze triviale mededeling te twijfelen – temeer omdat geen van de profeten dit beroep van de vader van de Messias had voorzegd. Wellicht was Jozef er aannemer bij, beide onmisbare beroepen in een dorp waarvan de beoefenaren overigens gemeenlijk niet tot de armoedzaaiers behoorden. Het ligt voor de hand dat Jozef het timmermansbedrijf dreef samen met zijn zoons – er wordt in de evangelies geen ander beroep voor Jezus en zijn broers vermeld en op het platteland van Galilea van die tijd overheerste het type van de *extended family*, waarin zoons automatisch in dienst traden bij de vader. Een meermans timmerbedrijf annex aannemersbedrijf kan wat veel lijken voor de bescheiden economie van het gehucht Nazareth. Het Griekse woord *tektoon* dat Matteüs ter omschrijving van Jozefs ambachtelijke werkzaamheden hanteert is ruim genoeg om de betekenis van 'houtbewerker' in te sluiten.

Houtbewerkers vormden in het Palestina van de bouwlustige koning Herodes de Grote een hooggeacht gilde – de leden ervan droegen als teken van hun waardigheid een houtspaander achter het oor. In de tijd dat Jezus in Nazareth woonde was er voor houtdraaiers, houtsnijders, schrijnwerkers volop werk in het nabije Sepforis. Het stadje was in 6 voor Christus door Romeinse troepen grondig vernield toen ze het veroverden, omdat Judas de Galileeër zich met zijn volgelingen daar had verschanst. Herodes Antipas, een van de zonen van Herodes de Grote, die door de Romeinen na de dood van zijn vader tot viervorst van Galilea was benoemd, nam voortvarend het herstel van de geschonden stad ter hand. Hij herbouwde Sepforis in luisterrijke Grieks-Romeinse stijl en vestigde er zijn zetel. De herbouw van de stad in het begin van eerste eeuw bood dus aan vaklieden als Jozef en zijn zoons volop werk.

Vonden mannen van Nazareth in deze stad werk, vrouwen zochten er op de markt afzet voor hun producten. Omdat je in de hellenistische steden van Palestina met het Aramees niet uit de voeten kon, zullen de Nazareners, die als voertaal Aramees hadden, in Sepforis een woordje Grieks hebben opgepikt. Ze hebben zich echter ongetwijfeld verre gehouden van het heidense stadsleven, dat voor een orthodoxe jood een constante gruwel was.

JEZUS IN NAZARETH

In de evangelies van Lucas en van Matteüs wil Jezus wanneer hij zijn loopbaan als rabbi begint zich met zijn leerlingen vestigen in zijn woonplaats Nazareth. Lucas laat Jezus bij die gelegenheid een uiteenzetting geven in de plaatselijke synagoge. De opgravingen in Nazareth hebben geen sporen aan het licht gebracht van een synagoge uit Jezus' tijd. De oudste synagoge waarvan restanten zijn opgedolven dateert uit de derde eeuw. Ook in de rest van Galilea zijn bij opgravingen geen aanwijzingen gevonden van gebedshuizen uit die tijd in de stijl van de latere synagogen. Vóór de verwoesting van de Tempel van Jeruzalem vormde deze het religieuze centrum waar erediensten voor Jahwe werden gehouden. Het begrip 'synagoge' had toen nog veeleer de betekenis van plaats van samenkomst dan van 'bedehuis'. De verzamelplaats kon zijn het dorpsplein, een binnenplaats of een schuur of kamer in een van de behuizingen. De synagoge had meer dan een religieuze een sociale functie. Er werden dorpsvergaderingen gehouden, er vonden huwelijksfeesten plaats, er werd voorgelezen uit de geschriften der profeten, en bovenal werd over deze teksten uitvoerig gediscussieerd.

De synagoge was ook de plaats waar aan de jeugd onderricht werd gegeven. Uit wat bekend is van het dorpsonderricht in Palestina ten tijde van Jezus, kan worden afgeleid dat dit onderricht geheel was gericht op inlijving van de jeugd in de theorie en praxis van het joodse geloof. De timmermanszoon zal van zijn vijfde tot zijn tiende ingeschreven zijn geweest in het *bet nasefer*, het 'huis der boeken'. Daar leerden joodse kinderen van een onderwijzer, *hassan*, de tweeëntwintig medeklinkers van het Hebreeuwse schrift herkennen en natekenen, en de klanken nabootsen van klinkers die tussen de medeklinkers moesten worden gedacht. Het klassiek Hebreeuws dat ze leerden was toen al een dode taal, kennis ervan was echter noodzakelijk om de Schrift te lezen, die voor het grootste deel in deze taal geschreven was. Wanneer de kinderen het alfabet onder de knie hadden leerden ze de tekst van de tora opzeggen – dit zijn de eerste vijf, aan Mozes toegeschreven, boeken van de Tenach, de Hebreeuwse bijbel.[5] Het hardop lezen van deze heilige boeken, met de zing-zang die daarbij hoort, had eenzelfde functie als het eindeloos reciteren van koranteksten zoals we dat van moskeeschooltjes kennen. Want, zo had een geleerde Farizeeër het geformuleerd: 'Een kind moet worden vetgemest met de tora, zoals een os wordt vetgemest in de stal.'

De tora met de wetgeving van Mozes gaf de toegewijde jood overvloedig stof voor dispuut. Om aan dit dispuut te kunnen deelnemen en te zijner tijd zijn steentje eraan te kunnen bijdragen, volgde voor de tienjarige abituriënt van het bet nasafer daarna het *bet talmud*, 'huis der kennis'. Tijdens deze vormingsjaren van de tieners werden van buiten geleerde teksten uit de tora grondig uitgeplozen in wat de *midrasj* heet, waarin legendes, fabels en zedenrijke parabels worden aangevoerd om de diepere betekenis van de ingewikkelde torateksten te verhelderen.

Het onderricht dat het kind in een strikt joodse gemeenschap werd aangereikt, was louter godsdienstig van aard. Heidense vakken als algebra, mathematica, gymnastiek, die de kern vormden van het onderwijs op de gymnasia in hellenistische steden van Palestina, zoals het nabije Sepforis, waren taboe op de dorpsschool van Nazareth. Gegeven onze kennis over het dorpsonderwijs dat Jezus in Nazareth zal hebben genoten, kan men slechts gissen of hij lezen en schrijven kon; evenmin is zeker dat hij naast het Hebreeuws, de taal van de Schrift, en het Aramees, de taal van de dagelijkse omgang, ook het Grieks beheerste. Wat we wel weten is dat Jezus als toegewijde jood iedere hellenistische invloed vreemd was. Jezus komt uit de evangelies naar voren als een intelligente, welbespraakte joodse rabbi, maar de veronderstelling dat hij zou hebben behoord tot de geletterden, is uitermate speculatief. De geletterden in het Palestina van die dagen vormden een kleine bovenlaag van slechts enkele procenten van de totale bevolking; zelfs alfabetisten waren dun gezaaid.

Een anekdote uit het evangelie van Lucas geeft de indruk dat het dorpsonderricht dat Jezus in Nazareth heeft genoten wel was besteed aan hem. De evangelist vertelt dat de kennelijk orthodox-joodse ouders van Jezus elk jaar het paasfeest in de heilige stad Jeruzalem plachten te vieren – in gezelschap van andere dorpelingen, want een reis van Galilea naar Judea door het roofzuchtige Samaria was een hachelijke onderneming. Lucas vertelt dat Jezus toen hij twaalf was geworden ook van de partij was. Op de terugweg bleek hij zich niet te bevinden in de karavaan die huiswaarts keerde. De bezorgde ouders gingen terug naar Jeruzalem om de verloren zoon te zoeken; ze vonden hem in de Tempel, waar Jezus in druk gesprek gewikkeld was met schriftgeleerden, die verbaasd stonden over de grondige kennis van de Schrift die de twaalfjarige ten beste gaf.

Het indrukwekkende debuut is voor de jonge knaap wellicht een stimulans geweest zich ook in Nazareth als schriftgeleerde te doen gelden – jongens mochten vanaf hun dertiende, na de bar mitswa, in de synagoge het woord voeren. Een terloopse opmerking in het evangelie van Matteüs geeft de indruk dat de jonge schriftgeleerde weinig bijval kreeg van zijn broers en zusters. Marcus schrijft dat zijn familieleden hem eens moesten meetronen omdat zijn toehoorders zeiden 'dat hij niet wel bij het hoofd was'.[6]

Is dit een summiere indicatie voor het antwoord op de vraag hoe zijn directe omgeving Jezus van Nazareth beoordeelde, een wat duidelijker aanwijzing levert Lucas in zijn boven aangestipte beschrijving van de poging van Jezus om zich na de doop in de Jordaan in Nazareth als rabbi te vestigen. Lucas vertelt dat toen de Nazareners Jezus in de synagoge een passage uit het boek van de profeet Jesaja hoorden citeren en becommentariëren, zij paf stonden van de geleerdheid die uit de mond van hun vroegere dorpsgenoot vloeide. 'Dat is toch de zoon van Jozef?' vroeg deze en gene verwonderd. Maar de weergekeerde zoon verbruide het bij hen toen hij de woorden van de profeet, 'De geest des Heren is over mij gekomen, omdat Hij mij gezalfd heeft', op zichzelf van toepassing verklaarde, maar het vertikte de wonderlijke genezingskracht die Jesaja de Gezalfde toedichtte, te demonstreren. De verbazing sloeg om in woede. Zijn vroegere dorpsgenoten joegen Jezus met zijn gevolg de synagoge uit en als we Lucas mogen geloven, hadden ze hem over een klif in de afgrond gestort als hij niet gemaakt had dat hij wegkwam. Jezus' reactie op deze blamage geeft een inkijkje in zijn zelfbeeld. Hij reageerde met de gevleugelde woorden: 'Een profeet is in eigen land niet geëerd' – een wisecrack die politici tegenwoordig nog wel eens in de mond nemen als ze in hun district worden miskend.

De drieëndertig duistere jaren van Jezus van Nazareth roepen ten slotte enkele vragen op die de gelovige als blasfemisch in de oren klinken, maar die een biograaf niet uit de weg kan gaan. We moeten aannemen dat de Nazarener een hypofyse heeft bezeten. Deze *master gland* is de centrale die de inwendige secretie van het lichaam reguleert. In het mannelijk lichaam reguleert hij via de geslachtshormonen de aanmaak van het semen en prikkelt hij de erogene sectoren, waardoor de uitwendige secretie van het zaad wordt gestimuleerd. Welke seksuele neigingen hebben deze neuro-chemische processen in het lichaam van Jezus van Nazareth teweeggebracht?

De evangelist Lucas heeft het meeste werk gemaakt van de vrouwen uit Jezus' omgeving. Hij laat doorschemeren dat een van hen 'de zondares' Maria Magdalena hem in het bijzonder was toegedaan. Wijst dit in de richting van heteroseksualiteit, een opmerking bij de evangelist Johannes lijkt in een andere richting te wijzen. Over zichzelf sprekend in de derde persoon beschrijft de apostel en evangelist zijn nauwe band met de Meester als diens 'meest geliefde leerling' en voert ten bewijze van zijn bijzondere relatie met de geliefde leermeester aan dat hij bij maaltijden aan diens borst gevlijd lag. Van Johannes weten we dat hij rond 100 is gestorven op de gezegende leeftijd van tachtig jaar. Dit betekent dus dat hij, toen hij de 'geliefde leerling' van Jezus was, een tiener moet zijn geweest. Lucas vertelt van zijn kant dat Jezus 'de rijke jongeling', die voorgeeft zich bij hem te willen aansluiten, 'bemint en liefkoost', doch deze niet ertoe over weet te halen met hem mee te gaan. Zijn dit vage aanwijzingen voor een homoseksuele geaardheid, een biograaf mag niet de mogelijkheid uitsluiten dat Jezus van Nazareth biseksueel was – wat hij zou delen met een groot wijsgeer als Socrates. Verderop zal blijken dat ook een vierde mogelijkheid niet zonder meer mag worden uitgesloten: misschien was het uiterlijk van Jezus zo afstotend dat hij daardoor veroordeeld was tot een leven zonder seksuele relaties.

BEGIN VAN HET OPENBARE LEVEN VAN JEZUS VAN NAZARETH

De evangelische kroniekschrijver Lucas heeft het begin van het openbare leven van Jezus van Nazareth al even exact willen dateren als diens jaar van geboorte, maar heeft ook bij deze datering enige onzekerheid geschapen. Lucas koppelt het aantreden van de rabbi van Nazareth aan het moment waarop Johannes de Doper ten tonele verschijnt:

> In het vijftiende regeringsjaar van keizer Tiberius, toen Pontius Pilatus landvoogd van Judea was, Herodes viervorst van Galilea, diens broeder Filippus viervorst van het gewest Iturea en Trachonië en Lysanias viervorst van Abilene, onder het hogepriesterschap van Annas en Kaïfas, kwam het woord van God over Johannes, de zoon van Zacharias, in de woestijn.

Met de namen die Lucas noemt introduceert hij de dramatis personae onder de vooraanstaanden uit de geschiedenis van Palestina van die dagen.

Het meeste houvast lijkt te bieden: 'het vijftiende regeringsjaar van keizer Tiberius'. Een probleem is echter dat men kan twisten over het jaar waarin Tiberius' regering begon. Tiberius was een stiefzoon van keizer Augustus, met wie zijn moeder Livia was hertrouwd. De intrigante Livia manoeuvreerde haar zoon in een zodanige positie dat hij de onvermijdelijke troonopvolger werd van keizer Augustus. Nadat rivalen van haar zoon waren uitgeschakeld zorgde zij ervoor dat de keizer Tiberius adopteerde en daarmee diens alleenrecht op de keizerskroon bevestigde. Twee jaar voor het overlijden van Augustus werd Tiberius medekeizer. Hij werd althans door de senaat tot wettelijk mederegeerder benoemd in de hoge ambten uit de republikeinse periode die Augustus in de loop der jaren had geüsurpeerd. Men kan de regering van Tiberius laten beginnen in het jaar van het senaatsbesluit, 765 a.u.c. (12 na Christus) of in het jaar van Augustus' overlijden, 767 a.u.c. (14 na Christus) toen de senaat Tiberius op grond van het testament van Augustus definitief tot diens opvolger benoemde. Het 'vijftiende regeringsjaar van keizer Tiberius', waarin Johannes de Doper op het toneel verschijnt, kan dus zijn het jaar 27 of 29 na Christus. Aangenomen dat Jezus daarna (hoe lang daarna?) in de openbaarheid trad kunnen we zijn leeftijd in het eerste geval op 32 à 33 jaar berekenen, in het tweede geval op 34 à 35 jaar stellen.[7] Lucas zegt nog dat Jezus op dat moment 'ongeveer dertig' was – dertig was in Palestina de minimumleeftijd voor praktiserende rabbi's. Wanneer we het erop houden dat Jezus 32 à 33 was komen we het dichtst in de buurt van de door Lucas aangegeven leeftijd.

Johannes de Doper, die door de evangelisten wordt gepresenteerd als de wegbereider van Jezus, is een intrigerende figuur, die de historicus de nodige hoofdbrekens geeft. De historiciteit van Johannes de Doper staat vast. Hij wordt niet alleen door alle vier evangelisten ten tonele gevoerd, ook Flavius Josephus noemt hem meermalen. De vader van Johannes, die Lucas Zacharias noemt, was een priester van de zesde klasse van de Tempel van Jeruzalem; hij behoorde daarmee in de priesterstaat Palestina tot de elite. Diens echtgenote, de moeder van Johannes, Elizabet, was volgens Matteüs een nicht van Maria – de twee leeftijdgenoten Jezus en Johannes kenden elkaar wellicht uit de familiekring.
Alhoewel behorend tot de Jeruzalemse upper ten koos Johannes, naar het voorbeeld van de profeet Elia, voor het armoedige bestaan van een heremiet in de woestijn – waar hij volgens de evangelies, gekleed in kameelharen habijt en gevoed door sprinkhanen en wilde honing, een even sober als teruggetrokken bestaan leidde. Geroepen door de stem van God trok Johannes, zoals Lucas vertelt, van de woestijn naar de benedenloop van de Jordaan. Daar zocht hij zich een plek bij een doorwaadbare plaats, volgens zijn naamgenoot de evangelist ter hoogte van Betanië. Met een andere profeet, Jeremia, had Johannes een uiterst sombere kijk op het leven op het ondermaanse gemeen. De apocalyp-

tische profeet kondigde het nakend einde der tijden aan – 'reeds ligt de bijl aan de wortel van de bomen' – en riep passanten op tot inkeer te komen en zich tot Jahwe te bekeren. Degenen die aan zijn oproep gevolg gaven en hun zonden opbiechtten, werden ten teken van de vergeving van hun zonden door de boeteprediker ondergedompeld in de Jordaan. Deze doop, die anders dan de rituele wassingen van de jood een eenmalig karakter had, was blijkens wat de evangelisten erover verhalen een doorslaand succes. Van heinde en verre stroomden de aspirant-dopelingen toe, en verschaften daarmee Johannes faam en zijn blijvende naam: 'De Doper'.[8] Matteüs en Marcus zeggen dat Jezus vanuit Nazareth naar Johannes aan de Jordaan toog om zich ook door hem te laten dopen. Men moet aannemen dat Jezus zich daaraan niet onderwierp om van zijn zonden gezuiverd te worden, want de goddelijke natuur die de evangelisten – of althans de latere receptie van de evangelies – hem toedichtten, maakte Jezus uiteraard vrij van zonden. De doop fungeert in de evangelies als markeringspunt van het begin van het openbare leven van Jezus van Nazareth. Het ging gepaard met een wonderbaarlijke, goddelijke stem uit de hemel, die de woorden sprak: 'Dit is mijn veelgeliefde Zoon, in wie Ik welbehagen heb' – welke wellicht later door vrome kopiisten aan het tafereel zijn toegevoegd.

Bij Lucas krijgt Johannes de Doper behalve als boeteprediker ook de, zij het vage, contouren als sociaal hervormer. Zo maande hij degenen onder zijn toehoorders die een dubbel stel kleren bezaten om het tweede stel aan een minderbedeelde te geven en hield hij soldaten voor dat ze in plaats van te plunderen tevreden moesten zijn met hun soldij. Met deze praktische vermaningen lijkt Johannes inderdaad de voorloper van Jezus, die in zijn bergrede het begrip sociale rechtvaardigheid handen en voeten zou geven.

Zaten Jezus van Nazareth en Johannes de Doper wat hun sociale bewogenheid betreft op één lijn, de evangelies scheppen enige twijfel of ze ook als sociaal activist op één lijn zaten. Bij de beoordeling hiervan roept de mogelijke beïnvloeding van de receptie van de evangelies wederom moeilijk te ontcijferen puzzels op. In de evangelies wordt beklemtoond dat Johannes de Doper de wegbereider was van Jezus, en als zodanig diens mindere; zo laten zij Johannes van zichzelf zeggen dat hij niet eens waard is 'de sandalen los te maken' van Jezus. Jezus geeft van zijn kant hoog op over zijn (mogelijke) familielid Johannes. Feit is echter dat Johannes zich niet bij Jezus aansloot, evenmin als Jezus bij Johannes; beiden hadden hun eigen aanhang. De evangelisten laten doorschemeren dat er enige spanning tussen beide mannen bestond. Zo geeft Jezus te kennen dat hij niet van plan is het ascetische leven te volgen van Johannes, die hem daarvan kennelijk een verwijt heeft gemaakt; ook geeft hij te kennen de heremiet uit de woestijn als een profeet van de oude stempel en zichzelf als een profeet van 'het nieuwe verbond' te beschouwen. Van zijn kant stuurt Johannes, als hij in de rotsvesting Macherus bij Herodes Antipas gevangenzit, twee afgezanten naar Jezus om uit te vissen wat de rabbi in Galilea allemaal preekt, omdat hij kennelijk twijfels heeft of Jezus wel de Messias is.

Wat de figuur van Johannes de Doper intrigerend maakt is de vraag waar hij politiek stond. In het volgende hoofdstuk zal blijken dat in Palestina politiek en godsdienst nauw met elkaar verweven waren. Matteüs laat de *outspoken* Johannes de Sadduceeen die een nieuwsgierig kijkje kwamen nemen aan de Jordaan, toevoegen: 'Adderengebroed, wie heeft er u voorgespiegeld dat ge de dreigende toorn kunt ontvluchten?' De Sadduceeën vormden de hoogste priesterklasse; het gewone volk verweet hun dat zij met de Romeinse bezetter collaboreerden. Wat bedoelde Johannes met 'de dreigende toorn'? Was deze sociaal bewogen boeteprediker wellicht ook een politieke activist? Dreigde hij de priesters met de toorn van het volk, waaronder, zoals nog zal blijken, een revolutionaire stemming broeide? Een indicatie voor een politieke rol van Johannes de Doper is wat Flavius Josephus vertelt over diens dood.

Kort na de doop van Jezus van Nazareth werd Johannes, die zich kennelijk in het rechtsgebied van Herodes Antipas had gewaagd, door deze viervorst van Galilea gevangengezet. Volgens het evangelie gebeurde dit nadat Johannes Herodes van echtbreuk had beticht, omdat hij Herodias, de wettige echtgenote van zijn broer, had afgetroggeld die, wat nog erger was, zijn volle nicht was. Herodes schrok er volgens Matteüs echter voor terug om de populaire profeet uit de Jeruzalemse upper ten terecht te stellen. Zijn bloeddorstige echtgenote Herodias kende deze scrupules niet. Zij zou, nog steeds volgens het kleurrijke relaas van Matteüs, haar dochter uit haar eerste huwelijk, Salome geheten, Herodes hebben laten overreden haar het hoofd van Johannes te schenken als beloning voor de erotische dans die het meisje tijdens een gastmaal had opgevoerd – een dans die talloze kunstenaars heeft geïnspireerd. Flavius Josephus geeft een minder kleurrijk, maar wellicht realistischer motief voor de onthoofding van Johannes. Herodes Antipas zou hem hebben laten executeren omdat hij in de profeet een gevaarlijke opstandelingenleider zag.

Hoe de relatie van Jezus van Nazareth met Johannes de Doper ook mag zijn geweest, zoals uit het vervolg zal blijken is de eerste na de ontmoeting bij de Jordaan zijn eigen weg gegaan.

HET ONBESTEMDE UITERLIJK VAN JEZUS VAN NAZARETH

Jezus van Nazareth moet dus toen hij zijn loopbaan als rabbi begon een goede dertiger zijn geweest. Maar hoe zag hij eruit? Een biograaf wil zich uiteraard een voorstelling maken van het uiterlijk van zijn held. In de evangelies noch in de Handelingen der Apostelen of de brieven uit het Nieuwe Testament wordt men hiervan iets gewaar. Er bestaan uiteraard geen portretten van Jezus van Nazareth, want het tweede van Mozes' tien geboden verbood in de ogen van de toegewijde jood evenzeer afbeeldingen van mensen te maken als van Jahwe. Wellicht is de persoonsbeschrijving van Jezus van Nazareth te reconstrueren aan de hand van byzantijnse citaten uit een verloren versie van de *Oude geschiedenis der joden* van Flavius Josephus uit de eerste eeuw. Daarin wordt een beschrijving gegeven van een volwassen Jezus die veel weg heeft van het signalement van een verdacht sujet – mogelijkerwijs gebaseerd is op het politierapport van Jezus' latere proces:

> Niet meer dan drie el[9], krom, een lang gezicht, een lange neus, aaneengesloten wenkbrauwen, bijna kaal, donker van huid, ziet er voor zijn leeftijd oud uit.[10]

Uit deze beschrijving komt een gebochelde dwerg te voorschijn met een afstotend uiterlijk. Dit was reden voor de eerder geopperde mogelijkheid dat Jezus van Nazareth nimmer een levensgezellin of -gezel heeft kunnen vinden. Hier aarzelt de schrijver. Missen lelijke kleine mannen die welbespraakt zijn sex-appeal? Het beeld komt boven van – mirabile dictu – Jean-Paul Sartre, die met zijn goed 1,50 meter in zijn tijd al even klein van stuk was als Jezus dat was met de goed 1,30 meter in zijn tijd. Door zijn welgeschapen biografe wordt de womanizer, wanneer hij de leeftijd van de rabbi Jezus heeft, omschreven als 'een klein, lelijk, oudlijkend, leraartje in de provincie'. Niettemin wist hij, een welbespraakt man, een prachtige vrouw als Simone de Beauvoir aan zich te binden en knappe jongemannen in de ban te krijgen. Misschien was Maria Magdalena wel degelijk verliefd op Jezus van Nazareth en was Johannes hem, ook fysiek, toegenegen.

In de evangelies zijn (lichte) aanwijzingen te vinden dat Jezus van Nazareth inderdaad klein van stuk was. Bij Lucas en Matteus verzucht de rabbi: 'Trouwens, wie van u is in staat met al zijn tobben één el aan het leven toe te voegen?' Ook in het Aramees en Grieks is een el toevoegen aan je leven een rare metafoor. Er zijn exegeten die hier lezen 'een el toevoegen aan je lengte' en het interpreteren als zelfspot van de spreker. Een passage in het evangelie van Lucas is wellicht duidelijker, als men deze goed verstaat. Dit is de passage waarin wordt beschreven dat toen Jezus Jericho binnen trok 'een hoofdambtenaar bij het tolwezen', een zekere Zacheüs, in een boom klom om de gevierde rabbi te kunnen zien. Uit deze perikoop wordt gemeenlijk afgeleid dat Zacheüs een kleine man was, de grondtekst laat echter wellicht ook de vertaling toe dat Jezus de kleine man was en dat Zacheüs in de boom klom om de gevierde rabbi in de mêlee te kunnen ontwaren.

Het boek Jesaja had al aangekondigd dat de Verlosser geen adonis zou zijn:

> Als een vormeloos rijsje schoot hij omhoog.
> Als een wortel uit dorstige grond.
> Zonder gestalte of luister, waar we naar opzien.

Zonder gratie die ons behaagt.
(...)
Versmaad en veracht door de evenmens.

Justinus de Martelaar en Clemens van Alexandrië verwezen in de tweede eeuw naar de voorzegging van Jesaja over het uiterlijk van Jezus dat toen wellicht nog, door zijn tijdgenoten doorgegeven, herinnerd werd. Ook latere schrijvers, Isidorus van Pelusium, Cyrillus van Alexandrië en Cyprianus, namen hun toevlucht tot deze tekst om zich de aardse Jezus voor te stellen; de kerkvader Tertulianus sprak over Jezus als een *puerulus*, een min ventje!

Deze voorstelling heeft in afbeeldingen van Jezus die in volgende eeuwen gingen circuleren geen stand gehouden. De auteur van de Vulgata, Hiëronymus, zocht een wat opwekkender houvast voor het uiterlijk van de Heiland in de Psalmen: 'Boven mensen draagt gij uw schoonheid.' De oudst bekende afbeelding van Jezus is een fresco uit de tweede eeuw. Het is teruggevonden in een afgelegen joodse nederzetting aan de Eufraat, waar aan het tweede gebod van Mozes kennelijk niet meer zo zwaar werd getild. Jezus staat op het fresco afgebeeld als een baardeloze jongeman met kort geknipt haar, getekend op het moment dat hij de lamme geneest. Afbeeldingen uit de volgende eeuwen zetten de idealisering voort. Jezus begint daarop meer te lijken op een hellenistische clean shaven Appollo dan op de gebaarde jood die hij waarschijnlijk was. Vanaf de zesde eeuw gaan afbeeldingen van de Nazarener, als bij onzichtbaar decreet, een opvallende standaardisering vertonen. Het gezicht, steeds en face, wordt dat van een rijpe man met lang haar dat de scheiding in het midden heeft, een gespleten baard, lange, geprononceerde kin en diepliggende ogen met grote pupillen; het gelaat, dat gestrenge doch edele gelaatstrekken draagt, lijkt te behoren bij een rijzige gestalte. De bron voor deze standaardisering is de lijkwade van de gekruisigde die in de zesde eeuw is opgedoken in de stad Edessa, het huidige Urfa in Turkije, en die dezelfde zou zijn als de lijkwade van Turijn.

In zijn bekende boek *De lijkwade van Turijn* heeft Ian Wilson de grondige studie beschreven die hij naar de herkomst van de lijkwade heeft gemaakt. De lotgevallen van de lijkwade, die de zich 'historicus' noemende Britse journalist heeft uitgeplozen, zijn even wonderlijk als ondoorgrondelijk. De linnen doek van 4 bij 2 meter waarin het lijk van de gekruisigde zou zijn gewikkeld, zou direct na Jezus' dood langs onverifieerbare wegen zijn terechtgekomen bij de Parthische koning Abgar – die bij het aanschouwen van de lijkwade prompt van zijn melaatsheid werd genezen. Na diens dood duikt de wade onder, om vijf eeuwen later te worden teruggevonden in het gewelf van een van de stadspoorten van Edessa. De wade, sedertdien *mandylion* geheten, is met zijn grote aantrekkingskracht op pelgrims gedurende enkele eeuwen een steunpilaar voor de economie van de stad Edessa. In de tiende eeuw laat de byzantijnse keizer Romanus Lecopenus echter zijn begerig oog op het mandylion vallen en laat het overbrengen naar Constantinopel, waar de lijkwade gedurende twee eeuwen het pronkstuk is van de rijke keizerlijke verzameling van devotionalia over het lijden en de dood van Jezus Christus. In 1204 valt de wade ten prooi aan roofzuchtige Frankische kruisvaarders. Dan verdwijnt de wade opnieuw uit het zicht. Na onnavolgbare wegen te zijn gegaan duikt de wade volgens Wilson twee eeuwen later weer op in Frankrijk. Daar raakt het begerenswaardig relikwie, dat de eigenaar lucratieve exploitatiemogelijkheden belooft, uiteindelijk in het bezit van het huis van Savoie – dat nog steeds de eigenaar van de wade is. De heren van Savoie brengen de wade eerst onder in hun hertogelijke kerk in Cambrai, maar brengen hem later uit een hoffelijke geste jegens Carolus Borromaeus over naar hun paleis in de Italiaanse stad Turijn,[11] waar de lijkwade tegenwoordig ligt opgeborgen in de kathedraal. Aan Turijn ontleent de lijkwade zijn huidige naam.

In Turijn is de lijkwade aan verscheidene wetenschappelijke onderzoeken en tests onderworpen. Deze leverden aanvankelijk veelbelovende, zij het wederom wonderlijke resultaten op. In 1898 kreeg de Italiaanse amateur-fotograaf Secundo Pisa toestemming de lijkwade te fotograferen, toen deze in volle glorie, dat wil zeggen helemaal opengevouwen, in de kathedraal was tentoongesteld. Pisa heeft in zijn boek *Memoria sulla reproduzione fotografia della santissima sindone* op levendige wijze

Afb. 6. Negatief van foto van mannengezicht op lijkwade van Turijn.

verslag gedaan van zijn spannende fotografische avontuur. Hij vertelt hoe hij in het schemerige licht van de kathedraal twee opnamen heeft gemaakt, de eerste met een belichtingstijd van 14, de tweede met een belichtingstijd van 20 minuten. Naar zijn zeggen had hij weinig fiducie in het resultaat van zijn amateuristische onderneming. Toen hij evenwel de glasplaten ontwikkelde was zijn vreugde even groot als zijn verbazing; de foto's gaven een beter resultaat dan hij in zijn stoutste dromen had durven hopen. De foto-opnamen lieten wonderlijk scherpe beelden zien in negatief van de vage contouren op het door ouderdom vergeelde linnen. Ze toonden de voor- en achterkant van een mannenlichaam, waarop zelfs details waren te zien van de martelingen die de man moest hebben ondergaan.

Latere fotosessies van de lijkwade door beroepsfotografen, op de vingers gekeken door argwanende commissies van toezicht, hebben de vroege amateurfoto's van Pisa in vergetelheid doen raken. Het resultaat was echter steeds hetzelfde: wonderlijk scherpe negatieven van het vage positieve beeld. Dit riep wereldwijd de vraag op hoe een lijk zo'n scherpe afbeelding kon achterlaten. In 1978 werd op een geleerdenconferentie in Albuquerque in New Mexico door enkele (goed)gelovige kernfysici een verklaring aangereikt die men van deskundigen op zo'n nuchter terrein als de kernfysica niet licht verwachten zou. Wellicht aangestoken door de herinnering aan de proefexplosie van de eerste atoombom in de nabijgelegen woestijn, opperden zij de serieuze hypothese dat in de fractie van een seconde dat Jezus van Nazareth met lichaam en al was verrezen een massa energie was vrijgekomen vergelijkbaar met die van de explosie van een atoombom![12]

De lijkwade van Turijn heeft in 1988 de laatste, ultieme proef – die plaatsvond na het verschijnen van Wilsons studie – niet doorstaan. Dit was het onderzoek naar de ouderdom van het linnen van de wade met behulp van de C-14-methode, waarmee met enige marge de tijd van ontstaan van materiaal kan worden vastgesteld. Het linnen van de lijkwade van Turijn stamt blijkens de koolstofdateringsmethode uit de periode 1260-1390.[13]

Boven bleek dat het mandylion respectievelijk de lijkwade van Turijn model heeft gestaan voor afbeeldingen van Jezus die sedert de zesde eeuw zijn gaan circuleren. In het Oosten werd zijn beeld dat van een angstwekkende pantocrater, die zelfs hangend aan het kruis er als een heerser uitziet. In het Westen begonnen de afbeeldingen van Jezus van Nazareth gaandeweg arische trekken te krijgen. Een in de Middeleeuwen maatgevend 'portret' van Jezus en face was het schilderij *Rex Regum* van Jan van Eyck, dat zelf verloren is gegaan, maar waarvan vier kopieën zijn bewaard. Het portret vertoont zo veel gelijkenis met het mandylion dat kunstkenners menen dat Van Eycks portret daarnaar geschilderd moet zijn.

Er was intussen een goede reden om van stonde af aan wantrouwig te staan tegenover de authenticiteit van de lijkwade. Het lichaam dat op de lijkwade van Turijn is gereconstrueerd is dat van een man van 1,81 meter Dit mag voor onze tijd een redelijk gemiddelde zijn[14], in het Palestina van de eerste eeuw, waar de gemiddelde lengte van mannen rond de 1,50 meter zal hebben gelegen, was een man van 1,81 meter een reus. Men moet aannemen dat evangelisten en brieven schrijvende apostelen een trots portret van hun geliefde leermeester hadden nagelaten, indien deze een man is geweest die met zijn rijzige gestalte boven allen uittorende en die met zijn edele en strenge gelaatstrekken zijn omgeving imponeerde. Die neiging zal minder zijn geweest als de Jezus van Nazareth op een gebochelde dwerg heeft geleken. Alhoewel beide beelden van Jezus speculatief zijn lijkt de lezer er al met al verstandig aan te doen om, wanneer hij zich het uiterlijk van Jezus van Nazareth voor de geest wil halen, het eeuwenlang overgeleverde beeld van Jezus Christus uit zijn gedachten te bannen.

---

1 Een van hen is Maarten 't Hart, die met stelligheid beweert: 'Nazareth – maar dat bestond niet bij het begin van onze jaartelling.'
2 De grot waar Maria de Blijde Boodschap zou hebben ontvangen, heden ten dage een geliefd bedevaartsoord in Nazareth, geeft een indruk van deze primitieve behuizingen – al is het uiterst twijfelachtig dat Maria op deze plek inderdaad heeft gewoond.
3 Sommigen leiden uit het toponiem 'Nazareth', het Hebreeuwse woord voor wachtpost, af dat het plaatsje op de heuvel van oorsprong een uitkijkpost van de versterkte stad Sepforis was.
4 *Adelphous* en *adelphidous* voor 'broer respectievelijk neef, '*adelphè* en *adelphidè*' voor zus respectievelijk nicht.
5 In de christelijke traditie heten deze vijf eerste boeken van het Oude Testament de Pentateuch: Genesis, Exodus, Leviticus, Numeri en Deuteronomium.
6 Geen van Jezus' broers behoort tot de apostelen; volgens Johannes hadden ze weinig vertrouwen in hem.
7 Toen in 525 de christelijke jaartelling werd ingevoerd was eerst in opdracht van paus Johannes I door de abt Dionysius Exiguus berekend wanneer deze moest beginnen. De geleerde monnik dateerde de geboorte van Jezus in het jaar 754 ab urbe condita – hij zat er, zoals eerder bleek, (maar) zes jaar naast, het was 748 a.u.c. (Bij de berekening van de leeftijd van Jezus moet de lezer er rekening mee

houden dat er geen jaar 0 is; 31 december van het jaar 1 voor Christus was de laatste dag vóór Christus, 1 januari was de eerste dag van het jaar 1 na Christus.)

8 De doop van Johannes de Doper was een teken van bekering. Het doopsel dat Jezus later de apostelen als opdracht meegaf ('Gaat dus [...] en doopt hen in naam van de Vader, de Zoon en de Heilige Geest') is vanaf het begin van het christendom opgevat als een initiatie van de dopeling in de kerkgemeenschap – zoals de besnijdenis dat is bij de joden en islamieten. In de katholieke kerk wordt het sacrament van het doopsel daarom zo spoedig mogelijk na de geboorte toegediend, waarbij het hoofdje van de dopeling met enkele druppels water wordt besprenkeld. Onderdompeling van dopelingen zoals Johannes de Doper dat deed in het 'levende' water van de Jordaan wordt nog steeds gepraktiseerd door christelijke sekten die het zekere voor het onzekere nemend hun volgelingen in het niet erg levende chloorwater van overdekte zwembaden kopje onder laten gaan.

9 Een Romeinse el was 444 millimeter.

10 Het is niet ondenkbaar dat dit ontluisterend portret van de Heiland door verontwaardigde christelijke kopiisten van de *Joodse Geschiedenis* uit het werk is weggeschrapt; in een later hoofdstuk zal blijken dat een andere tekst van Josephus, het zogenoemde *Testimonium Flavianum*, eveneens door christelijke kopiisten van zijn werk is vervalst.

11 Carolus Borromaeus, aartsbisschop van Milaan, had toen de pest zijn bisschopsstad teisterde beloofd te voet een bedevaart naar de heilige wade te maken. De hoffelijke hertog van Savoie wilde de zieke prelaat een barre voettocht over de Alpen besparen en bracht daarom de wade van Cambrai over naar zijn palazzo in Turijn.

12 Zij vergeleken de afdruk van het lichaam op de lijkwade met schaduwafdrukken van volkomen vernietigde installaties op muren in Hiroshima die na de kernexplosie waren achtergebleven.

13 Na het bekend worden van het resultaat van de C-14-methode op de lijkwade van Turijn heeft National Geographic in een spectaculaire documentaire de hypothese gelanceerd dat de lijkwade van Turijn een geniale vervalsing is van alleskunner Leonardo da Vinci en dat hij voor het gelaat van de gekruisigde zijn eigen gezicht zou hebben gebruikt – *se non e vero, bene trovato!*

14 De gemiddelde lengte van huidige Nederlandse mannen tussen de twintig en dertig is 1,80 meter, maar deze vertegenwoordigen dan ook de langste generatie die de evolutie van de mensheid tot dusver heeft voortgebracht.

IV
De theocratie Palestina

Het Palestina waarin de rabbi van Nazareth positie moest kiezen, was een theocratie. Het valt de moderne lezer, die gewend is aan een scheiding van kerk en staat, niet gemakkelijk zich een voorstelling te maken van een staatsgemeenschap waarin een godheid als de onmiddellijke gezagsdrager geldt en van een daarbijbehorende samenleving, waarin het dagelijks leven is doortrokken van de dienst aan de goden. Niettemin treft men zo'n samenleving vandaag nog aan op het hindoeïstische Bali in de Indonesische archipel. Het mag de buitenlandse bezoeker van dit eiland toeschijnen dat de Balinese Hindoe zijn kleurrijke religie geheel in dienst stelt van de toeristenindustrie. Dat is een onjuist beeld van Bali. De processies door de sawa's, de tempeldiensten, de spectaculaire lijkverbranding, de Barong en Keris-dans, waarbij de dansers niet zelden in trance met krissen hun borst doorboren, de offerandes van vruchten en bloemen op gevaarlijke kruispunten, de uit palmblad gesneden figuurtjes van de godin Dewi, die de taxichauffeur ter wille van een behouden vaart op zijn dashboard uitstalt – dit alles dient niet de promotie van het toerisme, maar vertolkt evenzovele uitingen van het diepe geloof van de Balinese Hindoe, dat hij voor bezoekers van zijn eiland niet verhult. De extraverte en ontspannen Balinese theocratie voegt zich moeiteloos in de Indonesische staat, waarvan de seculiere wetgeving evenzeer geldt voor Bali als voor de overige eilanden van de archipel.

Is een theocratie derhalve niet zo'n wereldvreemd verschijnsel als het ons in het Westen sedert de Verlichting lijkt, de theocratie in Palestina ten tijde van Jezus van Nazareth kende niet de ontspannen sfeer van die op Bali, en had de pretentie niet alleen het religieuze leven van de joden te vullen, maar ook hun seculiere bestaan te regelen. Palestina was een priesterstaat die de onderdanen veeleer somber dan blijmoedig maakte. Een sprekender voorbeeld van zulk een staat uit onze dagen biedt de theocratie van Iran, die ontstond nadat de ayatollah Khomeiny zijn banvloek had uitgesproken over de sjah en diens verwesterde bewind. Evenals in Iran de ayatollahs vanuit hun religieuze centrum in Qom met hun eigenzinnige interpretatie van de koran het openbare leven in een ijzeren greep proberen te houden, zo waren het in Palestina de tempelpriesters die vanuit Jeruzalem de Mozaïsche wet dicteerden.

DE GESCHIEDENIS VAN DE ISRAËLISCHE THEOCRATIE

De nostalgische herinnering van de joden ten tijde van Jezus van Nazareth ging uit naar het rijk dat de twaalf stammen van Israël in de twaalfde eeuw voor de christelijke jaartelling hadden gesticht in het land van Kanaän, nadat Mozes hen uit Egypte door de woestijn naar het beloofde land had geleid en hun vanaf de berg Sinaï de stenen tafelen had geschonken waarin de tien geboden waren gegrift, die zij en hun nakomelingen hadden na te leven. Het ideaalbeeld van een joodse theocratie dat zij koesterden was het koninkrijk van koning David, die Jeruzalem als hoofdstad had aangewezen, en van koning Salomo, die er de Tempel had gebouwd. Dat Israël van duizend jaar her was voor hen de ideale theocratie, omdat daarin staat en religie een onverbrekelijke eenheid hadden gevormd.

Onder de naijverige opvolgers van de twee grote koningen viel Israël uiteen in het rijk van Juda (en Benjamin) in het zuiden, Juda geheten, en het Tienstammenrijk in het noorden, dat de naam 'Israël' voor zich opeiste en dat het latere Samaria en Galilea omvatte. Daarmee kwam aan het levenswerk van koning David op jammerlijke wijze een einde. Verzwakt door onderlinge strijd en gecorrumpeerd door de dienst aan de afgod Baäl viel het noordrijk ten prooi aan de Assyriërs, die het land in 721 voor Christus binnenvielen en verwoestten, en die de joden der tien stammen meevoerden naar hun stamgebied Mesopotamië, waar ze zich oplosten in de woestijnvolken die het verre land bewoonden. Juda met de hoofdstad Jeruzalem slaagde erin zijn onafhankelijkheid te bewaren door wisselende bondgenootschappen aan te gaan met de onderling rivaliserende grootmachten aan weerszijden van zijn gebied, Assyrië en Egypte. Sommige koningen bleven trouw aan de wet en hielden de theocratie in ere, andere vervielen tot de afgoderij van hen omringende volkeren. Tot afschuw van de jammerende profeet Jesaja plaatste koning Manasse zelfs afgodsbeelden van de Assyriërs in de Tempel. In 612 voor Christus veroverden de Babyloniërs de Assyrische hoofdstad Ninive en namen de leidende rol in de regio over. Onder leiding van de geduchte veldheer Nebukadnezar II streken Babylonische troepen in Palestina neer. Na een belegering van achttien maanden werd de eerste bres geslagen in de muren van Jeruzalem. Het duurde nog drie maanden voordat de belegeraars zich van de stad meester hadden gemaakt. Jeruzalem werd geplunderd en de Tempel van Salomo tot de laatste steen afgebroken. Tezamen met de laatste koning van Judea, wie de ogen waren uitgestoken, werd een groot deel van de joden naar Mesopotamië in ballingschap weggevoerd. Daarmee kwam ook aan de theocratie in het zuidrijk een einde.

Gedurende de Babylonische ballingschap, die ruim vijftig jaar heeft geduurd, bleven de ballingen in hun ballingsoord onder leiding van de priesters, die waren meegevoerd, een hechte gemeenschap vormen. De Babylonische ballingschap is voor het joodse volk een periode van loutering geweest, die de innerlijke beleving van het geloof in Jahwe heeft verdiept. Doordat de joden verstoken waren van een tempel en daardoor de offerdienst onmogelijk was, legden de priesters de nadruk op gebed, schriftlezing en psalmodie – zoals nog altijd de praktijk is in de synagoge. De profeet Ezechiël hield de hoop op terugkeer naar het Heilige Land levendig. Hij was het ook die het herstel van het koninkrijk van David in het vooruitzicht stelde, en daarmee komende generaties het verlangen ingaf naar de terugkeer van de joodse theocratie.

Een nieuw opkomend volk veranderde de kaart van Mesopotamië, en daarmee het lot van de joodse ballingen. In 539 voor Christus overwonnen de Perzen onder leiding van Cyrus de Grote de Babyloniërs. Een jaar later konden de joodse ballingen terugkeren naar Juda, dat Judea ging heten. De tolerante Cyrus liet de joden in Jeruzalem hun godsdienst en stelde een van hen, met de Babylonische naam Sesbassar, als stadhouder aan. De eerste taak waarvoor de teruggekeerde joden stonden, was de wederopbouw van hun verwoeste land. Zerubbabel voltooide de nieuwe tempel in Jeruzalem, die evenwel de pracht van de Tempel van Salomo niet kon doen vergeten. De priesters hernamen hun centrale rol in het bestuur van Judea. Daarmee herleefde de priesterstaat, maar een vervulling van de voorzegging van de profeet Ezechiël was het niet, omdat het land onder controle bleef van een vreemde heerser.

Een volgende fase in de geschiedenis van Israël was in 333 voor Christus de overwinning van Alexander de Grote op de laatste Perzische heerser Darius III. Met deze schitterende overwinning van de Griek en de daaropvolgende verovering van een rijk, dat zich uiteindelijk zou uitstrekken van Macedonië tot de Indus, begon de hellenisering van het oostelijk bekken van de Middellandse Zee, die Palestina niet onberoerd zou laten. Toen na de vroege dood van Alexander zijn veroveringen werden verdeeld over zijn rivaliserende generaals kwam Palestina onder koning Ptolemaeus Soter, aan wie Egypte was toegewezen. De Macedonische Ptolemaeën die Soter opvolgden toonden zich even tolerant tegenover de joden als de Perzen dat waren geweest. Veel inwoners van Palestina raakten echter in de ban van de Griekse cultuur, die samen met haar filosofen en afgoden wereldse verlokkingen meebracht welke Jahwe een gruwel waren. Van de weeromstuit werd Jeruzalem steeds orthodoxer in zijn leer.

Terwijl de elkaar tegenstrevende gevoelens van wereldse gezindheid en religieus conservatisme voortsudderden werd de rust van Palestina verstoord door het nieuwe Syrische rijk dat de Seleuciden in Klein-Azië en het Midden-Oosten hadden gevestigd. Vanuit de nabijgelegen hoofdstad Antiochië, in het tegenwoordige Syrië, maakten zij evenzeer aanspraak op Palestina als de Ptolemaeën dat deden vanuit Egypte. De wederzijdse aanspraken maakten het land van Erets tot een buffer en vaak ook het strijdtoneel van twee elkaar bekampende grootmachten. De oorlogsellende deed talrijke joden het land ontvluchten naar

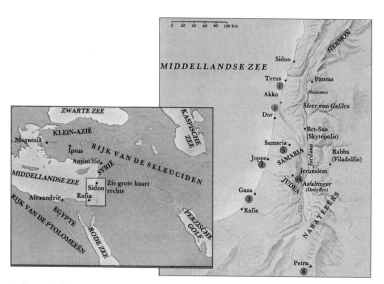

Afb. 7. Palestina omstreeks 300 voor Christus tussen het rijk van de Seleuciden en Egypte.

veiliger en welvarender oorden in gehelleniseerde gebieden. Een trekpleister was vooral Alexandrië in Noord-Egypte, waar de joodse gemeenschap met haar vruchtbare gezinnen van lieverlee uitgroeide tot rond één miljoen zielen. Was het devotie of sleur? – welvarende gehelleniseerde joden in de diaspora bleven de halve sikkel betalen die de volwassen jood jaarlijks de Tempel in Jeruzalem verschuldigd was. Moge hellenisering de orthodoxie van Israël hebben bedreigd, de tempelkas voer er wel bij.

Een nieuwe koning der Seleuciden, Antiochus III, liet het niet langer bij verbale aanspraken op Palestina en bij speldenprikken in de richting van de Egyptische rivaal, doch lijfde het gebied gewapenderhand in bij zijn rijk. In 198 voor Christus verdreef hij de Ptolemaeën uit Samaria, vernietigde de hoofdstad van dit Israëlische gewest, viel daarna het zuidelijke gebied Judea binnen en veroverde Jeruzalem. De machtswisseling liet de priesterstaat in Jeruzalem aanvankelijk onberoerd. Dit veranderde echter onder Antiochus IV Epiphanes, die zijn zinnen had gezet op de goedgevulde tempelkas in Jeruzalem. Begrijpelijkerwijs verzetten de tempelpriesters zich hiertegen. De kwaadsappige Syrische potentaat zag in het priesterverzet het signaal aan het volk om tegen zijn bewind in opstand te komen; hij meende dat de joodse opstandigheid wortelde in de religieuze autonomie van het gebied. Zijn landvoogd in Palestina, Apollonius, schafte de Mozaïsche wetgeving af en liet iedere jood executeren die het nog waagde de sabbat te vieren, zijn zoon te laten besnijden of weigerde varkensvlees te eten. Op 6 april 167 installeerde Apollonius de Olympische Zeus in de Tempel en voerde vanaf die datum met geweld de hellenistische eredienst in. Een schrikbewind heerste over het land der profeten zoals Israël sedert de Babyloniërs niet had gekend. In Israël, dat nu naast zijn autonomie ook zijn godsdienstvrijheid kwijt was, groeide een haat tegen alles wat hellenistisch was, die tot in de tijd van Jezus van Nazareth merkbaar bleef.

Rebellerende priesters en gelovige joden vluchtten de bergen in en begonnen een guerrilla tegen de Seleucidische overheersing. De guerrillero's vonden in Judas de Makkabeeër (De Hamer) een bekwame generaal. Onder zijn bezielende leiding werd de guerrilla een openlijke strijd. De vrijheidsstrijders kregen vaste voet in Judea en heroverden in 167 voor Christus Jeruzalem. De Syriërs hadden intussen de handen vol aan de Parthen, die hun de hegemonie betwistten. Een broer van Judas de Makkabeeër, Simon, wist in 142 een verdrag af te dwingen van de Syrische koning Demetrius II, waarin de onafhankelijkheid van Judea werd erkend. Het verdrag was de geboortezang van een joodse staat. Onder algemene bijval van het volk werden Simon en diens nakomelingen door de Joodse Hoge Raad verheven tot het drievoudige ambt van hogepriester, opperbevelhebber en koning. Eindelijk leek de droom van de profeet Ezechiël verwezenlijkt: Israël, althans Judea met het trotse Jeruzalem, was nu een volwaardige theocratie, zonder dat een vreemde overheerser nog enige zeggenschap had over de priesterstaat.

De opvolgers van Simon, die de joodse dynastie van de Hasmoneeën vestigden, breidden geleidelijk aan het kerngebied Judea uit met omliggende gebieden, zodat Israël bijna weer de omvang kreeg als ten tijde van koning David. Galilea werd in 104/103 voor Christus door Aristobulus I veroverd. Waar de Hasmoneeën stuitten op heidense volkeren in veroverd gebied, werden deze met geweld gedwongen tot de besnijdenis alvorens te worden opgenomen in de joodse theocratie. De aldus tot het jodendom gedwongen geloofsgenoten in de veroverde gewesten met hun gemengde bevolking, Idumea in de zuidelijke Negevwoestijn, Samaria, Perea in Transjordanië en Galilea in het voormalige Tienstammenrijk, bleven in de kritische ogen van het orthodoxe Jeruzalem onvolwaardige joden. De Hasmoneeën zelf vervielen tot de kwaal die de priesterklasse het meest verfoeide: zij gaven zich over aan het hellenisme. Koning Hyrcanus I ging zelfs zo ver een beeld van Zeus in de Tempel te plaatsen. Geschokt door deze blasfemieën kwamen gelovige joden, geleid door de nieuwe orthodoxe school der Farizeeën, in opstand tegen de geforceerde vergrieksing van de joodse staat.

Een bittere strijd tussen hellenisme en judaïsme spleet de eenheid van religieuze en seculiere leiding die de priesterstaat na de strijd van Judas de Makkabeeër had bereikt. De hellenistische Hasmoneeër koning Alexander Jannaeus werd toen hij als hogepriester in de Tempel de viering van het Loofhuttenfeest voorging door verbitterde Farizeeën met citroenschillen bekogeld. De woedende vorst riep de hulp in van de tempelpolitie. Het was het begin van een burgeroorlog die negen jaren duurde en waarbij 50.000 mensen het leven lieten. Om het verzet te breken liet de wrede Hyrcanus enkele honderden Farizeeën gevangennemen en tijdens een staatsbanket dat hij had aangericht kruisigen.

Na het verscheiden van de wrede tiran, die door Jahwe werd gestraft met een vreselijke doodsstrijd, kende Israël even een periode van rust onder de weduwe van de overleden koning, Alexandra. Zij verzoende zich met de Farizeeën en liet zich in haar staatsbeleid door hen leiden. Omdat een vrouw geen hogepriester kon zijn, liet de weduwe haar zoon Hyrcanus II dit ambt bekleden. De jongeman leek ook de gedoodverfde opvolger in het koningschap.

Na het overlijden van Alexandra dong echter een andere zoon, Aristobulus II, naar de troon. De broedertwist, waarin de oudere priesterelite van de Sadduceeën de kant van Aristobulus koos, de Farizeeën die van Hyrcanus, liep uit op een complete burgeroorlog. In de strijd tussen de twee troonpretendenten dook een intrigant op die een beslissende wending zou geven aan de zo vaak wisselende lotgevallen van het volk van Jahwe. Dit was de Idumeeër Antipater, die gouverneur was van zijn gewest van herkomst, Idumea in de Negevwoestijn. Antipas koos partij voor de zwakke Hyrcanus, in de hoop daarbij te zijner tijd zijde te spinnen, riep de hulp in van de machtige Romeinen en haalde daarmee het paard van Troje binnen.

DE KOMST VAN DE ROMEINEN

De Hasmoneeën hadden eerder al tegen hun bedreigende buurlanden steun gezocht bij de Romeinen. Zij hadden dat echter gedaan door middel van verdragen die de beschermheren zelf buiten de deur hielden. Al in 190 voor Christus hadden de Romeinen de Syriërs onder Antiochus III bij Magnesa in Lydië een geduchte nederlaag toegebracht, hen uit Griekenland verdreven en hun een zware schatting opgelegd, maar ze hadden hun gebied niet veroverd. De Romeinse senaat liet de brandhaarden in het Midden-Oosten, waar naast de Syriërs de Parthen de Romeinse hegemonie betwistten, smeulen om de rivalen elkaar te laten uitputten. Om dezelfde reden had hij de rivaliteit tussen Syrië en Israël gaande gehouden. De Romeinen hadden wel de graanschuur Egypte onder controle gebracht, maar hadden met verdere expansie in het gebied gewacht. In dit terughoudende beleid kwam geleidelijk verandering. De springplank voor de veroveringen in Klein-Azië werd de provincie Asia, die in 133 voor Christus was gesticht in de voormalige Griekse koloniën in het huidige Turkije. In 63 voor Christus verklaarde de veldheer Gnaeus Pompejus, die door de senaat op expeditie naar het oosten was uitgezonden, na zijn overwinning op de Armeniërs en Parthen in Antiochië het gebied tussen de Eufraat en Egypte tot de Romeinse provincie Syria; Israël, dat Palestina ging heten, was daarin inbegrepen. Voor Pompejus was de broedertwist in Jeruzalem, waarvoor de intrigant Antipas diens interventie inriep, een gezochte aanleiding ook daar zijn gezag te doen gelden. Partijgangers van Hyrcanus openden voor hem de poorten van Jeruzalem. De priesters, die de kant van Aristobulus hadden gekozen, verschansten zich echter in de tempelvesting. Na een beleg van drie maanden werden ze gedwongen hun verzet op te geven. Pompejus bevestigde Hyrcanus in zijn hogepriesterlijke waardigheid en liet diens broer Aristobulus gevankelijk naar Rome afvoeren.

De controle van Rome over de nieuwe provincie werd de eerste jaren ernstig verzwakt door de machtsstrijd binnen het eerste triumviraat Pompejus, Crassus en Caesar en, na de gewelddadige dood van Julius Caesar in 44 voor Christus, binnen het tweede triumviraat Antonius, Octavianus en Lepidus. Twee joodse Idumeeërs die hun lot met dat van Rome verbonden, maakten van de troebelen der Romeinse burgeroorlog gebruik om een leidende positie in Palestina te verwerven. Het waren eerdergenoemde Antipater en diens zoon Herodes.

Pompejus had weliswaar een hogepriester in Jeruzalem achtergelaten, maar de leiding van het wereldlijk bestuur van de priesterstaat ongevuld gelaten. Het was deze positie waarop Antipater zijn zinnen had gezet. Het lag voor de hand voor de vervulling van zijn ambities zijn hoop op Pompejus te vestigen. Nadat Pompejus door het andere lid van het Romeinse triumviraat, Caesar, in 48 voor Christus in Egypte was verslagen en na de slag bij Pharsalos jammerlijk aan zijn eind was gekomen, begreep Antipater dat hij op het verkeerde paard had gewed. Hij veranderde schielijk van koers en bood de *triumvir* Caesar waardevolle versterkingen aan toen deze in Egypte in een netelige positie was geraakt, en hulp dringend nodig had. De nieuwe sterke man in Rome was er de jood dankbaar voor. Hij toonde zijn dankbaarheid door Antipater het Romeinse staatsburgerschap te verlenen en hem tot procurator van Palestina te benoemen. Op zijn beurt benoemde Antipater zijn vijfentwintig jarige zoon Herodes tot gouverneur van het gewest Galilea. In de machtsstrijd die na de moord op Caesar uitbrak koos de opportunistische Antipater spontaan de kant van de moordenaar van Caesar, Cassius, die naar Syrië was overgekomen om daar een leger op de been te brengen. Antipater werd echter gedood door een mededinger naar de gunsten van Cassius, voordat de laatste zelf om het leven werd gebracht.

Herodes volgde het voorbeeld van zijn vader. In de hoop zijn vader als Romeins landvoogd in Palestina te kunnen opvolgen verbond hij zijn lot aan dat van Rome. Hij zette zijn kaarten op Marcus Antonius, die na diens overwinning op de moordenaars van Caesar, Cassius en Brutus, de nieuwe sterke man leek te zijn geworden in het turbulente Romeinse Rijk. Herodes' ambities leken voorbarig. In 40 voor Christus vielen de Parthen Syrië binnen en dwongen de Romeinen in het defensief. In Palestina zelf wist de laatste Hasmoneeër Antigonus een legertje desperado's bijeen te brengen waarmee hij een greep naar de macht deed en de Romeinse protégé Herodes naar het leven stond. Herodes nam de wijk naar Rome. Daar vond hij in Marcus Antonius inderdaad een sponsor voor zijn ambities, omdat deze in de Idumeeër de man zag die het Romeinse gezag in de oostelijke gebieden nieuw leven zou kunnen inblazen. Op voorspraak van zijn beschermheer werd Herodes door de senaat tot Romeins burger en tot landvoogd van Palestina benoemd.

Herodes verloor geen tijd. Om zijn benoeming te verzilveren zeilde hij in 39 voor Christus naar Palestina. Hij landde op de kust van Judea en verzamelde een kleine legertje om zich heen dat door toestromende vrijwilligers snel aangroeide. Eerst baande hij zich een weg naar de rotsvesting Massada aan de Dode Zee en ontzette daar zijn familieleden, die door fanatici van Antigonus belegerd werden. In 40 vielen echter de Parthen vanuit Syrië onverhoeds Palestina binnen. Samen met de in de regio gelegerde Romeinse troepen trok Herodes ten strijde tegen de indringers. Pas nadat deze verslagen waren had Herodes de handen vrij voor zijn mars-naar-Jeruzalem, om daar met de Romeinse hulptroepen het verzet van Antigonus en de joodse leiders tegen zijn door Rome geprotegeerde voogdij over Palestina te breken. Na een langdurig beleg werd de stad in 37 voor Christus ingenomen. Herodes kon niet voorkomen dat de Romeinse soldaten aan het plunderen sloegen en een bloedbad onder de burgerbevolking aanrichtten. Door met zijn eigen legertje de Tempel te bezetten kon hij echter voorkomen dat de heidenen hun heiligschennende plunderingen tot het joodse heiligdom uitstrekten. Met een flinke afkoopsom wist hij ten slotte zijn Romeinse kompanen ertoe te bewegen de aftocht te blazen, waarna hij zijn gezag in Jeruzalem vestigde. Antigonus, die met de Parthen gemene zaak had gemaakt, werd door de Romeinen gevankelijk naar Antiochië gevoerd, waar hij werd onthoofd. Hyrcanus waren in het belegerde Jeruzalem door joodse fanaten de oren afgesneden, waardoor hij nimmermeer hogepriester kon worden.

Toen in 32 voor Christus binnen het tweede triumviraat een machtsstrijd uitbrak tussen Octavianus en Antonius, wilde Herodes zich verdienstelijk maken jegens zijn beschermheer Marcus Antonius door hem hulp te bieden tegen de twee andere leden van het triumviraat Octavianus en Lepidus. Dit werd hem echter verhinderd door intriges van Antonius' geliefde Kleopatra, de Ptolemeïsche koningin die haar zinnen had gezet op rijke aan Egypte grenzende kustgebieden van Palestina. Om Herodes uit de buurt te krijgen stuurde zij hem uit op expeditie naar het land van de Nabateeën, een onbeduidend nomadenvolk in de Arabische woestijn. Herodes' afwezigheid bleek een geluk voor hem, omdat niet Antonius als overwinnaar uit de strijd te voorschijn kwam, maar Octavianus – die onder de titel Augustus de eerste Romeinse keizer zou worden. Zoals zijn vader tijdig zijn koers had verlegd van Pompejus naar Caesar, zo verlegde Herodes zijn koers van Marcus Antonius naar Octavianus.

Na de slag bij Actium in 31 voor Christus, waarin Antonius tegen Octavianus het onderspit dolf, spoedde Herodes zich naar Rhodos waar de overwinnaar zich bevond. Hij verklaarde tegenover hem vrijmoedig waarom hij diens rivaal Antonius zijn steun had aangeboden, maar bood thans zijn trouwe diensten aan Octavianus aan. Deze had er geen belang bij vijanden te maken in het onrustige oostelijke deel van het Romeinse Rijk. Hij aanvaardde de aangeboden steun, bevestigde Herodes' benoeming tot landvoogd van Palestina, en verleende hem zelfs de titel *rex*, koning – zij het in de zin van een *rex socius*, dat wil zeggen een aan de keizer persoonlijk verbonden vazal. Na de dood van Antonius en Kleopatra kon koning Herodes Judea uitbreiden met de kustgebieden die Kleopatra bij Egypte had ingelijfd, later met Samaria, Galilea en enkele steden. Van lieverlee kreeg het koninkrijk van Herodes de omvang die het ten tijde van David had gehad.

KONING HERODES DE GROTE

Toen Augustus eenmaal zijn gezag had gevestigd nam hij energiek de organisatie van zijn rijk ter hand, dat door hem in een keizerrijk werd getransformeerd. Alvorens de census in de veroverde gebieden in te voeren verdeelde hij in 27 voor Christus het rijk in senatoriale en keizerlijke provincies. Het beheer van de provincies in het rustige kerngebied van het rijk liet hij over aan de senaat; dat van het grote aantal provincies rond deze gepacificeerde kern hield hij onder zich. Omdat in deze buitengewesten alert moest kunnen worden gereageerd op interne opstanden en invallen van buiten, legerde hij er militaire legioenen. De imperiale provincies, waarvan Syrië er één was, werden onder gezag geplaatst van een keizerlijke landvoogd.

Om zijn rijk te doen herstellen van de desastreuze gevolgen van de burgeroorlog voerde keizer Augustus een beleid van consolidatie. Dit wijze beleid stimuleerde de handel tussen de landen van het Romeinse wereldrijk, en bovenal de export van de buitengewesten naar het Italische kerngebied met zijn onverzadigbare consumptiebehoeften. De Middellandse Zee, 'Mare Nostrum', werd de binnenzee en handelsroute van een gigantische *common market*. Van de opbloei van de wereldeconomie die hiervan het gevolg was heeft Palestina volop geprofiteerd. De economie van dit land werd extra gestimuleerd door het multipliereffect van de geldstromen die voor de financiering van openbare werken door de bouwlustige koning in de nationale economie werden gepompt. Was Palestina met zijn 2 à 3 miljoen inwoners en de geringe omvang van zijn territoir een kleine vazalstaat in het Romeinse Rijk, de bouwlust die koning Herodes aan de dag legde zou een wereldheerser niet hebben misstaan.

Het eerste bouwwerk van Herodes was een paleisvesting even ten zuiden van Jeruzalem, die naar de bouwheer zelf het Herodium werd genoemd. Met zijn oppervlak van 18 hectare was zij ongeveer even groot als de latere Tâdj Mahal, waarvoor zij in luister niet onderdeed. Een niet minder indrukwekkende paleisvesting was het 'Hangende Paleis', dat trapsgewijs werd gebouwd tegen de steile wanden van de rotsvesting Massada en dat door een vernuftig aangelegd gigantisch waterbekken ondanks het droge klimaat van de woestijn constant van stromend water was voorzien. Naast deze burchten liet Herodes in verscheidene steden comfortabele paleizen bouwen. Ook nam hij de stedenbouw ter hand. Op de plek van de verwoeste hoofdstad van Samaria bouwde hij een nieuwe hoofdstad, die hij de naam Sebaste gaf, de Griekse vrouwelijke benaming van Augustus. Herodes' stedenbouwkundige pronkstuk was de havenstad Caesarea aan de Middellandse-Zeekust van Judea. De stad werd gebouwd rond een kunstmatige zeehaven, beschermd door twee zich in zee uitstrekkende, massieve golfbrekers. Herodes bouwde in Caesarea een indrukwekkend paleis, dat hij als zijn koninklijke hoofdzetel bestemde. Met zijn tempels, theaters, arena, thermen en gymnasium was Caesarea een welhaast Griekse stad. Was dit voor orthodoxe joden al nauwelijks verteerbaar, de bouwheer prikkelde de joodse gevoelens nog meer door twee enorme beelden te laten oprichten, een van de keizer als Olympische Zeus en een van de godin Roma.

Het zowel bouwkundig als stedenbouwkundig grootste project van de joodse koning was de herbouw van Jeruzalem, waarmee hij meteen na de overname van de stad begon. Eerst werden de stadsmuren en -torens hersteld. Tegen de stadsmuur bouwde Herodes de vierkante burcht Antonia, genaamd naar zijn aanvankelijke beschermheer Antonius. Na de val van de naamgever verbleekte de naam van de burcht, en kennelijk in de ogen van de bouwheer ook de bruikbaarheid daarvan. Op de top van een heuvel op een uitgelezen plek in de bovenstad bouwde Herodes een nieuw paleis. Als eerbetoon aan de keizer organiseerde Herodes in Jeruzalem grootse festivals in Romeinse stijl. Om de joden van Jeruzalem niet al te veel aanstoot te geven hield hij het festival buiten de stadswallen, waar hij een amfitheater en een renbaan liet aanleggen en een theater liet bouwen met marmeren mozaïeken in Griekse stijl. Vooral het theater wekte de afschuw van vrome joden, omdat Griekse blijspelen die er werden opgevoerd vol schunnigheden zaten en omdat de tragedies heidense goden en helden verheerlijkten.

Omstreeks 20 voor Christus begon Herodes met de bouw van een bouwwerk dat in zijn tijd wereldfaam zou verwerven. Het was de bouw van een nieuwe Tempel, waarmee hij de gunst van zijn onderdanen hoopte te winnen.[1] Om op voorhand de argwaan van de priesterkaste weg te nemen beloofde Herodes dat geen steen van de bestaande tempel zou worden afgebroken voordat de nieuwe klaar was. Voorts liet hij duizend priesters tot metselaar bijscholen, opdat bij de bouw van de Tempel geen ongewijde hand de troffel zou hanteren. Het nieuwe tempelcomplex, waarin de oude tempel met zijn heilige der heiligen was opgenomen, besloeg bijna eenderde van de binnenstad. De Helleense invloed op de architectuur was onmiskenbaar, maar in de rijke ornamentiek was angstvallig vermeden enige afbeelding van mens of dier te verwerken waaraan de rechtgeaarde jood aanstoot zou kunnen nemen. Het complex van hoven, zuilenhallen en galerijen, opgetrokken in grote blokken roomgeel malachiet moet een indrukwekkend silhouet zijn geweest in de skyline van de hoofdstad, 's ochtends stralend in de opkomende zon, 's middags schitterend in het felle licht en 's avonds omstraald door het zachte licht van de ondergaande zon. De grote voorhof van de Tempel, die men betrad via een zestig meter brede trap en die ongeveer tweederde van het tempelcomplex besloeg, was voor iedereen toegankelijk, ook voor heidenen. Hij was gescheiden

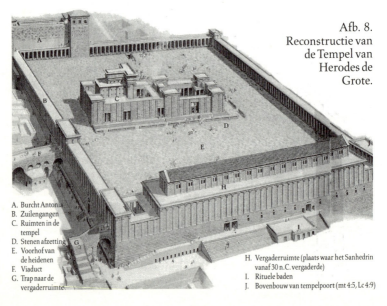

Afb. 8. Reconstructie van de Tempel van Herodes de Grote.

A. Burcht Antonia
B. Zuilengangen
C. Ruimten in de tempel
D. Stenen afzetting
E. Voorhof van de heidenen
F. Viaduct
G. Trap naar de vergaderruimte
H. Vergaderruimte (plaats waar het Sanhedrin vanaf 30 n.C. vergaderde)
I. Rituele baden
J. Bovenbouw van tempelpoort (mt 4:5, Lc 4:9)

van het tweede deel van de tempel door een drempelmuur waarin de voor niet-joden weinig uitnodigende tekst was gebeiteld:

> Geen heiden mag dit ommuurde gedeelte van de Tempel betreden. Wanneer hij gegrepen wordt heeft hij de dood die daarop volgt aan zichzelf te wijten.[2]

Joodse tempelgangers die deze barrière waren gepasseerd, kwamen uit bij het hof der vrouwen, het hof der Israëlieten en het hof der priesters, die alleen voor diegenen toegankelijk waren die tot deze groepen behoorden. Achter het hof der priesters, waar de offerdieren werden geofferd op het altaar, lag ten slotte het heilige der heiligen: een goud-met-witte kubus die boven alles uitstak en waar de ark des verbonds had gestaan, maar die nu een compleet lege ruimte was, gewijd aan Jahwe.

Men zou verwachten dat de joden Herodes dankbaar waren voor de bouw van de nieuwe tempel, die de Tempel van Salomo in pracht nog overtrof. Dit was niet het geval. De Idumese parvenu met zijn twijfelachtige godsdienstige overtuiging en ostentatieve loyaliteit aan de gehate Romeinen werd door de priesterkaste en Farizeeën nimmer geaccepteerd. Herodes bleef een vreemdeling in Jeruzalem. Hij was echter een vorst die de opvatting huldigde dat als je je bij je onderdanen niet populair weet te maken, je hun vrees moet inboezemen want, zoals Machiavelli het de vorsten later zou voorhouden: gevreesd en gerespecteerd worden kan zeer wel samengaan. Bij zijn aantreden als koning van Palestina begon Herodes met het uitschakelen van zijn tegenstanders. Vijfenveertig leden van de Joodse Hoge Raad, die de kant van Antigonus hadden gekozen, liet hij onthoofden en vervangen door leden van zijn eigen keus. Een meedogenloze geheime politie hield de oppositie in de gaten. Voor zijn persoonlijke bescherming had de vorst een geduchte lijfwacht van Traciërs, Germanen, Galliërs en Galaten, die keizer Augustus hem ter beschikking had gesteld.

Een Idumeeër kon in de heilige stad geen hogepriester zijn, omdat dit onderworpen volk niet als volwaardige joods gold. Om niettemin enige band te cultiveren met de priesterkaste van Jeruzalem huwde Herodes de kleindochter van de vroegere Hasmonese hogepriester, Mariamne geheten. Het was niet louter een mariage de raison; Herodes hield hartstochtelijk van de welgeschapen Hasmonese.

De priesterstaat die zich onder zo vele vreemde heersers had kunnen handhaven, werd door de joodse koning uit Idumea onttakeld. Hij liet het sanhedrin geen enkele zeggenschap in de staatszaken en reduceerde de Joodse Hoge Raad tot een kibbelende speeltuin voor eindeloze discussies over theologische haarkloverijen. Voor de bezetting van bestuursposten ging Herodes op talentenjacht in het buitenland. Hij vond bekwame bestuurders in Griekse steden en onder gehelleniseerde joden in de diaspora, waar hij mannen rekruteerde als zijn vertrouweling en naaste adviseur Nikolaüs en de minister van Financiën Ptolemaeus, die het ambtelijk apparaat van Palestina naar hellenistisch model reorganiseerde. De influx van hellenistische bestuurders leverde volop brandstof voor de niet aflatende krachtmeting tussen hellenisme en judaïsme in Jeruzalem.

Het ruim dertigjarige bewind van koning Herodes is voor Palestina een zegen geweest. Het was een periode van welvaart, die uitstraalde in een architectuur en stedenbouw welke de toenmalige wereld imponeerden. Hebben de joden Herodes bij zijn leven veracht en gewantrouwd, na zijn dood heeft de joodse geschiedschrijving hem de eretitel 'Herodes de Grote' verleend.

DE VERDELING VAN HERODES' RIJK

Was Herodes een bedreven politicus, het lukte hem niet zijn familieleden in toom te houden en onder hen waren er verscheidene die al even ambitieus waren als hij. Als verontschuldiging mag misschien gelden dat de koninklijke familieclan zo uitgebreid was dat ook een meer bedreven godfather het moeilijk zou zijn gevallen er overzicht over te houden. Herodes heeft tien vrouwen gehad, bij wie hij een niet te overzien kroost heeft verwekt, dat in de loop der jaren nog werd uitgebreid met aangetrouwde familie en kleinkinderen. Herodes hanteerde een even radicale als afdoende methode om lastige familieleden tot zwijgen te brengen: hij liet hen ter dood veroordelen of ombrengen.

Het eerste slachtoffer werd de zeventienjarige broer van zijn eerste vrouw Mariamne. De populaire jongeman werd door zijn Hasmonese familie als hogepriester gepousseerd, en kreeg van de kant van het sanhedrin zo veel support dat Herodes moeilijk om hem heen kon. De benoeming van de Hasmonese telg kwam Herodes echter slecht uit, omdat hij ook deze functie had bestemd voor een jood uit de diaspora. De jonge hogepriester verdween van het toneel, nadat hij in het zwembad van het oude Hasmonese paleis in Jericho door enkele jonge edellieden lang genoeg onder water was geduwd – waarna Herodes zijn eigen kandidaat tot hogepriester kon benoemen. De jonge priester was het eerste dodelijke slachtoffer in de koninklijke familie in een lange rij die zou volgen. Mariamne was een ander slachtoffer. Omdat ze na allerlei verwikkelingen de koning de echtelijke sponde ontzegde, werd ze door Herodes van echtbreuk beschuldigd en ter dood veroordeeld. Pas nadat zij was onthoofd begreep de blauwbaard wat hij zichzelf had aangedaan. Jammerend dwaalde hij door het paleis, roepend om de geliefde dode.

Keizer Augustus had Herodes de bijzondere gunst verleend zelf zijn opvolger te mogen kiezen en daarmee voor hem de kans geopend een herodiaanse dynastie te stichten. Doordat deze keizerlijke gunst in de familiekring niet onbekend bleef wekte hij de naijver van verscheidene troonpretendenten. Na lang wikken en wegen had de koning twee zoons bij Mariamne, Alexander en Aristobulus, als zijn opvolgers uitgekozen. De twee jongelui, die in Rome hun opleiding kregen, keerden naar Palestina terug om zich op hun toekomstige taak voor te bereiden. Tot grote ergernis van hun vader bazuinden de loslippige troonpretendenten in het roddelzieke Jeruzalem rond dat de koning hun moeder had laten vermoorden. Een andere zoon, Antipas geheten, die voor de troon was gepasseerd, maar het willige oor van de vader had, fluisterde de koning in dat Alexander en Aristobulus een samenzwering tegen hem op touw hadden gezet. Na consent van de keizer liet hij beiden ter dood veroordelen wegens hoogverraad.

Tegen het eind van zijn leven werd de oude koning geteisterd door een dodelijke ziekte die hem tot een ware paranoia bracht. Dag en nacht werd hij bezocht door angstdromen dat nazaten en goede vrienden hem naar het leven stonden. Elke verdachte werd omgebracht. Augustus, wie ter ore kwam welk bloedbad Herodes onder zijn kroost aanrichtte, ontlokte het de opmerking: je kunt beter het varken dan de zoon van Herodes zijn. Het laatste slachtoffer van Herodes' paranoia was degene die hem tegen zijn twee favoriete zoons had opgezet, Antipas. De intrigant, die dacht zijn troonsopvolging te hebben veiliggesteld, werd door Herodes op zijn sterfbed ter dood veroordeeld, omdat hij hem ervan verdacht zijn dood te willen bespoedigen door hem te vergiftigen. Vijf dagen na de begrafenis van Antipas stierf de zeventigjarige dwingeland zelf, door niemand betreurd. Het was in het jaar 750 a.u.c., twee jaar na de geboorte van Jezus van Nazareth, vier jaar voor de christelijke jaartelling.

Op het eind had Herodes de zoon bij zijn vierde vrouw, Archelaus, tot universeel erfgenaam van zijn koninkrijk aangewezen. Keizer Augustus, die wellicht enige twijfel had over de kwaliteiten van de nog overgebleven zonen van Herodes, besliste anders. Hij liet Archelaüs alleen het bewind over Judea, Samaria en Idumea. Herodes Antipas, een zeventienjarige broer van Archelaüs, werden Galilea en het Transjordaanse Perea toegewezen, waar de jonge vorst tot in 39 na Christus zou heersen. Toen hij een oude man was geworden viel hij bij de Romeinen in ongenade en werd naar Gallië verbannen. Herodes Filippus, een zoon van Herodes bij zijn vijfde vrouw, werd landvoogd in het gebied ten noordwesten van het Meer van Galilea, Batanea, Trachonitis en Auranitis, in de huidige Golan. Hij zou zich gedurende zijn langdurig bewind een onopvallende, maar daardoor rustgevende bewindvoerder van de Romeinen tonen. Ten slotte werd een klein kustgebied ter hoogte van het huidige Tel Aviv, Abilene, onder beheer gesteld van een zuster van Herodes, Salome. De vier troonopvolgers van Herodes werd niet de titel rex verleend, maar de bescheidener titel van *tetrarch*, viervorst.

Archelaüs, aan wie met het gewest Judea de hoofdstad Jeruzalem was toevertrouwd, had de tirannieke aard van zijn vader geërfd, maar niet diens politieke wijsheid. Binnen een maand zag hij zich geconfronteerd met een menigte relschoppers die vanwege het paasfeest naar Jeruzalem waren toegestroomd. Archelaüs wist niet beter te doen dan de tempelpolitie erop af te sturen, die een bloedbad onder de morrende contestanten aanrichtte, waarbij drieduizend van hen het leven lieten. De ongeregeldheden verspreidden zich over Judea en kregen door de messianistische leuze van onafhankelijkheid het karakter van een opstand tegen de Romeinen. De opstandige beweging noodzaakte de landvoogd van Syrië, onder wiens jurisdictie Palestina viel, een compleet leger naar het ambtsgebied van Archelaüs te sturen om de orde te herstellen. Na een aantal jaren had de Jeruzalemse elite schoon genoeg van de labiele tiran. Zij stuurde een joodse delegatie naar Rome, die keizer Augustus nederig doch dringend verzocht de joden te verlossen van de onbekwame landvoogd. Archelaüs, naar Rome gecommandeerd om zich te verdedigen, wist zijn beleid in de ogen van keizer Augustus niet te rechtvaardigen. De keizer stuurde hem naar Gallië in ballingschap, bewilligde in het verzoek van de joodse delegatie en plaatste het gebied van Archelaüs onder zijn rechtstreekse keizerlijk gezag. Hij benoemde er een praefectus[3], die onder controle kwam te staan van de keizerlijke legatus in Antiochië. De eerste prefect die in 6 na Christus in Judea werd benoemd was Coponius, die van zijn tweejarig bewind behalve zijn naam weinig sporen in de joodse of Romeinse geschiedenis heeft achtergelaten.

De prefecten hadden dezelfde bevoegdheden als de proconsuls in de senatoriale provincies. Bij hen berustte het opperbestuur op het terrein van buitenlandse politiek, defensie, handhaving van de openbare orde, rechtspraak en openbaar bestuur. Flavius Josephus schrijft in *De oude geschiedenis van de joden* dat de eerste prefect van Judea bij zijn aanstelling door Augustus volmacht had gekregen om de doodstraf op te leggen. De prefecten vestigden zich niet in de hoofdstad Jeruzalem, maar in het aangenamere klimaat van de welhaast Griekse havenstad Caesarea, waar ze het paleis betrokken dat Herodes de Grote er had gebouwd. Alleen bij bijzondere gelegenheden, zoals het paasfeest, gingen ze naar Jeruzalem, waar zij dan hun intrek namen in het paleis dat Herodes daar had gebouwd. Tegelijk met de komst van de Romeinse prefect werden nu Romeinse troepen in Judea gelegerd. Zij omvatten één ruitercompagnie en 5 cohorten van 500 à 600 man ieder, in totaal circa 3000 manschappen. De militairen waren met uitzondering van de officieren geen Romeinse legionairs, maar *auxiliarii*, hulptroepen die in de regio waren gerekruteerd, merendeels Syriërs. Ze werden gestationeerd in Caesarea en Jeruzalem en in versterkingen verspreid over Judea en Samaria.

De Romeinse prefecten behartigden in Judea de Romeinse belangen. Daartoe behoorde de inning van tolgelden en van grondbelasting. De inning werd verpacht aan tollenaars, die een deel van de belastinggelden als eigen inkomen incasseerden. Dit was een vorm van belastinggaring die uiteraard nogal corruptiegevoelig was. Degene die het meeste profijt had van het belastingsysteem, was de landvoogd, die met de ruime discretionaire bevoegdheid die hij zichzelf toekende een flink deel van de belastinginkomsten in eigen zak stak. De functie van landvoogd was dan ook een begerenswaardige positie onder de keizerlijke elite van Rome, want deze verschafte de bekleder ervan de kans zich in korte tijd te verrijken. Het binnenlandse beleid lieten de prefecten aan het sanhedrin over, dat over een eigen tempelpolitie beschikte. Met de delegatie van het binnenlands bestuur aan de Joodse Hoge Raad was de priesterstaat hersteld die door koning Herodes om zeep was gebracht. De ideale theocratie was het evenwel niet, want een vreemde heerser had het laatste woord. De prefecten lieten niettemin de joden geheel vrij in hun godsdienstbeleving en delegeerden het religieuze toezicht volledig aan het sanhedrin.

Vanaf het begin van hun inlijving bij het Romeinse Rijk hebben de joden een argwanende vrees gekoesterd dat de usurpator hun heilig geloof niet serieus zou nemen. Tot deze argwaan had de veroveraar van Palestina, Pompejus, aanleiding gegeven. Na zijn verovering van Jeruzalem was de Romeinse generaal nieuwsgierig de Tempel binnengedrongen. Hij had er geneusd achter de voorhang en zijn heidense voeten geplant in het heiligste der heiligen, waar alleen de hogepriester slechts eenmaal per jaar en met grote schroom het waagde voor het aangezicht van Jahwe te verschijnen. Pompejus had bij zijn inspectie van de Tempel niets aangeraakt en gelastte daags erna de eredienst te hervatten. Niettemin werd de heiligschennis van de Romein door de joden niet vergeven, en nimmer vergeten.⁴ Men kan niet anders zeggen dan dat de Romeinen omzichtig zijn omgegaan met joodse religieuze gevoeligheden. Zo werden in Palestina door de Romeinen geen munten geslagen met de beeltenis van de keizer, zoals in andere wingewesten wel het geval was, omdat de Mozaïsche wet menselijke afbeeldingen verbood.⁵ Ook waren joden vrijgesteld van militaire dienst. Tijdens de regering van keizer Augustus werden geen Romeinse legionairs in Palestina gelegerd en onder Tiberius alleen in enkele steden in Judea en Samaria.

De autonomie die de Romeinen de joden in Palestina lieten – in het bijzonder ook op religieus terrein – werd ingegeven door het uitzonderlijke karakter van de joodse godsdienst. Binnen het Romeinse Rijk waren de joden het enige volk dat één God vereerde, Jahwe. Hun monotheïsme maakte de joden tot lastige partners van de Romeinen. Terwijl andere onderworpen volkeren moeiteloos de Romeinse goden – en later ook de vergoddelijkte keizers – in hun eigen godenwinkel opnamen, duldden de joden niet de geringste inbreuk op het monopolie van Jahwe en evenmin op de wetten van Mozes. Niet alleen de joden in Palestina leefden naar de Mozaïsche wetgeving, dat deden ook de circa 5 miljoen joden die buiten Palestina in de diaspora woonden en die samen met de joden in Palestina circa 7 procent uitmaakten van de bevolking van het Romeinse Rijk. Allen richtten zich naar het centrum van het jodendom, de Tempel in Jeruzalem, waar een theocratie, belichaamd in het almachtige sanhedrin, scrupuleus de zuiverheid van tora en talmoed tegen vreemde smetten bewaakte.

Ondanks de lankmoedigheid die de Romeinen bij hun bewind over Judea tentoonspreidden, verwierven de landvoogden er nimmer de eer en het ontzag die hun elders in het Romeinse Rijk, als vertegenwoordigers van de vergoddelijkte keizer, ten deel vielen. Elke Romein, ook de landvoogd, werd door de onverzoenlijke joden in hun hart als een onreine hond beschouwd; hun joodse handlangers, in het bijzonder de tollenaars, werden zo mogelijk nog meer veracht. Een volk dat van kindsbeen af wordt voorgehouden dat het door een superieure godheid boven alle andere volkeren is uitverkoren zal licht een sterk zelfbewustzijn ontwikkelen. Onder de joden ten tijde van Jezus van Nazareth was dit zelfbewustzijn tot een superioriteitsgevoel uitgegroeid. In hun grenzeloze zelfoverschatting verloren ze alle verhoudingen uit het oog, en vooral hun eigen onmacht tegenover een benevolente bezetter, die echter als het erop aankwam hen kon maken en breken – en hen uiteindelijk zou breken.

In deze sfeer van joodse superioriteitswaan en grenzeloze vreemdelingenhaat trad in 26 na Christus een nieuwe Romeinse prefect aan, wiens naam dankzij de evangelies tot in onze dagen een begrip is gebleven: Pontius Pilatus.

---

1 De Tempel zou pas gereedkomen verscheidene jaren na Herodes' dood, niet lang voordat hij in 70 met de grond werd gelijkgemaakt.
2 Het was op verdenking dat Paulus dit verbod met voeten had getreden omdat hij bij zijn bezoek aan Jeruzalem in 49 na Christus een heiden zou hebben meegenomen in de Tempel dat hij door woedende joden werd vastgegrepen en slechts aan de dood ontsnapte doordat Romeinse soldaten hem uit de handen van zijn belagers hadden bevrijd, omdat Paulus zich beriep op zijn Romeinse burgerrecht.
3 Ten tijde van keizer Claudius werd de titel *procurator*.
4 Toen Pompejus het heiligste der heiligen in ogenschouw nam stelde hij verwonderd vast dat het een volkomen lege ruimte was. Dit heeft hem er wellicht van overtuigd dat Jupiter van Jahwe geen wezenlijke concurrentie te duchten had.
5 Wel circuleerden in Palestina Romeinse munten met de beeltenis van de keizer die in het onderlinge handelsverkeer Palestina waren ingevoerd – waarvan er een eens aan Jezus werd getoond door de Farizeeën met de strikvraag of joden Rome belasting moesten betalen.

V
Een bezet land

Toen Jezus van Nazareth als rabbi in de openbaarheid trad werd het leven van de joden in Israël beheerst door het bewustzijn dat ze in een bezet land leefden. In de evangelies wordt men nauwelijks iets gewaar van de druk die de Romeinse bezetting op het dagelijks leven legde. De evangelisten geven een beschrijving van het openbare leven van Jezus van Nazareth zoals een moderne historicus zou doen wanneer hij het pontificaat van paus Pius XII zou beschrijven zonder er melding van te maken dat Duitse nazi's in 1943 Italië bezetten om het wankelende fascistische re-

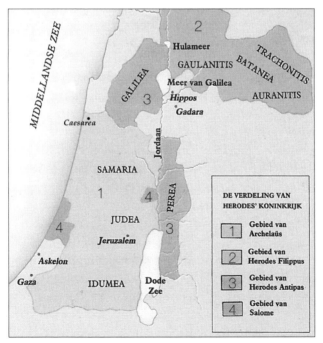

Afb. 9. Pilatus was landvoogd van Judea, Samaria en Idumea.

gime overeind te houden – en ook in dit land met de jodenvervolging te beginnen. Pas wanneer de evangelies het lijdensverhaal van hun geliefde leraar weergeven blijkt wie het in Jeruzalem voor het zeggen heeft: de Romeinse landvoogd Pontius Pilatus.

PONTIUS PILATUS

Pontius Pilatus behoorde tot de *equites*, de Romeinse ridderstand. Toen hij in 26 na Christus tot (de vijfde) praefectus van Judea werd benoemd was hij *tribunus* van het eerste cohort van de pretoriaanse garde, de in Rome gelegerde elitetroepen van het Romeinse leger. De post van landvoogd in een keizerlijke provincie was wegens de kansen die deze bood om zich te verrijken, voor Pilatus niet alleen profijtelijk, zij was voor de tribunus ook een veelbelovende sprong in zijn carrière, die uitzicht leek te bieden op toekomstige hoge functies in het Romeinse bestuursapparaat.[1] De functie van landvoogd van Judea, met de Israëlische hoofdstad Jeruzalem, had een delicaat karakter, omdat het Romeinse beleid jegens de joden in dit Israëlische kerngebied repercussies kon hebben voor de miljoenen joden die over het Romeinse Rijk waren uitgezwermd – waaronder de luidruchtige joodse kolonie in de stad Rome. De ogen van de joden in de diaspora bleven gericht op het geestelijke centrum van het jodendom, Jeruzalem met de Tempel. Pilatus kreeg dan ook van keizer Tiberius persoonlijke instructies mee. Toen hij zich in de keizerlijke villa Terracina aan de Adriatische kust vervoegde om zijn benoeming tot praefectus in ontvangst te nemen gaf de keizer hem opdracht het lastigste volk van het imperium Romanum met harde hand te besturen, de vuist echter gehuld in een fluwelen handschoen. Evenals zijn voorgangers werd ook Pilatus op het hart gebonden joodse religieuze (over)gevoeligheden te ontzien.

De *counterpart* van de prefect van Judea bij zijn binnenlands bestuur was de Joodse Hoge Raad in Jeruzalem, het sanhedrin. De Raad bestond uit 71 leden, merendeels Sadducese en Farizese opperpriesters, daarnaast enkele schriftgeleerden. De voorzitter, die op voordracht van de Raad door de prefect werd benoemd, droeg de titel van hogepriester. Ten tijde van Pontius Pilatus was de hogepriester en voorzitter van de Raad Kajafas; hij was benoemd door Pilatus' voorganger Valerius Gratus. Kajafas was het type bestuurder dat conflicten zoveel mogelijk uit de weg gaat en meent dat problemen zich vanzelf oplossen als je ze maar lang genoeg laat betijen. Op de achtergrond dirigeerde een daadkrachtiger figuur het beleid van het sanhedrin. Dit was Annas, de schoonvader van Kajafas; hij was eerder korte tijd hogepriester geweest, maar door Gratus vervangen door de plooibaardere Kajafas.

Weliswaar had de prefect het opperbestuur, maar het sanhedrin had verordenende, uitvoerende en rechtsprekende bevoegdheid op het brede terrein van de Mozaïsche wet. Zoals verwacht kan worden in een theocratie bestreek deze godsdienstige wetgeving naast de religieuze plichtenleer vrijwel alle burgerrechtelijke rechtsbetrekkingen, zowel die van het familierecht als van het handelsrecht. Ook behoorde tot het werkterrein van de Joodse Hoge Raad dat deel van het strafrecht waarbij godslastering in het geding werd geacht – en dat is in een priesterstaat algauw het geval! De jurisdictie van het sanhedrin was beperkt tot hoofdstad en ommeland. Daarbuiten, ook in de andere gewesten van Palestina zoals Galilea, functioneerden regionale en lokale raden van oudsten, waarvoor het sanhedrin in Jeruzalem als hof van appèl gold. Van zijn kant beschikte de prefect over een adviescollege dat hem bijstond in zijn bestuurlijke taken en dat bestond uit zijn stafofficieren en adjudanten en vooraanstaande Romeinse burgers en gehelleniseerde joden ter plaatse.

Ondanks de keizerlijke instructies raakte de nieuwe landvoogd al binnen enkele maanden verzeild in een hooglopend religieus conflict met het sanhedrin, dat door Flavius Josephus is beschreven. Het conflict vond plaats kort voordat Jezus van Nazareth in de openbaarheid trad. Doordat het volk zich volop mengde in de confrontatie tussen Pilatus en Joodse Hoge Raad werd het conflict gaandeweg een even publieke als spectaculaire affaire. De uitkomst van de confrontatie, een smadelijke nederlaag van de pas aangetreden landvoogd, zal ongetwijfeld zijn doorgedrongen tot het Galilese gehucht waar Jezus zich opmaakte om de rol van rabbi te gaan vervullen. Naar het antwoord op de vraag of deze nederlaag hem heeft gesterkt in zijn besluit in de openbaarheid te treden kan een biograaf van Jezus van Nazareth slechts gissen.

De aanleiding tot alle commotie was een joodse gevoeligheid, die ook de keizer niet had kunnen voorzien, alhoewel hij zelf, of althans zijn beeltenis, er het lijdend voorwerp van was. Een van de cohorten waarover de landvoogd beschikte, het cohort Augusta, was kort daarvoor wegens trouwe dienst de gunst verleend voortaan de beeltenissen van keizer Augustus en keizer Tiberius in zijn vaandels en standaarden te voeren. Bij het periodiek rouleren van de cohorten over hun legerplaatsen was kort na de aankomst van Pilatus het cohort Augusta van Caesarea overgeplaatst naar de Antonia-burcht in Jeruzalem. Daags na de kazernering van de legionairs in Jeruzalem zagen vroege tempelgangers tot hun heilige verontwaardiging op de tinnen van de burcht, die boven de Tempel uittorende, vaandels wapperen met de onheilige afbeelding van twee Romeinse *gojims*. Het nieuws ging als een lopend vuurtje door de stad en bereikte weldra ook het sanhedrin. De Raad besloot een delegatie naar de prefect in Caesarea te sturen – waar Kajafas zich wijselijk buiten hield – met een door alle leden ondertekende petitie waarin op hoge toon werd geëist de vaandels en standaarden onmiddellijk uit Jeruzalem te verwijderen. Op weg naar Caesarea werd de delegatie begeleid door een verontwaardigde joodse menigte, die onderweg almaar aangroeide.

Gesteund door zijn adviseurs besloot Pontius Pilatus, die nog zo kort in functie was, niet toe te geven aan de eis van het sanhedrin in een zaak waarin hij vond dat de Joodse Hoge Raad geen bevoegdheid had; hij ging met de delegatie uit Jeruzalem de confrontatie aan. Maar deze hield vast aan de meegebrachte petitie, daarbij moreel gesteund door luidruchtige supporters die zich op het plein voor het paleis van Pilatus hadden geïnstalleerd. Vijf dagen lang bleef Pilatus weigeren het cohort Augusta met zijn vermaledijde vaandels en standaarden uit Jeruzalem terug te halen. Al die dagen en nachten bivakkeerde de delegatie met haar joodse aanhangers op het plein. Pilatus zag zich geplaatst voor het dilemma ofwel het plein schoon te laten vegen, met alle risico dat onder de vrome maar hardnekkige mannen en vrouwen, kinderen en ouden van dagen bloed zou vloeien, of toe te geven en gevoelig gezichtsverlies voor Rome te incasseren. Hij koos ten slotte voor het laatste en liet een cohort uit Caesarea de plaats van het cohort Augusta in Jeruzalem innemen.

Bij een tweede conflict met het sanhedrin over een aangelegenheid met wederom een religieuze impact hield Pilatus enkele jaren later voet bij stuk en aanvaardde hij de bloedige consequenties daarvan. De naar het leek profane aanleiding was de financiering van een aquaduct ten behoeve van de watervoorziening van Jeruzalem; het verloop van de gebeurtenissen is kort beschreven door Flavius Josephus en verder gereconstrueerd door historici, die deskundig zijn op het specifieke terrein waarop het conflict zich afspeelde. De hoofdstad van Palestina beschikte over slechts één even buiten de stad gelegen waterbron, de Gihon-bron, waarvan de waterproductie met een vernuftig ondergronds systeem, onzichtbaar voor een belegeraar, binnen de muren werd geleid. Jeruzalem kampte met zijn circa honderdduizend inwoners, bij religieuze gebeurtenissen als het paasfeest aangevuld met een veelvoud aan pelgrims, al enige tijd met een watertekort. De prefect stelde voor het probleem op Romeinse manier op te lossen, met een aquaduct. De voeding voor het aanvoerkanaal werd gevonden in een zestal bronnen nabij Betlehem op ongeveer 12 kilometer zuidwestelijk van de stad.

Het vraagstuk van de financiering van het aquaduct leidde tot een discussie tussen landvoogd en Joodse Hoge Raad die modern aandoet – of moet men zeggen, van alle tijden is? De Raad vond dat de Romeinen het werk maar moesten bekostigen uit belastingen die ze in Palestina hieven. Pilatus maakte de raadsleden duidelijk dat dit een forse belastingverhoging met zich zou brengen voor de inwoners van Jeruzalem, die het werk zouden moeten betalen. Want het ging niet aan de overige inwoners van zijn ambtsgebied te belasten met de financiering van een voorziening die alleen voor Jeruzalem bestemd was. Belastingverhoging wees het sanhedrin resoluut van de hand; het ijverde al sinds jaar en dag voor verlaging van de zware belastingdruk.[2] De prefect stelde als alternatief voor het aquaduct te bekostigen uit de *korban*, de goedgevulde tempelkas, waarvan de inkomsten telkenjare de uitgaven overtroffen; de opgepotte reserves konden worden beschouwd als een structureel begrotingsoverschot van de priesterstaat, dat renteloos in de tempelkas berustte.

Zal de lezer geneigd zijn het vraagstuk van de financiering van een duur infrastructureel werk met een lokale functie te beschouwen als een profane kwestie, de reactie van het sanhedrin illustreert opnieuw het wezenlijke verschil tussen een seculiere staat en een priesterstaat. De raadsleden wezen het voorstel van de Romein verontwaardigd van de hand. Instemming daarmee zou van de heilige, Jahwe gewijde tempelkas de financieringsbron maken van een heidens, want Romeins aquaduct. Pontius Pilatus zette door. Hij had als een sterk argument achter de hand dat de joodse traditionele wetten over het gebruik van de *sekalim*, de joodse tempelbijdrage van een halve sikkel, met zo veel woorden uitspraken dat overschotten uit de tempelofferande mochten worden aangewend 'voor het onderhouden van de stadsmuren en de daarop staande torens, en voor alles wat de stad nodig heeft'. Kajafas wilde het conflict niet op de spits drijven en wist de Raad te overreden de benodigde gelden voor de bouw van het aquaduct vrij te maken. Aan de toestemming werden enkele voorwaarden verbonden. Kennelijk vasthoudend aan de vrome overtuiging dat utilitaire werken waarvoor gelden uit de tempelkas werden aangewend Jahwe welgevallig moesten zijn, werd bedongen dat het aquaduct zou worden aangesloten op het waterreservoir dat onder de Tempel lag – dat daarvoor flink zou worden uitgebreid. Een andere voorwaarde was dat de toezegging van het sanhedrin over het beschikbaar stellen van geld uit de tempelkas strikt vertrouwelijk zou blijven en dat, wanneer het zou uitlekken, de Raad zich zou beroepen op overmacht, omdat hij door de landvoogd ertoe was gedwongen.

De onheilige aanwending van geld van Jahwe voor de financiering van het heidense aquaduct lekte uit – wat gezien het grote aantal leden van de Joodse Hoge Raad niet verwonderlijk was, ook al omdat er onder hen ongetwijfeld waren die hun handen in onschuld wilden wassen. Het verbijsterende nieuws veroorzaakte een complete volksopstand, waar Kajafas en de zijnen zich angstvallig buiten hielden. Een luidruchtige menigte verzamelde zich voor het paleis van de landvoogd in Jeruzalem en riep hem luidkeels ter verantwoording. Pilatus wachtte dit keer niet af of men tot bedaren zou komen. Hij liet zijn legionairs hardhandig het plein schoonvegen, waarbij talrijke doden en gewonden vielen.

Ofschoon de affaire van het Romeinse aquaduct, dat eindigde in een bloedbad, plaatsvond terwijl Jezus met zijn apostelen door Palestina trok wordt van de gebeurtenis, die iedere jood in die dagen moet hebben beziggehouden, nergens in de evangelies gewag gemaakt.

DE PRIESTERSTAAT

Zoals in een priesterstaat verwacht kan worden vormden de duizenden priesters die in en om de Tempel emplooi vonden de maatschappelijke bovenlaag in de Israëlische maatschappij. De priesterkaste bestond uit niet minder dan 24 tempelrangen. De top van de piramide was de hogepriester, aan de basis stonden de levieten die belast waren met nederige taken als het schoonhouden van het tempelcomplex of het toezicht houden op de duizenden dagelijkse bezoekers. De Tempel van Jeruzalem vormde met zijn heilige zalen, vergaderruimte van het sanhedrin, offeraltaren, verkooppunten van offerdieren en de wisselkantoren, waar de sikkel kon worden gekocht, niet alleen het religieuze, maar ook het fysieke centrum van het jodendom. Het onderhoud van de Tempel werd evenals de salarissen van de priesters bekostigd uit eerdergenoemde sekalim, waarin iedere volwassen jood die lid wilde blijven van de joodse theocratie, jaarlijks een halve sikkel had te storten.[3] De priesters hadden naast hun stipendium uit de tempelkas, afhankelijk van de functie die ze in de Tempel vervulden, neveninkomsten. Zo konden de werkbijen onder hen hun dagelijkse pot verrijken met dieren die voor Jahwe waren geofferd, nadat deze door het priesterlijke slagersgilde kosjer waren geslacht.

Er hadden zich binnen de joodse godsdienstleer volgens Flavius Josephus drie scholen of stromingen[4] ontwikkeld, die elkaar de juiste interpretatie van de tora betwistten, waartussen, waarnaast of waarboven de rabbi uit Nazareth positie moest kiezen.

In de eerste plaats waren er de Sadduceeën. Zij vormden een kleine maar invloedrijke Jeruzalemse priesterelite, uit wie de hogepriester en de Sadducese opperpriesters van het sanhedrin werden gerekruteerd. Zoals in onze seculiere samenlevingen geboorte- en geldadel de aristocratie vormen, zo waren dat in de Israëlische priesterstaat de Sadducese priesterfamilies. In de geloofsleer waren de Sadduceeën traditionalisten; ze erkenden alleen het gezag van de Mozaïsche boeken. Ze geloofden niet in een wederopstanding of hiernamaals, omdat Mozes nergens daarvan spreekt. De traditionalistische Sadduceeën worden veelal als conservatieven afgeschilderd, doch traditionalisme is niet per definitie conservatisme. Een moderne humanist zal weinig moeite hebben met de door de Sadduceeën gehuldigde opvatting dat ieder mens voortdurend voor de eigen keus staat goed of kwaad te doen, zonder dat hij daarvoor in een hiernamaals beloning of vergelding in het vooruitzicht heeft. Van deze 'humanistische' priesterkaste zal men niet licht een leven van verstering verwachten. Hun grootgrondbezit en hun rijke handelshuizen stelden hen in staat op grote voet te leven, waarbij ze de luxe die de hellenistische wereld bood niet versmaadden. Vanwege hun naar het leek onscrupuleuze samenwerking met de Romeinse bezetter, en ook vanwege hun opulente levenswijze stonden de Sadduceeën ver van het gewone volk, dat hen met wantrouwen bejegende.

Een andere school was die van de Farizeeën, volgens Flavius Josephus circa zesduizend in getal, allen zeer geverseerd in de kennis van de Schrift. Hoewel ze in heel Palestina opereerden, werkten ze niet op eigen houtje, maar waren nationaal georganiseerd. Farizeeën waren afkomstig uit alle lagen van de bevolking, doch

Afb. 10.
De joodse historicus
Flavius Josephus.

vormden door hun wettische rechtzinnigheid een herkenbare klasse. In de evangelies hebben de Farizeeën zo'n slechte pers dat hun naam nog steeds een scheldwoord is.[5] Ook hier komt weer de vraag naar de herkomst ervan naar boven: hebben de evangelisten de Farizeeën zwart gemaakt, omdat ze hen als onwaardige concurrenten zagen van hun verheven leraar, of heeft latere receptie van de evangelische grondteksten hen wegens het heersende anti-judaïsme in een kwaad daglicht gesteld, om zich aldus te distantiëren van het farizeïsme (dat nog immer de heersende leer is binnen het orthodoxe jodendom). Flavius Josephus, die zelf uit de kring der Farizeeën kwam, schildert hen af als progressieve hervormers. Zij beijverden zich de Mozaïsche wetgeving, die stamde uit het primitieve nomadenbestaan van het joodse volk, aan te passen aan eisen van hun tijd. Bij hun heilzame pogingen wet en werkelijkheid op elkaar af te stemmen konden de wettische schriftgeleerden echter niet de neiging weerstaan de Wet te omheinen met een woud van regels en regeltjes, die de bedoeling hadden de vrome jood te waarschuwen tegen overtredingen van de Wet, maar die meer en meer het zicht op de bedoelingen van de Wet ontnamen – en zij deden dit met een spitsvondige casuïstiek die de middeleeuwse scholasticus niet zou hebben misstaan. Farizeese rabbi's vonden hun werkterrein niet in de Tempel, maar in de synagoge, en omdat ze onbezoldigd waren, combineerden ze hun leraarsambt met de uitoefening van eenvoudige beroepen. Vanuit het kerngebied van Jeruzalem zwermden ze als een soort missionarissen uit naar randgebieden zoals Galilea, waar de joodse geloofspraktijk in de ogen van de heilige stad veel te wensen overliet. Door dit alles stonden zij dicht bij het volk, dat hen bij uitstek als de geestelijke leiders zag voor het leven van alledag – een dagelijks leven dat, er zij nog eens aan herinnerd, in een theocratie is gevuld met godsdienstigheid.

De derde stroming die Flavius Josephus noemt, is die der Essenen welke enkele duizenden adepten telde – wier noviciaat de joodse historicus zelf een jaar had bezocht. Anders dan de Sadduceeën en Farizeeën komen de Essenen in de evangelies niet voor. De in 1947 opgegraven Dode-Zeerollen bevatten echter aanwijzingen dat deze stroming niettemin een rol heeft gespeeld in het denken van de rabbi van Nazareth. Anders dan de Sadduceeën maar evenals de Farizeeën geloofden zij in de wederopstanding en in een hiernamaals. Een deel van de Essenen leidden met hun verzorgers een teruggetrokken bestaan in een klooster in Qumram op de onherbergzame noordelijke oever van de Dode Zee. Naar begrippen van onze tijd kan men deze nog het beste omschrijven als een monnikenorde, waarmee zij gemeen hebben het ascetische, communautaire en celibataire leven dat zij leidden. Anderen vestigden zich tussen de Israëlieten en stichtten gezinnen om aldus de *nachwuchs* van de orde veilig te stellen. Er waren er ook die kennelijk meenden dat het communautaire leven in Qumram hen nog te zeer afleidde van de dienst aan Jahwe, en die het bestaan van een heremiet in de woestijn verkozen. Er zijn exegeten die vermoeden dat Johannes de Doper een van hen was – de plaats waar hij aan de Jordaan doopte lag in de buurt van Qumram. De geloofsleer van de Essenen had een exclusivistische inslag. Zoals men vaker aantreft bij streng gelovigen die exclusief willen zijn, geloofden de Essenen dat Jahwe alleen hen had uitverkoren voor de gelukzaligheid na de wederopstanding. Dat wenkende perspectief vereiste wel een heel leven van versterving, boete, en vooral het nauwgezet in acht nemen van wetten en regels; daar was hun sobere, weinig opwindende bestaan ook op afgestemd.

Voor een biograaf van Jezus is het natuurlijk belangwekkend te weten of de streng orthodoxe Essenen directe invloed op hem hebben gehad, bijvoorbeeld via Johannes de Doper. Een opvallende overeenkomst tussen de Essenen en Jezus is dat ze beiden de spoedige komst leerden van niet een ondermaans, maar hemels koninkrijk. Zoals de rabbi Jezus placht te spreken van de kinderen van de Duisternis en de kinderen van het Licht, zo verdeelden de Essenen de wereld in die van de Duisternis en die van het Licht; het zal de lezer niet verbazen dat zij zich zelf tot de laatste rekenden. Eerder geciteerde beginwoorden uit het evangelie van Johannes, 'Het licht schijnt in de duisternis en de duisternis nam het niet aan', moeten wel van Esseense oorsprong zijn. Jezus wilde echter anders dan de Essenen de kinderen van de duisternis niet de toegang tot het rijk der hemelen ontzeggen, mits ze tot inkeer kwamen. Evenmin deelde hij hun opvatting over de noodzaak van een ascetische levenswandel; scrupuleus als zij waren zullen de Essenen de lichtzinnigheid van de liberale Galilese rabbi hebben afgewezen, die verklaarde: 'De mens is er niet voor de sabbat, maar de sabbat voor de mens' – een Esseen waagde het zelfs niet zich op de sabbat te ontlasten! Essenen keken met een misantropisch dédain neer op de buitenwereld, en bovenal op het verdorven Jeruzalem.

De drie stromingen, of zo men wil scholen, Saduceeën, Farizeeën en Essenen, omvatten tezamen slechts een fractie van de Israëlische bevolking. Was voor de bevolking van Jeruzalem de Tempel de dagelijkse focus van het religieuze bestaan, voor de joden daarbuiten was dat de synagoge. Daar kwam men evenals in Nazareth bijeen om de tora te horen uitleggen, de midrasj te beoefenen, de sabbat te vieren en voor al die sociale evenementen die het levensritme bepalen en die in Palestina, net als op Bali, gebed waren in een religieuze ambiance. Het was ook in de synagoge dat de jood van kindsbeen af hoorde dat hij tot het uitverkoren volk behoorde, en dat hij mijlenhoog verheven was boven de onbesneden Romeinen.

BROEIEND MESSIANISME

Het is niet eenvoudig zich een beeld te vormen van de verhouding tussen de joden en de Romeinse bezetter in de tijd dat Jezus als rabbi in de openbaarheid trad. Het weinige wat we hiervan weten is als volgt samen te vatten. De Romeinen hadden weliswaar het binnenlands bestuur gedelegeerd aan het sanhedrin, zij hielden wel de vinger aan de pols zoals boven bleek bij de financiering van het aquaduct ten behoeve van de watervoorziening van Jeruzalem. Het betekende dat de joodse leiders, de Sadduceeen met name, met de Romeinen moesten samenwerken. Zij verkeerden daarmee in een dilemma – niet veel verschillend van dat van de leden van de Hoge Raad in ons land, toen dit rechtscollege de Ariërverklaring van de Duitse bezetter sauveerde. Om greep te houden op de priesterstaat moesten zij met de bezetter accommoderen, doch daarmee laadden zij bij het volk zich onvermijdelijk de verdenking op de hals met de vijand te heulen. De Farizeeën verkeerden weliswaar niet in de positie dat ze met de

Romeinen moesten samenwerken, tenzij zij bestuurlijke posten bekleedden, maar wilden ze als rabbi blijven functioneren, dan moesten zij zich ervan onthouden openlijk hun afkeer van het Romeinse bewind te tonen – ze konden slechts uit hun gewetensnood wegvluchten in een innerlijk asiel. De Essenen hadden het gemakkelijker. In hun geïsoleerde klooster- en kluizenaarsbestaan waren ze gevrijwaard van contacten met de Romeinen. Ze waagden het niet tegen de gehate gojims verzet te plegen, maar oefenden wel felle, voor Romeinse oren onhoorbare, kritiek uit op de Jeruzalemse elite, die zij beschuldigden van corrupte collaboratie met onreine vreemdelingen – 'Adderengebroed!' voegde Johannes de Doper hun toe.

Er was nog een vierde groepering, al wil Flavius Josephus deze geen geestelijke stroming noemen. Dit waren de zeloten, die vanwege de herkomst van velen van hen ook wel 'Galileeërs' werden genoemd. Zij hielden zich meer bezig met de politiek dan met godsdienstige vraagstukken – zij het dat in een theocratie politiek en religie moeilijk te scheiden zijn. Het was een militante verzetsbeweging die, zoals in een eerder hoofdstuk bleek, was begonnen door Judas de Galileeër toen hij in 7 voor Christus een opstand tegen de Romeinse census ontketende. De ideologische wortels van de zelotische beweging zaten dieper. Zeloten zagen zich als de erfgenamen van de Makkabeeërs, die daadwerkelijk én met succes een vreemde overheerser hadden bestreden. Velen onder het joodse volk die niet de moed hadden zich bij de militante zeloten aan te sluiten, bewonderden deze nieuwe Makkabeeërs en koesterden hoge verwachtingen van hun verzet tegen de Romeinse overheerser.

Voor de Romeinen school het gevaar in het messianisme dat de zeloten onder het volk exploiteerden. De Messias die zij aankondigden, zou niet een hemels koninkrijk vestigen, maar zou het koninkrijk van David in Palestina herstellen, de Romeinen het land uit jagen en zich aan het hoofd plaatsen van heerscharen die de wereld aan de wil van Jahwe zouden onderwerpen. Volgens Josephus had de messianistische verwachting onder het volk ten tijde van Jezus van Nazareth een kookpunt bereikt, zodat de eerste de beste bendeleider die zich de Messias noemde, gemakkelijk een aantal lieden achter zich kon verzamelen en met hen op roof kon uittrekken onder de mom het koninkrijk van David te herstellen. Eerder bleek dat Judas de Galileeër met een mengsel van nationalisme en messianisme het de Romeinen flink lastig had gemaakt. Bij de tweede census in 7 na Christus hadden zijn zoons opnieuw geprobeerd een algemene opstand tegen de Romeinen te ontketenen. Zij waren daarin evenmin geslaagd als veertien jaar eerder hun vader. Het was ook tijdens Jezus' jeugd dat een zekere Theudas 'de Egyptenaar' had aangekondigd dat, zoals Mozes de wateren van de Rode Zee had gespleten, hij dat zou doen met de Jordaan, om zodoende met dertigduizend man droogvoets naar Jeruzalem op te trekken en zich daar tot koning te laten kronen. Tijdens het bewind van Pontius Pilatus waren er opnieuw oproerkraaiers opgestaan die zich de Messias noemden en die struikroversbendes achter zich verzamelden. In de rabbijnse geschiedschrijving over die tijd duiken de namen op van Simon van Perea, een voormalige slaaf van koning Herodes, die over een buitengewone lichaamskracht beschikte, en de atletisch gebouwde herder Antrongas.

Het messianisme van deze desperado's vond een, zij het heimelijke, bijval bij het volk, maar had niet de minste sympathie van de geestelijke leiders, die geen aanvechting hadden ter wille van deze messianistische bendeleiders hun bevoorrechte positie op het spel te zetten. De would-be Messiassen en hun aanhang werden prompt door het sanhedrin wegens godslastering ter dood veroordeeld en uitgeleverd aan het Romeinse gezag, dat korte metten met hen maakte.

Een grotere dreiging dan van deze criminelen ging uit van de zeloten. Zij maakten zich op om, zoals hun stichter Judas de Galileeër dat had geprobeerd, het messianisme te exploiteren voor een algemene opstand tegen de Romeinen. Uit de fanatieke zeloten was een gewelddadige kern gevormd die wel enige gelijkenis vertoont met de huidige zelfmoordcommando's van de Palestijnse verzetsbewegingen Hamas en Jihad. Wel pakten deze joodse sluipmoordenaars het blijkens Flavius Josephus' beschrijving van hun praktijken handiger aan dan de Palestijnse zelfmoordenaars. De sluipmoordenaar had het voorzien op loslopende Romeinen en vooral op argeloze joodse collaborateurs. Hij sloop achter zijn prooi aan totdat deze zich op plein of markt tussen de massa begaf. Dan haalde hij onder zijn mantel een vlijmscherpe dolk te voorschijn en bracht daarmee zijn slachtoffer de doodsteek toe. In plaats van daarna weg te hollen begon de moordenaar luidkeels te schreeuwen, alsof hij degene was die de dodelijk gewonde had ontdekt. Omdat een man die zich kennelijk bekommert om het lot van een slachtoffer van een moordaanslag niet licht ervan wordt verdacht zelf de dader te zijn kon hij, wanneer Jan en alleman zich met het slachtoffer bezighield, heimelijk wegkomen. *Sicarii* werden deze zelotische sluipmoordenaars genoemd, naar de *sica*, de korte gekromde dolk, die zij bij hun dodelijke werk gebruikten.

Het zou nog enkele decennia duren voordat de zeloten zover waren dat zij het waagden tegen de Romeinen in opstand te komen. Dat zou gebeuren toen leiders aantraden van het kaliber van Menahem, die de revolutionaire genen van zijn grootvader Judas de Galileeër had geërfd. Hij zou in 63 het startsein tot de Grote Joodse Opstand geven, en met zijn aanhang evenals de Makkabeeën Jeruzalem binnentrekken.[6] Na de mislukte eerste opstand zou er nog een tweede zijn onder de niet minder geduchte opstandelingenleider Simon bar Kochba, die in 132 de opstand tegen de Romeinen leidde, welke eveneens door de Romeinen werd neergeslagen. Dit alles lag in een nog ver verschiet, maar de sluipmoorden van de sicarii waren tekenen van het groeiende verzet tegen de bezetter, en van het broeiende messianisme waarmee het smeulend vuurtje van dit verzet voortdurend werd aangewakkerd. Jezus van Nazareth, die zichzelf de beloofde Messias zou gaan noemen, kan van dit alles niet onkundig zijn geweest. Niettemin wordt er in de evangelies niet over gerept.

---

1 Dit vooruitzicht werd niet bewaarheid. Na tien jaar werd Pilatus wegens de onnodig wrede wijze waarop hij onbeduidende ongeregeldheden in Samaria had onderdrukt door de legatus van Syrië, Vitellius, uit zijn ambt ontzet en naar Rome geroepen om zich te verantwoorden. Daarmee kwam aan zijn carrière een abrupt einde.

2 De belastingen die de Romeinen in Palestina ten tijde van Pontius Pilatus hieven bestonden uit: *tributum soli* (grondbelasting), *tributum capitis* (personele belasting), *annona* (heffing op graan en vee) en *tributum publicum* (invoerrechten en accijnzen).
3 De sikkel was een oude, traditionele Israëlische munt die niet meer in omloop was en die alleen bij de wisselkantoren van de Tempel te koop was. Een halve sikkel had de waarde van twee drachmen; het dagloon van een arbeider was ongeveer één drachme.
4 Flavius Josephus spreekt van drie stromingen binnen 'de joodse wijsbegeerte', omdat zijn ontwikkelde Romeinse en Griekse lezerspubliek maling had aan de in hun ogen achterlijke 'joodse godsdienst'.
5 Mijn generatie werd al op jeugdige leeftijd ingeprent dat het woord 'Farizeeër' een pejoratief was. Tijdens de Duitse bezetting van ons land luidde in katholieke kring de tekst van een populair, zij het slechts heimelijk gezongen 'verzetslied':

> *Op de hoek van de straat staat een* NSB*'er*
> *'T is geen man, 't is geen vrouw, maar een Farizeeër.*
> *Met de krant in de hand staat hij daar te venten,*
> *Hij verkoopt zijn vaderland voor vijf losse centen.*

(Onder niet-katholieken, bij wie meer begrip bestond voor het lot dat juist de joden in bezettingstijd trof, werd in plaats van 'Farizeeër' 'rasplebejer' gezongen.)
6 De opstandelingenleider werd in Jeruzalem in 66 door de priesterelite vermoord, nadat hij ter vernietiging van alle schuldbekentenissen van joodse debiteurs het stadsarchief in brand had gestoken.

VI
De rabbi Jezus van Nazareth

Men zou kunnen verwachten dat een rondtrekkende rabbi met een radicale leer en een schare volgelingen in het bezette Palestina met de politieke spanningen die daar heersten, een politieke rol voor zich zou opeisen. Flavius Josephus rekende rondtrekkende Galilese rabbi's tot 'de vierde leer', die van de zeloten. Deze en gene historicus heeft dan ook geopperd dat Jezus van Nazareth in feite een politieke activist is geweest. Zijn daarvoor steekhoudende argumenten?

Het is bij lezing van de evangelies steeds weer moeilijk om vast te stellen wat verbeelding is en wat werkelijkheid. Bij de doop van Jezus van Nazareth in de Jordaan zou volgens het evangelie de hemel boven hem zijn opengescheurd en een duif op hem zijn nedergedaald. Is hier sprake van een psychotische ervaring van de dopeling of van een extatische fantasie van de evangelist? Daarna trok Jezus zich volgens de evangelies terug in de woestijn om er veertig dagen te vasten. Evenals Boeddha, die alvorens zijn leraartaak op zich te nemen zich onderwierp aan een radicale vastentest, zal ook de Nazarener hebben ontdekt dat wanneer je honger en dorst tot het uiterste voert je overvallen wordt door hallucinaties. Jezus kreeg een hallucinerende strijd aan te binden met Satan, die hem de heerschappij over alle koninkrijken der wereld beloofde als hij in aanbidding voor hem neerknielde. Doch Jezus riep hem toe: 'Vade retro, Satanas!' (Weg van mij, Satan!).

Een man wiens voorstellingswereld wordt geabsorbeerd door hemel en hel moet politiek als iets laag-bij-de-gronds hebben toegeschenen. Uit het verloop van het openbare leven van Jezus van Nazareth kan niet anders worden afgeleid dan dat hij een apolitieke figuur is geweest. Dat neemt niet weg dat hij de speelbal zou worden van politieke krachten in Jeruzalem, waar een rabbi die aan de weg timmerde onvermijdelijk van politieke bedoelingen werd verdacht.

REKRUTERING VAN DE APOSTELEN

We mogen aannemen dat de hallucinerende asceet in de woestijn tot de ontdekking kwam dat het teisteren van het lichaam de geest niet verder brengt; volgens het evangelie heeft hij althans, net als Boeddha, maar zoals bleek in tegenstelling tot Johannes de Doper, het leven van een vastende heremiet afgezworen. Misschien heeft Jezus toen in plaats daarvan gekozen voor de rol van een rondtrekkende rabbi.

Een rabbi was een theoloog en leraar, van wie het volk verwachtte dat hij in de synagoge de Wet uitlegde en de talmoedische discussie leidde. Dat deden Farizeese rabbi's uit Jeruzalem, die het in hun ogen achterlijke Galilea 'missioneerden'. Naast deze rabbi's van buiten waren er autochtone Galilese rabbi's, zoals Jezus van Nazareth. Zij beperkten hun werkterrein niet tot de synagoge, maar trokken door het land en spraken toehoorders overal toe, binnen- en buitenshuis. Rabbi was een vrij en onbezoldigd beroep. Farizeese rabbi's leefden hoofdzakelijk van het nevenberoep dat zij uitoefenden, terwijl ze daarnaast lesgeld ontvingen voorzover toehoorders hun dat, onverplicht, gaven. Rondtrekkende rabbi's, zoals Jezus van Nazareth, waren voor hun levensonderhoud aangewezen op de vrijgevigheid van toehoorders. Volgens Lucas ondersteunden toegewijde joden de rabbi. Het was voor hem echter zaak om structurele inkomsten te verwerven door volgelingen, liefst kapitaalkrachtige, te werven. Kennelijk lukte het Jezus, die volgens de evangelist Johannes al meteen met 'Rabbi', Meester, werd aangesproken. Onder zijn getrouwen telde hij nogal wat vissers, die tot wat tegenwoordig de gegoede middenstand heet konden worden gerekend, en een waarschijnlijk niet onbemiddelde ex-tollenaar.[1] De volgelingen van Jezus van Nazareth worden in de evangelies discipelen genoemd; ze waren twaalf in getal, naar de twaalf stammen van het volk van Israël – zoals ook de Raad der Essenen twaalf leden telde.

Toen Jezus na zijn doop in de Jordaan en verblijf in de woestijn nog in Judea verbleef, rekruteerde hij de eerste leerlingen, die hij overnam van Johannes de Doper – we mogen aannemen dat de transfer in goed onderling overleg tot stand kwam. Het waren Andreas en diens broer Simon, die onder de naam Petrus de bekendste van de twaalf apostelen zou worden. De broers kwamen uit het vissersplaatsje Bethsaida in de Golan, waar de Jordaan uitmondt in het Meer van Galilea. Uit deze plaats kwam ook de derde apostel, Filippus. Volgens Matteüs is de rabbi met deze kleine schare van Judea naar zijn geboortestreek Galilea getrokken, nadat hij had vernomen dat Herodes Antipas Johannes de Doper had gevangengezet. Het kennelijke verband dat de evangelist tussen beide feiten legt, maar niet nader toelicht, geeft de indruk dat de Nazarener in Galilea een gat in de markt zag. Matteüs laat terloops merken dat Jezus zich in Galilea in zijn woonplaats Nazareth had willen vestigen. Van Lucas weten we, zoals in een eerder hoofdstuk bleek, dat hij daar echter niet welkom was. Ze trokken van Nazareth westwaarts naar het Meer van Galilea – dat door Herodes Antipas ter ere van keizer Tiberius in de Zee van Tiberias was omgedoopt. Rond dit meer vond Jezus de overige discipelen. Dit waren de zoons van Zebedeus, Jakobus en Johannes, die werkzaam waren in het visserijbedrijf van hun vader en die van de Meester de bijnaam 'Boanerges' kregen, zonen van de donder. Samen met Petrus zouden zij de inner core van Jezus' getrouwen gaan vormen. Voorts rekruteerde hij in deze streek Bartolomeüs, die ook Natanaël wordt genoemd, Tomas, alias Didymus, wiens naam voortleeft in onze uitdrukking 'een ongelovige Tomas', de tollenaar Matteüs, die door zijn mede-evangelisten Lucas en Marcus Levi wordt genoemd, Jakobus, zoon van Alfeüs, Simon de IJveraar, Judas Taddeüs en Judas Iskariot.

In de samenstelling van dit convent schuilen enkele verrassingen. Simon de IJveraar was een zeloot, het Hebreeuwse woord voor 'ijveraar'. De tweede Judas was waarschijnlijk ook een zeloot en wellicht ontleende hij de naam Iskariot aan zijn lidmaatschap van de terroristische sicarii ('iskariot' zou een Aramese transcriptie zijn van het Griekse *sikarios*, het Latijnse *sicarius*, dolkmes). Hun aanwezigheid onder de twaalf apostelen heeft bij deze en gene de gedachte doen postvatten dat de Nazarener wel degelijk onder de dekmantel van zijn messianisme subversieve politieke bedoelingen had. De apostel die evenwel onmogelijk in dit beeld is in te passen is de ex-tollenaar Matteüs. Al met al is het niet gemakkelijk zich voor te stellen hoe twee zeloten, van wie één wellicht een sicarius, plus een tollenaar en een aantal brave vissers een politiek bondgenootschap zouden kunnen sluiten. Misschien kon de rabbi bij zijn rekrutering van de discipelen niet al te kieskeurig zijn, wilde hij het twaalftal volmaken. Nu zijn

Afb. 11. Jezus en de apostelen in een storm op het Meer van Galilea; doek Rembrandt, Boston, Isabella Stewart Gardner Museum (gestolen).

verwanten in Nazareth hem in de steek hadden gelaten werd de kring van zijn discipelen kennelijk Jezus' nieuwe 'familie'. Van Jezus' vader Jozef horen we niets meer; waarschijnlijk was hij inmiddels overleden. Maria, zijn moeder, treedt nog een enkele keer op. Van zijn broers zullen er twee, Jakobus en Judas, zich na de dood van hun inmiddels beroemde broer bij diens volgelingen aansluiten,[2] maar in de evangelies komen ze niet voor.

Behalve de drie vertrouwelingen Petrus, Johannes en Jakobus en voorts Matteüs, Tomas en Judas Iskariot, leiden de apostelen in de evangelies een obscuur bestaan, terwijl men in de Handelingen der Apostelen evenmin verneemt hoe het hun verder is vergaan. Nochtans heeft de vrome overlevering hen naar zulke verre landen als India en Perzië laten reizen om er het evangelie te verkondigen; alle apostelen zijn volgens de overlevering het martelaarschap deelachtig geworden, wat in het vroege christendom een paspoort was voor een heiligverklaring – en voor een plaatsje op de kerkelijke kalender. Het Matteüs-evangelie rept van nog 72 leerlingen die door de rabbi op pad werden gestuurd om het koninkrijk Gods aan te kondigen, maar die, nadat ze onverrichter zake zijn teruggekeerd, uit het zicht verdwijnen.

Toen Nazareth als vestigingsplaats was afgevallen, koos de rabbi met zijn apostelen als thuisbasis Kafarnaüm aan het Meer van Galilea; hijzelf vond er onderdak in het huis van de schoonmoeder van Petrus. Kafarnaüm was een welvarende vissersplaats met een uitgesproken joodse sfeer aan de noordoostoever van het meer. Het stond in de schaduw van het hellenistische Tiberias, dat in het jaar 25 de nieuwe hoofdstad van Galilea was geworden. Het is wellicht een zegen in het verborgene geweest dat de ongastvrije Nazareners hun dorpsgenoot naar Kafarnaüm hebben gedreven. Dit stadje had heel wat meer allure dan het nest Nazareth en het nam, omdat het gelegen was op de grens van de ambtsgebieden van de viervorsten Herodes Antipas en Herodes Filippus, een veel strategischer positie in; in Kafarnaüm was onder meer een douanepost voor het grensverkeer – waarvan Matteüs waarschijnlijk zijn belastinginning pachtte. Vanuit Kafarnaüm trok de rabbi, al dan niet vergezeld van enkele discipelen – ze zullen wel niet steeds alle twaalf met hem op pad zijn gegaan – predikend door de streken langs het meer, bij voorkeur varend langs de kust. De evangelies geven opvallend veel exacte toponiemen van plaatsen waar Jezus heeft gepreekt en, soms bewogen, ontmoetingen heeft gehad. De volgorde waarin hij de plaatsen aandoet loopt echter, ook bij de drie synoptische evangelies, op een verwarrende manier uiteen. Wat uit de vermelde plaatsen is op te maken, is dat de actieradius van Jezus' predikarbeid bescheiden is geweest. Deze bestreek voornamelijk de kuststreken rond het meer, met een enkel uitstapje naar de streek van Caesarea Philippi, de hoofdstad van de tetrarch Herodes Philippus op de Golanhoogte, naar de Decapolis aan de overzijde van het meer, en naar de landstreek ten zuiden van Galilea, Samaria, terwijl Jezus twee keer om niet helemaal duidelijke redenen 'zich terugtrekt' in Tyrus respectievelijk Sidon in het heidense Fenicië aan de Middellandse Zee. Het evangelie van Johannes springt eruit doordat daarin Jezus vanuit zijn thuishaven in Galilea meerdere bezoeken brengt aan Jeruzalem, om er joodse feestdagen te vieren. Al met al komt de biograaf van Jezus van Nazareth, wanneer hij diens activiteiten in en vanuit Galilea in kaart wil brengen, niet verder dan giswerk zolang nader onderzoek geen betere resultaten oplevert dan de evangelies bieden.

Beter zijn we geïnformeerd over het Galilea uit de tijd dat de rabbi van Kafarnaüm er rondtrok. Galilea, een gebied van circa 40 bij 70 kilometer, bestond uit een bosrijk berggebied in het noorden en een subtropisch vochtig laagland in het zuiden, dat een vruchtbaar landbouwgebied was en op talrijke plaatsen idyllische landschappen liet zien. Met zijn rond 350.000 inwoners was Neder-Galilea de dichtstbevolkte streek van Palestina. De gevarieerde landbouw en veeteelt voorzagen ruimschoots in de behoeften van de bewoners en leverden ook enkele exportproducten – palmolie en vis uit het visrijke Meer van Galilea – die voornamelijk werden geëxporteerd naar noordelijke gebieden, Syrië, Cyprus en Klein-Azië. Wat we uit de toponiemen in de evangelies nog kunnen afleiden is, dat de rabbi in dit door Jahwe zo rijk gezegende land zijn bekeringswerk voornamelijk richtte op het platteland en hellenistische steden als Sepforis en Tiberias meed.

DE PREDIKER

Wat voor type prediker was Jezus van Nazareth? De biograaf zou hem graag op het netvlies krijgen, niet alleen om te zien hoe hij er werkelijk uitzag, maar ook om een indruk te krijgen hoe hij zijn toehoorders wist te boeien. De evangelies bieden enkele aanknopingspunten om met enige verbeeldingskracht de rabbi voor het geestesoog te halen. Uit de talrijke perikopen waarin Jezus sprekend wordt opgevoerd komt hij over als een orator van formaat, en met charisma. Bezielende redenaars zijn veelal opvallende figuren. Met hun dominante persoonlijkheid vullen zij de ruimte die ze betreden en vormen er meteen het aandachtscentrum.

Redenaars, of ze nu predikers of retoren zijn en of ze oproepen tot oorlog of vrede, zijn grofweg in twee typen te onderscheiden. Het ene type is dat van de orator, die fraaie zinnen bouwt en zijn betoog ondersteunt met brede gebaren. Het andere type is dat van de bondige spreker met een beheerste motoriek, die het moet hebben van een goede timing en die met de ogen de aandacht van de toehoorder opeist in plaats van met gebaren. Uit de evangelies komt Jezus van Nazareth over als een spreker van het tweede type. Hij heeft een directheid in zijn korte zinsopbouw die doet vermoeden dat er weinig gebaren aan te pas kwamen. Men proeft dit in zinnen als: 'Vraagt en er zal u worden gegeven, zucht en gij zult troost vinden, klopt en u zal worden opengedaan.' Zelf houdt de rabbi de toehoorder voor: 'Als ge bidt, gebruik dan geen omhaal van woorden.' Hij is een meester in de oneliner, waarvan verscheidene nog steeds tot het arsenaal van hedendaagse sprekers horen: de mens leeft niet bij brood alleen; de geest is gewillig, het vlees is zwak; geef de keizer wat de keizer toekomt. Ook waar de rabbi wat hij te zeggen heeft in beeldrijke metaforen uitspint, blijft hij kernachtig:

> Ziet de vogelen in de lucht: zij zaaien niet en maaien niet en verzamelen niet in schoven, maar uw hemelse vader voedt ze. Kijkt naar de leliën des velds: ze arbeiden, noch spinnen. Toch zeg ik U: zelfs Salomo in al zijn pracht was niet gekleed als een van hen.

De rabbi komt over als een scherp debater, die met de ogen de aandacht van de gesprekspartner afdwingt. 'Hij keek hem aan en zeide (...)', zo beschrijft de evangelist Jezus in debat. Een debater is eropuit zijn gelijk te halen, de discussiant probeert samen met zijn gesprekspartner de waarheid te achterhalen. De debater zoekt zijn toevlucht in de monoloog, de discussiant gebruikt de dialoog. Jezus was de man van de monoloog, niet van de dialoog zoals Socrates was, die uit discussies met omstanders conclusies trachtte te puren waarin ook de anderen zich konden vinden. Jezus komt niet over als een orator die ooit twijfelt en samen met de gesprekspartner de waarheid zoekt. Charisma gedijt dan ook slecht in twijfelmoedigheid, doch vergt zelfverzekerdheid.

De biograaf tracht bij zijn held ontwikkelingslijnen in diens denken en optreden op te sporen, en probeert voor deze ontwikkeling een psychologisch begrijpelijke verklaring te vinden. Beschrijven en verklaren van de persoonlijkheidsontwikkeling is in feite het hoofddoel van een biografie. Wat ik in een eerder hoofdstuk de drieëndertig duistere jaren noemde, maken het schier onmogelijk ontwikkelingslijnen in de psyche van het kind, de jongen en de man van Nazareth te achterhalen. Hadden zich in Nazareth al de denkbeelden en verwachtingen uitgekristalliseerd waarmee hij zich als drieëndertigjarige in het openbaar presenteerde? Alhoewel Jezus' openbare leven kort is geweest, biedt de informatie die de evangelies over deze korte periode geven enkele aanknopingspunten voor een ontwikkelingspsychologie.

De rabbi treedt aan als de uitlegger van de Wet, die zich niet al te ver wil wagen van de letter van de Wet. Hij verklaart dat hij niet is gekomen om de Wet af te schaffen, doch om hem te vervullen en onderstreept zijn bewering met de typisch rabbijnse uitdrukking dat geen jota van de Wet verloren mag gaan. Niettemin begint hij meteen te morrelen aan de Schrift en de joodse tradities waarin de Mozaïsche wetgeving haar uitwerking heeft gekregen. Met de ongekunsteldheid waarmee hij het wettische denken van de Farizeeën en schriftgeleerden attaqueerde zal hij weerklank hebben gevonden bij de plattelandsbevolking van Galilea, die meer hechtte aan de innerlijke beleving van de tora dan aan de scherpslijperij van geleerden in Jeruzalem – waar men zich het hoofd kon breken over zulke scholastieke breinbrekers als de vraag of de wetsgetrouwe een ei kon eten dat op de sabbat was gelegd!

Als je de evangelies leest bespeur je in Jezus' optreden een geleidelijk verlopend ontwikkelingsproces. Terwijl de Farizeese rabbi's de Wet en de profeten als object van hun lessen kiezen, plaatst de rabbi van Kafarnaüm meer en meer zichzelf in het centrum van zijn prediking. De leraar krijgt de gedaante van een profeet, maar de drie apostelen die hem naar de berg Tabor vergezellen mogen niet verklappen dat ze hem daar met Mozes en Elias als frère en compagnon hebben zien verkeren. Het veranderingsproces schrijdt verder voort. Eerst nog wat cryptisch, hult Jezus zich in multi-interpretabele gedaanten van Mensenzoon en Zoon van David. Ten slotte werpt hij de profetenmantel af en gaat zich de Messias noemen. Daarvóór al heeft hij zich tijdens een uitstapje naar de streek van Caesarea Philippi door Petrus zo laten noemen, al moet dat voorlopig sub rosa blijven. Wanneer hij uiteindelijk voor zijn joodse rechters staat, antwoordt Jezus op de vraag of hij de Messias is onomwonden: 'Ja, dat ben ik!'

Het sleutelwoord in de prediking van Jezus van Nazareth is 'het koninkrijk Gods'. Dit was geen vrijblijvende metafoor. Het begrip 'koninkrijk Gods' had een geduchte lading gekregen in het visionaire boek Daniël, dat dateerde uit de tijd van het schrikbewind van Antiochus Epiphanes, waaraan de Makkabeeërs met geweld een eind hadden gemaakt. Het boek had een 'Mensenzoon' aangekondigd, die als een soort superman het koninkrijk Gods zou stichten. Tijdens de Romeinse bezetting, toen Jezus het rijk Gods preekte en zich de Mensenzoon noemde, klonken deze woorden als codewoorden voor een gewelddadig herstel van het koninkrijk van David, en van de ware Israëlische theocratie die daarmee gepaard zou gaan. Niet elke toenmalige jood zal het duidelijk zijn geweest, zoals dat voor ons het geval is, dat de rabbi van Kafarnaüm een hemels koninkrijk predikte. Terwijl Lucas en Marcus het 'het koninkrijk Gods' noemen, spreekt Matteüs van het 'koninkrijk der hemelen'. Minder duidelijk waren, en zijn nog steeds, de eschatologische verwachtingen die Jezus had van de verwezenlijking van het rijk Gods, en van de apocalyptische catastrofes waarmee dit rijk komen zou. De betekenis van deze eschatologie en van de apocalyptiek waarmee deze gepaard zou gaan, vormen een theologisch paradigma dat buiten het domein van de historicus ligt. Historisch gezien is echter van belang dat de Nazarener zich met zijn hemelse koninkrijk en hemelse Messias wezenlijk onderscheidde van de zeloten, die het messianisme als drijfveer bezigden voor hun nationalistisch verzet tegen de Romeinse bezetter.

De exegese van Jezus' eschatologie geeft intussen de indruk dat hij zelf niet zeker was van het moment wanneer het koninkrijk Gods zou aanbreken. De ene keer zegt hij dat met zijn komst het koninkrijk Gods is aangebroken, maar in het onzevader laat hij bidden 'Uw koninkrijk kome'. De onzekerheid die de rabbi hiermee bij de lezer van de evangelies achterlaat, lijkt mij eerder van psychologische dan van theologische aard. Ondanks alle zelfverzekerdheid in zijn optreden naar buiten lijkt Jezus innerlijk aan wisselende stemmingen onderhevig te zijn geweest, die hem ertoe brengen de ene keer een apodictische uitspraak te doen die hij op een ander moment weer herroept. Het komt vaker voor. Zo preekte Jezus van Nazareth dat het juk dat hij oplegt zacht en de last die hij te dragen geeft licht zal zijn, maar bij een andere gelegenheid dat zijn volgelingen het ergste moeten vrezen, dat hij namelijk niet gekomen is om vrede te brengen, maar het zwaard – met welke laatste bewering hij overigens blijk gaf van een vooruitziende blik, getuige de oorlogen die in zijn naam zijn gevoerd. Een enkele lezer zal geneigd zijn de tegenstellingen die zich in Jezus' prediking openbaren – en waarvan nog verscheidene andere zijn aan te wijzen[3] – te verklaren als uitingen van een hogere vorm van dialectiek. Het probleem is evenwel dat na de these en antithese een synthese uitblijft die de tegenspraken op een hoger plan brengt. Dit is de reden waarom ik de verklaring zoek in wisselende stemmingen van Jezus van Nazareth die zich in de evangelies nogal eens door emoties laat meeslepen.

DE BERGREDE

Heeft de prediker van het rijk Gods onzekerheid gelaten over de vraag hoe nabij dit was, hij heeft voor de toegang tot zijn hemelse rijk ethische waarden en normen ontwikkeld die uitermate geschikt zijn voor het aardse bestaan. De rabbi klaagde de voosheid van de Farizeeën en schriftgeleerden aan, bij velen van wie navolging van de Wet verworden was tot uiterlijk vertoon. Woedend gaat hij tegen hen tekeer: 'Wee u schriftgeleerden en Farizeeën, huichelaars! Gij doorkruist zee en land om één bekeerling te maken, maar als gij hem gevonden hebt maakt gij hem tot een hellekind, nog erger dan gij zelf.' Hem ging het naar zijn zeggen niet om het hoe, maar om het wat: 'wie zal zijn zoon of os op de sabbat niet van de verdrinkingsdood redden?' De verbolgen rabbi riep op tot bezinning op de innerlijke beleving van de Wet. Jezus zei geen jota in de Wet te willen wijzigen, maar zijn ethica ging een stuk verder dan vervolmaking van de Wet. Hij voegde aan de regels van de Mozaïsche wetgeving wezenlijk nieuwe geboden toe, en ook weersprak zijn leer op verscheidene punten de uitleg die de joodse traditie aan de Schrift gegeven had.

Jezus van Nazareth stelde, evenals Mozes in de tien geboden had gedaan, de eredienst aan Jahwe voorop en markeerde daarmee nog eens de uniciteit van het joodse monotheïsme in een Romeinse wereld die polytheïstisch was. Zijn tweede gebod, 'Hebt uw naaste lief als u zelf', is in feite een dubbel gebod: je moet eerst van jezelf houden, voordat je van een ander kunt houden. De rabbi toonde daarmee naast een moralist een psycholoog te zijn. Hij herhaalde een moreel gebod uit de joodse traditie, maar waarschuwde tevens voor de zelfhaat die velen van zijn geloofsgenoten eigen is. Met het gebod van de naastenliefde sloot Jezus aan bij de progressieve Farizeeër uit zijn tijd, Hillel. Toen deze eens door conservatieve tegenstanders werd geprest in één enkele zin de Wet samen te vatten, antwoordde hij dat de kern van de Wet was: wat gij niet wilt dat u geschiedt, doe dat ook een ander niet; de rest, zo verklaarde hij, was het commentaar op dit gebod. De morele en sociale leer van Jezus van Nazareth strekten verder dan die van progressieve Farizeeën. Jezus' sociale leer is door de gelukkige penvoering van Matteüs samengevat in zijn beroemde bergrede. De rede begint met fraai gestileerde zaligsprekingen, die even vertederend als vertroostend aandoen:

> Zalig de armen van geest, want aan hen behoort het Rijk der hemelen.
> Zalig de treurenden, want zij zullen getroost worden.
> Zalig de zachtmoedigen, want zij zullen het land bezitten.
> Zalig die hongeren en dorsten naar gerechtigheid, want zij zullen verzadigd worden.
> Zalig de barmhartigen, want zij zullen barmhartigheid ondervinden.
> Zalig de zuiveren van hart, want zij zullen God zien.
> Zalig die vrede brengen, want zij zullen kinderen van God genoemd worden.
> Zalig die vervolgd worden om de gerechtigheid, want hun behoort het Rijk der hemelen.

Kan men deze zaligsprekingen van de rabbi zien als parafraseringen van vergelijkbare vrome wensen uit de Schrift (en die ook in Essaense geschriften zijn gevonden), in zijn laatste zaligspreking plaatst hij zichzelf in het centrum van het hemelse koninkrijk: 'Zalig zijt gij wanneer men u beschimpt, vervolgt en lasterlijk van allerlei kwaad beticht om mijnentwille: Verheugt u en juicht, want groot is uw loon in de hemel.' In de bergrede verkondigt Jezus een radicaal pacifisme waarmee hij wel degelijk – in de bewoordingen van de evangelist zelf – de Schrift bijstelt:

> Gij hebt gehoord dat er gezegd is: Gij zult uw naasten beminnen en uw vijanden haten. Maar ik zeg u: Bemint uw vijand en bidt voor wie u vervolgen.
> Gij hebt gehoord dat er gezegd is: Oog om oog, tand om tand. Maar ik zeg u: als iemand u op de rechterwang slaat, keer hem dan ook de andere toe.

Ook in zijn strenge huwelijksmoraal gaat de rabbi verder dan de Wet: 'Gij hebt gehoord dat er gezegd is: Gij zult geen echtbreuk plegen. Maar ik zeg u: Al wie naar een vrouw kijkt om haar te begeren, heeft in zijn hart al echtbreuk gepleegd.' Jezus laat er in zijn bergrede geen twijfel over bestaan aan wie hij op voorhand de toegang tot zijn hemelse koninkrijk ontzegt: 'Als uw gerechtigheid niet uitgaat boven die van de schriftgeleerden en Farizeeën zult gij zeker niet binnengaan in het Rijk der hemelen.'

Het concept voor sociale rechtvaardigheid dat in de bergrede wordt ontvouwd, is ongetwijfeld het meest wervende deel van de geestelijke nalatenschap van Jezus van Nazareth. Waar hij daarin – in navolging van de Essenen – een antikapitalisme preekt ('Gij kunt niet God dienen én de mammon') en het in de zaligsprekingen opneemt voor de armen en rechtelozen proeft men zelfs een oproep tot de sociale revolutie. Nochtans bleef Jezus van Nazareth een kind van zijn tijd. De slavernij, die in zijn tijd als een vanzelfsprekend maatschappelijk verschijnsel werd beschouwd, heeft hij niet ter discussie gesteld.

Naastenliefde, pacifisme, sociale rechtvaardigheid hebben een universele klank gekregen. De leerstellingen van de outspoken rabbi van Kafarnaüm zijn veel verder doorgedrongen dan de joodse gemeenschap in het Galilea van de eerste eeuw waarvoor ze waren bedoeld. Tijdens de Franse Revolutie zouden de Jacobijnen Jezus inlijven als 'le bon sansculotte', Karl Kautsky, de grote interpretator van het marxisme, zocht in Jezus een bondgenoot voor een vreedzame sociale revolutie, de Indische leider Gandhi heeft zich bij zijn actie tot lijdelijk verzet tegen de Engelse kolonisator naar eigen zeggen laten inspireren door Jezus' pacifisme, de encyclieken *Rerum novarum* en *Quadragesimo anno* hebben in de bergrede de grondslag gevonden voor het katholieke beleidsconcept van sociale rechtvaardigheid.

Wat wilde Jezus zelf met zijn predikaties bereiken? Wilde hij een nieuwe kerk stichten? Theologische exegeten hebben uit een enkele passage in het evangelie van Matteüs afgeleid dat dit inderdaad zijn bedoeling zou zijn geweest. Dit is de perikoop waarin Jezus de apostel Simon een nieuwe naam geeft: 'Gij zijt Petrus, de rots, waarop ik mijn kerk zal bouwen.' Het is één enkel, naar het lijkt voorbijgaand, woord waarop de pausen van Rome, die zich de opvolgers van Petrus noemen, nog steeds hun gezag over de rooms-katholieke kerk grondvesten. Hier doet zich weer eens

de vraag voor: metafoor of werkelijkheid, alsook: oorspronkelijke tekst of latere interpolatie?
 Het Griekse woord *ecclesia* in de overgeleverde tekst van het evangelie van Matteüs heeft inderdaad de betekenis van kerk-(gebouw), doch heeft eveneens de overdrachtelijke betekenis van gemeenschap. Jezus was eerst en vooral een jood die volgens eigen uitspraken exclusief voor joden sprak. Zo zond Jezus bij Matteüs de twaalf uit met de opdracht: 'Begeeft u niet onder de heidenen (…) gij moet veeleer gaan naar de verloren schapen van het huis Israël.' Christelijke exegeten hebben zich in alle bochten gewrongen om aan te tonen dat Jezus zijn boodschap ook voor de heidenen zou hebben bedoeld. Deze veronderstelling mist historisch gezien innerlijke logica. Want zij past niet binnen de aard van een joodse rabbi die zich met zijn leer had opgesloten in een exclusief jodendom – het door Jahwe uitverkoren volk. De uitspraak in het evangelie 'Gaat en onderwijst alle volkeren', waarop exegeten zich beroepen om aan te tonen dat Jezus wel degelijk zijn leer ook voor niet-joden heeft bedoeld, past historisch niet bij de joodse rabbi, doch veeleer bij nijvere kopiisten die onder de druk van hun tijd de niet-joodse christenen wilden losmaken van het judaïsme.
 Wilde Jezus van Nazareth wellicht binnen het jodendom een nieuwe kerk stichten? De evangelies geven nergens de indruk dat de leermeester sektarische neigingen had. Integendeel! 'Ik ben niet gekomen om de Wet en de Profeten op te heffen, maar om ze te vervullen!' Deze uitspraak, gevoegd bij de felheid waarmee Jezus het wettische denken van de Farizeeën en schriftgeleerden te lijf gaat wijst er veeleer op dat hij een reveil binnen het jodendom teweeg wilde brengen. Het lijkt mij dat Jezus van Nazareth niet een kerk wilde stichten, maar een beweging op gang brengen, een beweging die zich kon meten met die van de Sadduceeën, Farizeeën en Essenen. Flavius Josephus rekende rondtrekkende rabbi's zoals de rabbi uit Kafarnaüm dan ook tot de 'vierde beweging'.

DE MAGIËR

Flavius Josephus noemt deze rondtrekkende rabbi's, waarvan Galilea de bakermat was, *hasidim* (enkelvoud *hasid*). Zij zijn geen militante verzetsstrijders zoals de zeloten, maar heilige magiërs.[4] De hasidim waren zeer populair bij de plattelandsbevolking omdat ze dicht bij Jahwe stonden, en dat bewezen doordat ze regen konden maken en boze geesten uitdrijven. Omdat de hasidim een uiterst eenvoudig leven leidden, en de navolging daarvan preekten, werden ze als de terugkeer op aarde van de profeet Elia beschouwd – zoals ook Jezus van Nazareth blijkens het evangelie door deze en gene als een nieuwe Elia werd gezien. Waren deze charismatische wonderdoeners populair bij het volk, ze werden door Farizeeën niet voor vol aangezien.

De eerdergenoemde joodse bijbelvorser Flusser, die goed thuis was in de rabbijnse literatuur, zegt dat daarin verscheidene hasidim worden genoemd. Zo was er de arme dagloner Abba Chilka, die het kon doen regenen, en het daardoor met de Farizeeën aan de stok kreeg. Een hasid uit de tijd van Pompejus' verovering van Palestina werd Chorni de Cirkeltrekker genoemd. Van hem is overgeleverd dat hij om zich heen in het zand een cirkel trok en zwoer daar niet uit te stappen totdat het regende. Toen er inderdaad regen kwam, werd hij door een vooraanstaande Farizeeër gekapitteld wegens zijn vermetelheid jegens Jahwe, de gebieder van regen en zonneschijn. De hasid Chanan, die later leefde, sprak net als Jezus van Nazareth Jahwe aan met *Abba*, Vader. Ook hij was een regenmaker. Als er regen moest komen stuurden schriftgeleerden schoolkinderen naar de vrome man met de bede: 'Abba, geef ons regen.' Deze wendde zich dan tot Jahwe met de woorden: 'Heer der wereld (*Adan Olam*), doe dit ter wille van hen die geen onderscheid weten te maken tussen een Abba die regen kan maken, en een Abba die dat niet kan'; evenals Jezus van Nazareth werd Chanan een kindervriend genoemd. Een Galilese hasid die een generatie na Jezus in de buurt van Nazareth woonde, was de rabbi Chanina ben Dosa. Hij was beroemd en geliefd wegens zijn wonderbaarlijke genezingen; net als Jezus kon hij ook op afstand genezen. In de talmoed, waarin Chanina een ereplaats inneemt, worden zes wonderlijke genezingen van hem beschreven, waaronder die van de zoon van de beroemde rabbi Gamaliël. Evenals van Jezus van Nazareth werd van zijn latere streekgenoot gezegd dat een hemelse stem hem toesprak als 'Mijn zoon'. Het lijkt mij dat de evangelies en de mondelinge overlevering door tijdgenoten waarop zij berusten, Jezus van Nazareth hebben gemodelleerd naar deze rondtrekkende magiërs.

Vele moderne christenen menen dat de wonderen uit de evangelies als niet 'echt gebeurd' moeten worden beschouwd. Hoe ze dan wel moeten worden gezien – als symbolische tekens, als metaforen, als anekdotische vertellingen van de evangelisten? – is niet duidelijk. Hoe dan ook zijn Jezus' wonderen, waarvan de evangelies er niet minder dan 34 tellen, eeuwenlang aangevoerd als bewijs van zijn goddelijke natuur[5] en Rome doet dat nog steeds.[6] Voor de kritische lezer van de wonderenpraktijk van Jezus van Nazareth krijgt de rabbi allengs de gedaante van een magiër die aan de lopende band toverde. De blinde, de dove, de kreupele, de melaatse, de bezetene, wie hij de hand oplegt, die zijn kleed aanraakt, die hem vanuit de menigte toeroept of die thuis ligt te sterven – ze worden allen door de wonderdoener genezen. Gebedsgenezing, in primitieve samenlevingen uitdrijving van boze geesten, is van alle tijden. Men ziet vaker dat ontvankelijke lieden, bij wie de ziekte tussen de oren zit, verlichting van hun lijden ondervinden en soms zelfs van hun kwaal genezen, wanneer zij zich overgeven aan een geestenbezweerder of gebedsgenezer(es), die door zijn of haar persoonlijkheid overtuigingskracht uitstraalt. Wanneer een genezer of genezeres resultaten boekt, wordt alras rond hem en haar de mythe geweven dat ze alleskunners zijn, dat ze niet alleen zieken genezen maar ook natuurkrachten beheersen – dat als ze dat willen ze op een dag de zon in het westen kunnen doen opkomen en in het oosten laten ondergaan! Vaststellen dat een rabbi uit Galilea aan het begin van onze jaartelling onder zijn streekgenoten de faam verwierf een wonderdoener te zijn, behoort tot het domein van de historicus, maar daarmee worden wonderen nog geen historische feiten.

Omdat wonderen de natuurwetten tarten, zijn ze sowieso al onhistorische fenomenen, maar de wonderverhalen in de evangelies vertonen bovendien een overkill die bij de moderne lezer eerder op de lachspieren werkt dan dat hij de geloofsovertuiging voedt. Het eerste wonder van de Nazarener, de wonderbaarlijke verandering van water in wijn op de bruiloft te Kana – dat overigens alleen in het Johannes-evangelie voorkomt – krijgt door zijn overkill bepaald een hilarisch effect. Volgens het opvallend minutieuze relaas van de evangelist raakte na twee dagen feesten de wijn op. Jezus behoorde met zijn moeder kennelijk tot de bruiloftsgasten. Het acute wijntekort leidde tot een korte woordenwisseling tussen moeder en zoon, die waard is hier te worden gereleveerd.

> Toen de wijn opraakte zei de moeder van Jezus tot Hem: Ze hebben geen wijn meer!
> Jezus zei tot haar: Vrouw, is dat soms uw zaak? Nog is mijn tijd niet gekomen.
> Zijn moeder sprak tot de dienaren: Doet maar wat Hij u zeggen zal.

De tegenstribbelende hasid laat zich dus ter wille van de dorstige bruiloftsgasten vermurwen voortijdig zijn wonderkracht te openbaren. Meteen komt de overkill – we volgen nog steeds het relaas van de evangelist. Jezus laat de dienaren zes kruiken van veertig liter ieder vullen met water. Vervolgens laat hij de ceremoniemeester van het feest ervan proeven. Deze roept de bruidegom erbij en zegt verbaasd: 'Iedereen zet eerst de goede wijn voor en wanneer men eenmaal goed gedronken heeft de mindere. Maar gij hebt de goede wijn tot het laatst bewaard!' Laten we aannemen dat op de bruiloft honderd volwassen gasten waren, dan konden deze zich na twee dagen feesten en drinken te goed doen aan nog eens bijna drie liter voortreffelijke – en daarom waarschijnlijk koppige – wijn de man. Het slotakkoord van Johannes bij deze dronkemanspartij mag niet onvermeld blijven: 'Zo maakte Jezus te Kana in Galilea een begin met de tekenen en openbaarde hij zijn heerlijkheid'!

Overkill openbaart zich vooral in het vermogen dat de evangelisten de hasid toedichten om overledenen uit de dood te wekken. In de evangelies presteert hij dat drie keer. Het meest specta-

Afb. 12. De opwekking van Lazarus; paneel Rembrandt, Los Angeles Country Museum.

culair is de opwekking van Lazarus – die overigens wederom alleen bij Johannes te vinden is. De rabbi riep zijn vriend terug in het leven vier dagen nadat deze in de grafkamer van de familie was bijgezet – en het lijk, zoals Lazarus' zuster bezorgd opmerkte, al kwalijk begon te ruiken! Volgens Johannes' beschrijving van de gebeurtenis was Lazarus een vooraanstaand man uit Betanië, een voorstadje van Jeruzalem, en waren velen er getuige van, van wie enkelen het overbriefden aan het sanhedrin in Jeruzalem. De historicus vraagt zich af waarom het wonderlijke verhaal van de opwekking van de vooraanstaande Betaniër rond het jaar 30 nabij het kosmopolitische Jeruzalem onder zo veel getuigen niet zijn weg heeft gevonden naar Romeinse schrijvers – zoals bijvoorbeeld Suetonius die in zijn geschiedschrijving gretig gebruikmaakte van spectaculaire anekdotes uit het Romeinse Rijk.

De schrijver Maarten 't Hart, wiens kennis van het Oude Testament zo grondig is dat hij hier en daar de evangelisten op foutjes betrapt wanneer deze ernaar verwijzen, heeft op nog een ander verschijnsel in de wonderpraktijk van Jezus van Nazareth gewezen: plagiaat! In een van zijn columns heeft 't Hart aangetoond dat de wonderbaarlijke broodvermenigvuldiging, waarvan Matteüs verhaalt, is afgekeken uit het boek Koningen, waarin wordt verteld hoe de profeet Elisa de broodvermenigvuldiging al had voorgedaan. Bij dit plagiaat is overigens opnieuw sprake van overkill. Elisa spijzigde met twintig gerstebroden een schare van honderd hongerigen. Jezus van Nazareth weet met slechts vijf broden en twee visjes de honger te stillen van 'vijfduizend man, vrouwen en kinderen niet meegeteld' en, nadat iedereen verzadigd was, werden nog twaalf korven opgehaald vol brood dat over was – een hoofdstuk later herhaalt Matteüs het kunststukje bij een tweede wonderlijke broodvermenigvuldiging.

Geruchten over de wonderen van de Galilese rabbi, die zijn wonderpraktijk ook buiten Galilea uitbreidde, hebben in het bezette land ongetwijfeld de Messiasverwachting geprikkeld, die volgens Flavius Josephus zo sterk onder het volk leefde, temeer omdat Jezus zelf met zijn cryptische uitspraken de hoop voedde dat hij de beloofde Messias was. Vele toehoorders zullen zijn beweringen dat hij de zoon van David en de Verlosser was hebben opgevat als het teken dat de Galileeër de superman was die het boek Daniël had aangekondigd. De rabbi, die zo rijk aan beeldspraak was, maakte het zich nog moeilijker door een spektakelstuk aan te kondigen dat de opwekking van Lazarus ver in de schaduw zou stellen. In een beeldspraak die steeds concreter werd kondigde hij bij zijn getrouwen aan dat hij weldra zou sterven, maar drie dagen na zijn dood zou verrijzen. Degenen die geheel zijn persoon waren toegewijd bracht hij ermee in vervoering, maar hen die het woord 'Verlosser' letterlijk opvatten en erop rekenden dat hij Israël zou verlossen van het Romeinse juk, zal hij erdoor in verwarring hebben gebracht.

1 Volgens de evangelies beheerde een van de apostelen, Judas Iskariot, de kas.
2 Ze hebben beiden hun spoor nagelaten in 'de brief van Jakobus' en 'de brief van Judas', die in het Nieuwe Testament zijn gecanoniseerd.
3 Een ander voorbeeld is waar Jezus (bij Johannes) eerst zegt: 'Als ik van mezelf getuig, is mijn getuigenis niet waar.' Om in een perikoop elders te verklaren: 'Als ik van mijzelf getuig is mijn getuigenis waar.'
4 De hasidim waren de historische inspiratiebron voor het chassidisme, de 'beweging der rechtvaardigen' die in het begin van de achttiende eeuw door Israël ben Eliëzer op het Poolse platteland onder eenvoudige joden werd gesticht.
5 Over de thesis dat Jezus naast de menselijke een goddelijke natuur zou bezitten – een thesis, die rationeel niet te doorgronden is en daarom buiten het bereik der geschiedeniswetenschap ligt – is door christelijke theologen lange tijd strijd gevoerd, totdat in 451 het concilie van Chalcedon besliste dat Jezus in één persoon de goddelijke en de menselijke natuur verenigde.
6 Volgens het Vaticaan zijn wonderen nog steeds de wereld niet uit. Procedures om gestorven katholieken die zijn opgevallen door hun godsvruchtige levensloop, zalig en heilig te verklaren worden pas gestart, wanneer de kandidaat minstens één wonder op zijn of haar naam heeft staan, zoals laatstelijk bleek bij de zaligverklaring van Moeder Teresa.

VII
Het lijdensverhaal

Een steeds weer terugkerende handicap voor een wetenschappelijke biografie van Jezus van Nazareth is de onbestendigheid van de evangelies als historische bron. Doordat elke evangelist de gebeurtenissen anders rangschikt en doordat hij niet zelden met toponiemen en persoonsnamen eigenzinnig omspringt, is de biograaf, zoals vaker opgemerkt, op giswerk aangewezen, wanneer hij de gebeurtenissen en de tochten die de rabbi met zijn discipelen onderneemt tracht te reconstrueren. Theologische exegeten redden zich uit dit probleem door de raadsels die de evangelisten opgeven te zien als een religieus doolhof vol symbolieken dat men met onhistorische blik maar met gelovig hart moet betreden. De historicus kan hiertoe uiteraard niet zijn toevlucht nemen.

VAN GALILEA NAAR JUDEA

Een voor een wetenschappelijke biografie van Jezus van Nazareth niet onbelangrijke vraag is hoe lang zijn openbare optreden heeft geduurd. De evangelies reiken hiervoor een nogal ruime keuze aan, van één, twee of drie jaar.[1] De historische exegese houdt het tegenwoordig op twee jaar. Het ene aanknopingspunt is het jaar 28, waarin zoals in een eerder hoofdstuk is berekend, Jezus van Nazareth met zijn predikaties is begonnen. Het andere aanknopingspunt is de '14 *nisan*' (de eerste maand van het joodse religieuze jaar) die Johannes noemt als de dag waarop Jezus gestorven is. Dit was de dag aan de vooravond van het joodse Pasen, waarvan de datum jaarlijks wisselde. Omdat het feest dat jaar op de sabbat viel, moet de '14 nisan' die Johannes noemt een vrijdag zijn geweest. Het eerste jaar na 28 waarin 14 nisan op een vrijdag viel, was het jaar 30. Wat tegenwoordig Goede Vrijdag heet, moet volgens deze reconstructie vrijdag 7 april in het jaar 30 zijn geweest.

Een tweede chronologische onzekerheid die de evangelisten hebben nagelaten geldt het tijdstip waarop de rabbi van Kafarnaum met zijn leerlingen (of een deel van hen) van Galilea naar Judea is getogen. De synoptische evangelies geven de indruk dat dit kort voor het joodse paasfeest is geweest dat voor Jezus zo fataal zou worden. In dit geval zouden ze in de lente van het jaar 30 naar Jeruzalem zijn gereisd. Bij Johannes gaat Jezus naar Jeruzalem om daar het Loofhuttenfeest te vieren. In dat geval is men in de herfst van 29 naar Judea op pad gegaan.[2] De soms nogal esoterische evangelist Johannes blijkt bij reconstructie van data en plaatsnamen die hij geeft, compleet met een beschrijving van de plaats die men bezoekt, vaak een opvallende exactheid aan de dag te leggen; hij is dan ook de enige van de evangelisten die voortdurend met de rabbi is opgetrokken. Het lijkt aannemelijk dat Jezus, zoals Johannes schrijft, al in de herfst van 29 naar Jeruzalem is gereisd en ongeveer een halfjaar in Judea en Jeruzalem is opgetreden. Evenals Johannes vermelden ook de synoptici na het vertrek uit Galilea tal van gebeurtenissen, die enkele maanden moeten hebben gevuld. Ook is onaannemelijk dat de onbekende hasid uit het verre Galilea de aandacht van de priesterelite in Jeruzalem zou hebben getrokken als zij zijn optreden niet enige tijd van nabij hadden waargenomen.

Het besluit van de rabbi van Kafarnaüm om zijn werkterrein van Galilea naar Judea te verleggen is van beslissende betekenis geweest voor de plaats die Jezus van Nazareth in de wereldgeschiedenis heeft verworven; anders zou hij niet in Jeruzalem gekruisigd zijn. Een biografie van Jezus van Nazareth zal een verklaring voor dit besluit moeten zoeken. Voor de evangelisten was de verklaring even simpel als hij nog steeds voor de gelovige christen is: evenals het hele aardse bestaan van de godmens Jezus werd ook het vertrek van Galilea naar Judea door bovennatuurlijke, goddelijke raadsbesluiten bestierd. De historicus, voor wie een godmens een mythologische figuur is, zoekt naar verklaringen die de menselijke rede kan bevatten. De lezer zal na enige introspectie bij zichzelf ontdekken dat wezenlijke beslissingen die hij of zij in het leven heeft genomen, veelal niet door één enkel motief zijn ingegeven, maar de resultante waren van een complex van motieven – al lijkt misschien achteraf dat er maar één motief is geweest. Wanneer we Jezus van Nazareth ontdoen van zijn goddelijke natuur, die uiteraard geen wikken en wegen kent, dan kunnen we wellicht bij hem afweging en inschatting ontdekken bij zijn motivering om Galilea in te ruilen voor Judea.

Als men in de evangelies leest wat de rabbi van Kafarnaüm in de betrekkelijk korte tijd van één à anderhalf jaar met zijn optreden in het gebied rond het Meer van Galilea wist te bereiken, dan lijkt het een succesverhaal. De onbetekenende hasid weet een gezelschap van twaalf mannen aan zijn persoon te binden en heeft volgens de evangelies niet zelden duizenden bewonderaars in zijn kielzog. Kennelijk was het de rabbi niet genoeg. Je zou verwachten dat hij de inwoners van Kafarnaüm dankbaar zou zijn voor het feit dat ze hem voor zijn succesvolle predikaties in Galilea een gastvrije thuisbasis hadden geboden – die zijn dorpsgenoten hem in Nazareth hadden ontzegd. In het evangelie van Matteüs stort de rabbi echter in een van die cholerische aanvallen die we eerder bij hem hebben gesignaleerd een banvloek uit over het arme vissersstadje, die de inwoners ervan, vertrouwd als zij zullen zijn geweest met het naargeestig lot dat in de Schrift Sodom en Gomorra had getroffen, versteld zal hebben doen staan:

> Als in Sodom de wonderen waren gebeurd die bij u [in Kafarnaüm] zijn geschied, het zou tot op de dag van vandaag zijn blijven bestaan. Het lot van Sodom zal lichter te dragen zijn op de oordeelsdag dan dat van u.

Is wellicht gekwetste trots, die uit deze uitval lijkt te klinken, een van de motieven voor Jezus geweest om Galilea de rug toe te keren? Misschien kwam daar als motief bij dat de hasid hogerop wilde, dat hij zijn charisma wilde uittesten op de inwoners van het wereldcentrum van het jodendom, Jeruzalem. In die tijd van wikken en wegen kwamen enkele Farizeeën hem waarschuwen: 'Vlucht, ga hier vandaan, want Herodes wil u vermoorden.' Jezus hield zich groot; hij zei dat hij zich aan 'die vos' niets gelegen liet liggen. Had de rabbi voor Herodes Antipas willen vluchten dan was een voor de hand liggende wijkplaats geweest het ambtsgebied van de andere Herodes, de *easygoing* Herodes Filippus in de Golan. Ook had hij kunnen uitwijken naar het gebied van de tolerante Griekse stadstaten in de Decapolis aan de overkant van het meer. In deze streken had Jezus alle kans gehad om zijn prediking tot in lengte van dagen voort te zetten. Aan het eind van zijn leven, oud en der dagen zat, had hij het uitzicht gehad op de eervolle status van een regionale profeet. Nogmaals de veronderstelling: de rabbi van Kafarnaüm wilde hogerop, koste wat het kost. Tegen de Farizeeën die hem kwamen waarschuwen, verklaarde hij dat zijn lot in Jeruzalem lag, 'want het past niet dat een profeet buiten Jeruzalem omkomt'.

De laatste uitspraak impliceert tweeërlei. Het ene is dat Jezus zich niet langer zag als een rabbi, doch als een profeet – maar zich kennelijk nog niet openlijk de Messias noemde. Ten tweede geeft hij met de uitspraak blijk zich ervan bewust te zijn dat Jeruzalem een plaats was die vol gevaar voor hem was. Hoe heeft hij deze gevaren ingeschat? We kunnen ook hier weer niet anders dan speculeren. Jezus zal begrepen hebben dat het machtige sanhedrin zijn onorthodoxe opvattingen over de Wet wel eens als godslastering zou kunnen opvatten, waar in de priesterstaat de doodstraf op stond. Heeft hij verwacht met een beroep op de massa het gevaar dat van de kant van de Joodse Hoge Raad dreigde te kunnen neutraliseren? En het gevaar van de kant van de Romeinse prefect, die met aspirant-Messiassen korte metten placht te maken? Was zijn inschatting dat Pontius Pilatus wel het verschil zou zien tussen zijn hemelse messianisme en het nationalistische messianisme van de Galilese zeloten die het loodje hadden gelegd? De biograaf zou graag weten of in die aandrang van de Nazarener om de gevaren van Jeruzalem te tarten wellicht een oude droom uit Jezus' adolescentie tot leven kwam, de droom om net als die twaalfjarige knaap destijds te midden van schriftgeleerden opnieuw te excelleren in de Tempel, maar nu ten overstaan van de Jeruzalemse priesterelite.

Over de route die het reisgezelschap van Galilea naar Judea koos lopen in dit geval de rapportages van de synoptici uiteen. Bij Matteüs en Marcus kiezen ze de omweg via het Transjordaanse

Afb. 13. Streken en plaatsen uit de evangelies.

Perea, daarmee het gevaarlijke Samaria vermijdend; bij Lucas trekken ze door dit gevaarlijk gebied. De stugge bewoners van het ruige Samaria, die een pseudo-jodendom van eigen maaksel praktiseerden, beschouwden orthodoxe joden als hun natuurlijke vijanden, en ze hadden er een handje van om rijke joden die door hun gebied trokken uit te schudden. De evangelies geven op enkele plaatsen de indruk dat de Nazareense Galileeër de Samaritaanse Robin Hoods wel mocht. De bekende parabel van de barmhartige Samaritaan getuigt hiervan, evenals het openhartige gesprek dat de rabbi eens voerde met de vrijpostige Samaritaanse bij de bron van Sichar. Misschien heeft het reisgezelschap zich opgesplitst en heeft Jezus met de moedigen onder de discipelen de kortere weg door Samaria genomen, terwijl de angsthazen onder hen aan de veilige omweg via Perea de voorkeur hebben gegeven.

Hoe het ook zij, langs beide routes arriveert men uiteindelijk in de Judese stad Jericho. Op weg daarheen geeft de Galilese magiër in het voorbijgaan aan twee blinden langs de weg het licht in hun ogen terug. Wanneer ze de stad binnentrekken, wat kennelijk nogal bekijks trok, klimt eerder opgevoerde Zacheüs in een boom om in de mêlee de Galilese magiër te kunnen ontwaren. Het eerste wat Jezus in Jericho doet, is de Farizeeën en schriftgeleerden provoceren door bij de 'tollenaar van het tolwezen' het avondmaal te gebruiken. Verder trekkend door Judea wordt het gedrag van de Galileeër jegens Farizeeën en schriftgeleerden almaar provocerender. Zelfs wanneer hij bij een van hen gastvrijheid geniet en deze Farizeeër zich erover verwondert dat de rabbi vóór het maal niet de gebruikelijke wassingen verricht, wordt de arme gastheer door zijn ondankbare gast met het ene 'Wee u!' na het andere 'Wee u!' bedreigd. In zijn provocaties gaat Jezus zover dat hij in een parabel, waarin hij een tollenaar vergelijkt met een Farizeeër, de eerste vrij baan geeft naar het hemelse koninkrijk, maar de laatste de toegang ontzegt.

Op de tocht door het land van Judea geeft Jezus enkele van zijn fraaiste parabels ten beste: de parabel van de verloren zoon, die Jeroen Bosch heeft geïnspireerd tot een schilderij vol beeldspraak; de parabel van de onrechtvaardige rentmeester, waarin de verteller laat zien dat 'de kinderen van de Duisternis' vaak een stuk slimmer zijn dan 'de kinderen van het Licht'; de parabel van de arbeiders in de wijngaard, waarin het beginsel van loon naar werk op zijn kop lijkt te worden gezet. Een van de parabels die Jezus onderweg naar Jeruzalem vertelt, is die over het gebruik dat je moet maken van talenten die je bezit. Lucas laat Jezus deze parabel veelbetekenend aldus beginnen: 'Een man van hoge geboorte ging op reis om het koningschap te verkrijgen en dan terug te keren.' Het lijkt erop dat Jezus toen nog hoopte om na een triomf in Jeruzalem gloriërend naar Galilea terug te keren, waar niemand dan meer om hem heen zou kunnen – ook de 'vos' Herodes Antipas niet. Lucas eindigt de parabel van de talenten met: 'Nadat hij deze woorden gesproken had trok hij verder en ging naar Jeruzalem.'

JERUZALEM

Volgens het Johannes-evangelie arriveerde de rabbi met zijn gezelschap net op tijd in Jeruzalem om daar het Loofhuttenfeest mee te vieren. Dit was dus, zoals eerder vastgesteld, een halfjaar voor de kruisiging. Jezus zoekt geen huisvesting in Jeruzalem zelf, maar in het plaatsje Betanië. Daar neemt hij zijn intrek in het huis van een kennelijk intieme vriend, Lazarus – die thans voor het eerst in het evangelie opduikt samen met diens zusters Martha en Maria, van wie de laatste de vriend van haar broer blijkbaar in het bijzonder was toegedaan. Vanuit Betanië, dat op ongeveer een uur gaans van Jeruzalem ligt, bezoekt Jezus, al dan niet vergezeld van discipelen, de stad en begint daar de Tempel te frequenteren. Mocht het de bedoeling van de rabbi zijn geweest in de hoofdstad de aandacht te trekken dan is hem dat volop gelukt. In het halfjaar dat de goede dertiger nog te leven heeft, zal hij in het Jeruzalemse een gekende figuur zijn geworden.

Wat de begenadigde spreker gewoon was te doen, deed hij ook in Jeruzalem: hij nam het woord – in de woorden van het evangelie: 'Hij gaf in de Tempel het volk onderricht en verkondigde er de blijde boodschap.' Beziet men Jezus' optreden uit het oogpunt van de tempelpriesters dan is het begrijpelijk dat deze zich danig geërgerd hebben aan de aanmatigende Galileeër die zich in hún Tempel deed gelden alsof hij er kind aan huis was. Bij Lucas stellen ze de indringer dan ook de vraag: 'Zeg eens welke bevoegdheid gij hebt dit alles te doen?' Wel wetend dat de Tempel een vrijplaats was voor sprekers uit alle 's heren landen van het wereldjodendom liet de Galileeër zich niet intimideren door de tempelpriesters. Hij weigerde antwoord te geven op hun vraag. Intussen gaat hij voort om, evenals hij op weg naar Jeruzalem heeft gedaan, de Farizeeën te attaqueren, en neemt nu volgens het evangelie ook de hooggezeten Sadduceeën op de korrel.

De lezer van Jezus' belevenissen in Jeruzalem merkt hoe gaandeweg de spanning in de evangelieverhalen stijgt. Meermalen wordt er melding van gemaakt dat de Galilese provocateur met de dood werd bedreigd. Geprikkeld door diens uitdagende woorden, 'Voor Abraham werd, ben ik', pakten volgens Johannes toehoorders stenen op 'om Hem te stenigen, maar Jezus trok zich terug en verliet de Tempel'. Kennelijk begon hij zich toch onbehaaglijk te voelen. Volgens dezelfde evangelist week hij uit naar Perea aan de veilige overkant van de Jordaan. Was hij daar gebleven, dan hadden we wellicht nooit meer iets van hem gehoord.

Op het bericht dat zijn vriend Lazarus ernstig ziek was besloot Jezus naar Betanië terug te keren. Zijn discipelen probeerden hem daarvan te weerhouden: 'Rabbi, nog maar pas probeerden de joden u te stenigen, en gaat gij er nu weer heen?' Wanneer Jezus niettemin naar Betanië gaat, lijkt het te laat: Lazarus is dood. Eerder werd beschreven hoe de wonderdoener het al kwalijk riekende lijk weer tot leven weet te brengen. Na dit kunststukje verdween hij opnieuw, nu naar Efraïm, een oase in de woestijn 20 kilometer ten noorden van Jeruzalem. Maar het bloed kruipt waar het niet gaan kan, zo lijkt het. Wanneer het joodse paasfeest nadert wil de rabbi erbij zijn, en keert terug naar Jeruzalem met de discipelen – hoeveel van hen dan nog bij hem zijn, weten we niet. Wederom zocht hij verblijf in Betanië, waar hij bij de herrezen vrind opnieuw zijn intrek nam.

Het zal de Galilese hasid inmiddels duidelijk zijn geworden dat hij een triomfantelijke terugkeer als ongekroonde koning naar zijn streek van herkomst Galilea kon vergeten en dat hij in plaats daarvan voor zijn leven moest vrezen – en wellicht ook voor dat van zijn volgelingen. Waarom is Jezus toch teruggegaan, naar het voor hem gevaarlijke Jeruzalem? Het eenvoudige antwoord van evangelist en gelovige luidt: de goddelijke zoon volgt de opdracht van de goddelijke vader. Misschien schuilt in deze voor een gewoon mens onbegrijpelijke verklaring een psychologische verklaring die wel te begrijpen is. Was de hasid, die zich zo licht door emotionele impulsen liet meeslepen, zo overtuigd geraakt van zijn goddelijke roeping dat hij van nu af de dood zocht om daarmee zijn hemelse gelijk te bewijzen?

Terug in Betanië, en daarmee terug in Jeruzalem met de Tempel, werd het gedrag van de Gezalfde, zoals hij zich thans ongetwijfeld zag, steeds driester. Vermaard is het verhaal dat alle evangelisten vertellen over de hardhandige verdrijving van de geldwisselaars uit de Tempel – die door Jeremia was voorspeld als 'de reiniging van de Tempel'. Een enkele fantasierijke schrijver verklaart het wonderlijke optreden van de onvervaarde Galileeër als bewijs dat hij toch een opstandelingenleider was; de tuchtiging van de arme geldwisselaars in de voorhof van de Tempel zou het signaal zijn geweest voor een – overigens mislukte – opstand tegen de Romeinse bezetter. Was daarvoor maar een schijn van een aanwijzing geweest, dan had het Romeinse cohort dat vanuit de Antonia-toren de hof beneden voortdurend in de gaten hield zonder mankeren ingegrepen. De 'opstandelingenleider' was onmiddellijk in de kraag gegrepen. Ook zijn leerlingen was het dan slecht vergaan, want de wantrouwige Romeinen hadden ongetwijfeld iedereen die maar enige verdenking op zich laadde opgepakt. Kennelijk vonden de Romeinse toeschouwers het niet de moeite waard; wellicht hebben ze geamuseerd neergekeken op de woedende jood die het met een paar geldwisselaars aan de stok kreeg – over het wisselgeld, zullen ze hebben gedacht.[3] De Galilese rabbi was geen politieke revolutionair, maar zijn opvatting over de Wet en joodse tradities waren wel revolutionair. Eerder werd beklemtoond dat in de Israëlische theocratie de scheidingslijn tussen religie en politiek uitermate vaag was. Jezus werd door zijn religieuze revolutionaire standpunten meegezogen in de maalstroom van de politieke spanningen in het bezet gebied.

Niet alleen het gedrag, maar ook de uitspraken van de inmiddels waarschijnlijk welbekende Galilese provocateur werden almaar driester. Leek hij aanvankelijk in niet altijd te doorgronden metaforen en allegorieën te hebben gesproken, thans noemde hij zich onomwonden 'Zoon van God'. Bepaald bedreigend moet het niet alleen voor de tempelpriesters maar ook voor het tempelvolk hebben geklonken wat de vreemde hasid aankondigde over de verwoesting van de Tempel, met daarbij de overmoedige blasfemie dat hij de Tempel binnen drie dagen weer zou opbouwen – dat hij hiermee zijn dood en verrijzenis bedoelde, is een finesse die de toehoorders wel zal zijn ontgaan. In de ambiance van een theocratische gemeenschap moet het de *talk of the town* zijn geweest.

HET LIJDENSVERHAAL ALS MIDRASJ

Bij de evangelisten is het lijdensverhaal het dramatische hoogtepunt van het evangelieverhaal; het wordt beeldrijk verteld en is vol suspense. Als historische bron zijn de lijdensverhalen echter verdacht, en wel om twee redenen. In de eerste plaats geven de vier auteurs een uiteenlopend verslag van het verloop der gebeurtenissen. Een tweede reden waarom de historicus op zijn hoede raakt bij het lezen van de vier lijdensverhalen is dat zij geweven zijn rond – vaak letterlijke – citaten uit de Schrift, alsof al was voorzegd wat moest gebeuren. Voor de theologische exegeet winnen de verhalen daardoor aan overtuigingskracht, maar in de kring van historische exegeten is de veronderstelling geopperd dat de lijdensverhalen met behulp van de schriftteksten rond een kern van historische feiten achteraf zijn geconstrueerd. Wat men in die constructie herkent is de rabbijnse verteltraditie van wat de midrasj wordt genoemd, waarmee de evangelisten van jongs af aan vertrouwd waren.[4] Midrasj waren talmoedische vertellingen, legendes, allegorieën, waarmee de Wet werd toegelicht en uitgelegd. Bij de midrasj komt het niet aan op exactheid van het tijdsverloop en van de personages en van de locaties die rond de historische hoofdmomenten worden gecomponeerd. De verteller kan naar believen zijn verhaal comprimeren of laten uitdijen, en heeft de literaire vrijheid om personen en feiten uit het verleden te vereenzelvigen met die van het heden. De populairste midrasj uit de joodse traditie is de *Haggada sjel Pesach*, het joodse paasverhaal. Het is een vertelling op de avond van het joodse paasfeest waarin de verteller op creatieve wijze met behulp van een bloemlezing uit oude geschriften het verhaal van de uittocht uit Egypte construeert. Al met al lijken de lijdensverhalen van de evangelisten nog het meest op een Haggada van het christelijke Pasen. Meer nog dan de rest van de evangelies plaatst dit de historicus voor de moeilijkheid *Dichtung* en *Wahrheit* te ontwarren.

De hypothese dat het lijdensverhaal een constructie is achteraf, in de vorm van een midrasj, biedt een verklaring voor enkele opvallende verschijnselen in de lijdensverhalen van de evangelisten. In de eerste plaats maakt deze begrijpelijk waarom het relaas van de evangelisten zo ongemeen anti-judaïsch is en – zij het wat verhulder – pro-Romeins. In de periode van het ontstaan van de evangelies, tussen 70 en 100, werd de sfeer in het eerste christendom, zoals eerder is uiteengezet, vergiftigd door het anti-judaïsme van de niet-joodse christenen jegens de joodse christenen, terwijl de jonge kerk met de Romeinse heersers probeerde te accommoderen. En na de bloedige onderdrukking door de Romeinen van de Grote Joodse Opstand in het jaar 70 was er in Jeruzalem geen christelijke kerk meer die een tegenwicht kon bieden tegen deze krachten. De geopperde hypothese biedt ook een verklaring voor het feit dat de versies van het lijdensverhaal bij de vier schrijvers uiteenlopen; zoals opgemerkt, biedt de midrasj de verteller een ruime literaire vrijheid bij het construeren van zijn verhaal. De kern ervan is feitelijk, de rest is vrije vinding. De literaire vorm van de lijdensverhalen kan het best worden omschreven als wat tegenwoordig *faction* wordt genoemd, een mengeling van *fact* en *fiction*. De hypothese van het geconstrueerde midrasjverhaal geeft ten slotte een aannemelijke oplossing van het problematisch korte tijdsverloop van de gebeurtenissen in de evangelieverhalen. Tot de literaire vrijheid van de midrasjverteller behoorde, als gezegd, de vrijheid om het relaas van de gebeurtenissen te comprimeren en daardoor de dramatische kracht van het verhaal te versterken.

Met de intocht van Jezus en zijn gevolg in Jeruzalem, die gewoonlijk als de inleiding van het lijdensverhaal wordt verteld, begint volop de 'midrasjconstructie' rond teksten uit oude geschriften. Flusser, die al eerder als kenner van de joodse traditie werd opgevoerd, heeft erop gewezen dat het gebruikelijk was om álle joodse pelgrims die voor de viering van het joodse paasfeest in Jeruzalem arriveerden met wuivende palmtakken en hosannageroep welkom te heten.[5] De midrasjverteller, die dit gebruik kent, of het zich misschien herinnert, weeft het in zijn verhaal in als een bijzondere gebeurtenis, vindt er een treffende voorafspiegeling van in de Schrift en voegt er daarom een ezelinnenjong aan toe. Want de profeet Zacharia had voorzegd:

Juicht gij Jeruzalem! Ziet uw Koning komt tot u. Hij is rechtvaardig, zegevierend en nederig en rijdt op een ezel, een ezelinnenjong.

Het is onwaarschijnlijk dat het lijdensverhaal zich afspeelde in de week die volgde op de intocht in Jeruzalem, de palmzondag, welke dag in de katholieke liturgie als begin van de Goede Week wordt gevierd. Historisch gezien doet het er niet toe of het lijdensverhaal zich korter of langer na de intocht in Jeruzalem afspeelt. Historisch wel van belang is de reconstructie van het tijdsverloop van de gebeurtenissen. Het ijkpunt voor deze reconstructie is de eerdergenoemde 14 nisan. Dit was de vrijdag waarop 's avonds het joodse paasfeest begon en 's middags Jezus is gekruisigd. Voorts zijn aanknopingspunten voor de reconstructie van het verloop der gebeurtenissen: de gevangenneming, de voorgeleiding voor het sanhedrin, het verhoor ten overstaan van de Joodse Hoge Raad, de verhoren door Pontius Pilatus, de vonnisvelling en de voltrekking van het vonnis. In de lijdensverhalen vindt deze opeenvolging van feiten in een onwaarschijnlijk korte tijd plaats – bij Marcus bijvoorbeeld binnen goed twaalf uur. Bij de huidige stand van de historische exegese houdt men het erop dat de gebeurtenissen zich over drie dagen hebben uitgestrekt: woensdagnacht de gevangenneming en voorgeleiding voor de hogepriester, donderdag het verhoor door de Raad en de verhoren door Pilatus, vrijdag het vonnis en de kruisiging.

Alle vier de evangelisten hebben, zoals men in een dramatisch verhaal kan verwachten, een verrader uit eigen kring ten tonele gevoerd. Dat is de apostel Judas Iskariot; hij zou de identiteit van de Meester aan de priesters van het sanhedrin hebben verraden – waar dat voor nodig was, gezien de opspraak die Jezus in Jeruzalem had veroorzaakt, vertellen ze niet. De midrasjvertellers vonden in dit geval twee profeten die de verrader al hadden aangekondigd, de profeten Zacharia en Jeremia. De evangelisten volgen hen op de voet, tot en met 'de dertig zilverlingen' die de Profeet als bloedgeld van het verraad had voorspeld. Behalve de wens om een booswicht in het midrasjverhaal in te weven speelt wellicht nog een andere factor mee. Judas Iskariot was zo niet een gevaarlijke sicarius, dan in ieder geval een zeloot. En het waren de zeloten die niet lang voor de optekening van de evangelies de Grote Joodse Opstand tegen de Romeinen hadden ontketend. De apostel moest uit het evangelie worden weggeschreven, lijkt mij, omdat hij in het Romeinsgezinde relaas een stoorzender was.

Hoewel Jezus erop verdacht moest zijn thans elk moment te kunnen worden opgepakt, is het niet ondenkbaar dat hij op de avond vóór zijn arrestatie met zijn getrouwen het avondmaal heeft genuttigd. Bij de drie synoptici is dit het Laatste Avondmaal, waarbij Jezus wat de katholieke kerk later het sacrament des altaars noemde zou hebben ingesteld – dat ontleend lijkt aan het bloedverbond uit het boek Exodus. Opmerkelijk is dat Johannes niet rept van de verandering van brood en wijn in het vlees en bloed door de Meester, terwijl hij wel vertelt van de maaltijd – waarbij hij naar zijn zeggen 'leunde tegen Jezus' borst'. Juist Johannes lijkt, wanneer het gaat om de laatste dagen van Jezus van Nazareth, van de vier auteurs de meest betrouwbare getuige. Hij is er steeds bij geweest zoals hij ook expliciet te kennen geeft, waar hij zegt: 'die het gezien heeft, getuigt hiervan.' Marcus en Lucas hadden het lijdensverhaal van horen zeggen, en waarschijnlijk ook Matteüs; anders dan Johannes voert hij zich althans nergens als aanwezige getuige op.

Na de maaltijd vertrekt Jezus met de drie intimi, Petrus, Johannes en Jakobus, naar de Hof van Getsemane. In de Schrift is deze Hof van Olijven niet voorzegd; het enige wat daarover te zeggen valt, is dat het er 's nachts wel fris zal zijn geweest, zo vroeg in april.[6] Waarschijnlijk had de Galileeër op dat moment nog kunnen vluchten, en bijvoorbeeld weer naar Perea kunnen gaan. Bij Matteüs en Marcus geeft Jezus zelf de verklaring waarom hij dat niet heeft gedaan: 'opdat de Schriften vervuld zullen worden' (op welk profetisch woord hij daarbij doelt, zeggen de evangelisten er niet bij). De woorden die Jezus in de Hof van Olijven verzucht, 'Mijn ziel is zeer bedroefd, tot stervens toe', komen uit het boek Psalmen. De drie begeleiders van Jezus vallen ondanks de kou in slaap.

Het zal in de vroege ochtend van 6 april zijn geweest dat de arrestatie plaatsvindt. Bij die gelegenheid verricht Jezus zijn laatste wonder. Petrus, die merkwaardigerwijs een zwaard bij zich

heeft, slaat bij de 'knecht van de hogepriester' het rechteroor af
– Johannes weet zich met zijn kennelijk ijzeren geheugen zeventig jaar later nog te herinneren dat de man Malchus heette. De arrestant pakt het oor van de grond, brengt het weer op zijn plaats en debiteert een van zijn befaamde oneliners: 'Wie het zwaard opneemt, zal door het zwaard vergaan.' Voor de rest gedragen de getrouwen van Jezus van Nazareth, van wie de meesten de arrestatie van hun geliefde Meester op veilige afstand gadeslaan, zich niet erg moedig. Ze slaan op de vlucht – een van hen, in wie sommige exegeten Marcus menen te herkennen, gaat er met achterlating van zijn kleed, waaraan hij wordt vastgegrepen, in zijn blootje vandoor. De profeet Zacharia had het allemaal al voorzegd: 'Ik zal de herder slaan en de schapen zullen verstrooid worden.'

HET PROCES

Met de arrestatie van Jezus van Nazareth komen we historisch op vastere grond. De evangelisten zeggen dat de arrestatie uitging van het sanhedrin, althans van de leiding van de Joodse Hoge Raad. Dat is logisch. We moeten de figuur van Jezus bezien vanuit de perceptie van de leiders van de priesterstaat. Zij zullen de Galilese provocateur zijn gaan zien als een niet ongevaarlijke zonderling. Hij had de priesters die waakten over de priesterstaat eerst in Judea, daarna in Jeruzalem geprovoceerd, had het gewaagd de Tempel te gebruiken voor zijn aanvallen op Farizeeen en Sadduceeën, en had er zijn in hun ogen godslasterlijke praatjes gehouden. De hogepriester Kajafas achtte haast geboden zoals Matteüs opmerkt. In een eerder hoofdstuk is geschetst hoe een met messianisme gemengd nationalisme een broeierige sfeer had geschapen in het door de Romeinen bezet gebied, waar zeloten de kritiek op het sanhedrin onder de bevolking aanwakkerden en joodse sluipmoordenaars, de sicarii, de spanning verhoogden. Sinds jaar en dag leefde onder het joodse volk de verwachting dat de beloofde Messias rond Pasen ten tonele zou verschijnen. Ongetwijfeld ging ook dat jaar het gerucht dat het met Pasen zou gebeuren. In deze precaire situatie, met de Romeinse prefect vanwege het aanstaande Pesach zetelend in zijn paleis in Jeruzalem, zal de hogepriester absoluut geen behoefte hebben gehad aan de gevaarlijke Galilese zonderling die zich als kandidaat-Messias had opgeworpen.

Mij lijkt dat de sleutel voor wat te gebeuren stond, te vinden is in de geladen woorden die Kajafas volgens het evangelie in een vergadering van het sanhedrin heeft uitgesproken: 'Het is beter dat één man sterft, dan dat het gehele volk ten onder gaat.' De realpolitiker moet beducht zijn geweest voor elke inbreuk die het labiele machtsevenwicht in de priesterstaat tussen Joodse Hoge Raad en Romeinse perfect kon verstoren. Zou hij wellicht zelf nog hebben geaarzeld in te grijpen dan was er zijn nu in de evangelieverhalen op het toneel verschijnende schoonvader, de gewezen hogepriester Annas, die hem zal hebben bezworen de daad bij het woord te voegen. De logische conclusie uit deze analyse lijkt mij dat zij besloten de gepretendeerde Messias te elimineren, om daarmee een voorbeeld te stellen.

Direct na de arrestatie neemt Kajafas samen met zijn schoonvader bij hem thuis de gevangene een eerste verhoor af. Donderdag 's ochtends roepen zij de Hoge Raad bijeen, die nu tegelijk als aanklager en als rechter gaat optreden. De joodse rechters confronteren Jezus met de blasfemieën die hij heeft rondgestrooid. De antwoorden die de aangeklaagde op de beschuldigingen geeft lopen in de evangelies enigermate uiteen. De drie synoptici vinden voor hun relaas aanknopingspunten in het boek Daniël en laten Jezus zeggen: 'Van nu af aan zal de Mensenzoon zitten aan de rechterhand van de Macht van God.' Jezus expliciteert de metafoor en verklaart tegenover zijn joodse rechters dat hij de Messias is en de Zoon van God. Met deze godslastering riep hij het doodvonnis over zich af, want Mozes' gebod in het boek Leviticus was duidelijk: 'Wie de naam van Jahwe lastert, moet worden gedood; heel de gemeenschap moet hem stenigen.' Het doodvonnis vereiste de unanieme instemming van de leden van de Joodse Hoge Raad. Kajafas had, als gezegd, haast; hij zal de zaak voor Pesach hebben willen afwerken. Kennelijk heeft hij die donderdagochtend alleen die leden van de Joodse Hoge Raad bijeengeroepen van wie hij zeker was dat ze het doodvonnis zouden ondersteunen. Van twee leden kunnen we vrijwel zeker zijn dat ze dat niet zouden hebben gedaan. Dit zijn Jozef van Arimatea en (waarschijnlijk lid) Nicodemus. Beiden zouden zich later inspannen voor een ordentelijke begrafenis van de gekruisigde. Een doodvonnis van het sanhedrin vereiste weliswaar unanimiteit, maar een quorum van 36 (van de 71) leden was voldoende. Het quorum sprak unaniem over Jezus van Nazareth het doodvonnis uit.

Waarom hebben Kajafas en Annas het doodvonnis niet onmiddellijk volgens Mozes' harde wet laten voltrekken? Waarom hebben ze de gevonniste aan Pontius Pilatus overgedragen? Verscheidene historische exegeten beweren dat alleen de Romeinse prefect op grond van het hem door de keizer verleende *jus gladii* doodvonnissen in Judea kon laten voltrekken. Daarmee is echter in tegenspraak dat, zoals eerder bleek, enkele jaren later de hellenistische jood Stefanus na een doodvonnis van het sanhedrin zonder tussenkomt van de prefect is gestenigd; drie decennia later gebeurde hetzelfde met Jezus' halfbroer Jakobus.[7] In een eerder hoofdstuk is uiteengezet dat de priesterstaat op het terrein van het religieuze strafrecht autonomie bezat. Het past in bovenontwikkelde gedachtegang van Kajafas en Annas om Pontius Pilatus ertoe te bewegen het afschrikwekkende voorbeeld dat ze wilden stellen, met name ook tegenover het gewone volk, waarbij de Galilese hasid waarschijnlijk sympathie genoot, door diens eigen doodvonnis van de gepretendeerde Messias politiek te bevestigen; het zou pseudo-Messiassen, die wellicht met opstandige plannen rondliepen, en die waarschijnlijk een stuk gevaarlijker waren dan de Galileeër, afschrikken. Kortom, omdat Jezus van Nazareth niet alleen religieuze gevoelens had gekwetst, maar ook de openbare orde bedreigde, was het wenselijk dat het doodvonnis van de priesterstaat door het Romeinse gezag werd bevestigd. Tegelijkertijd bood deze manoeuvre de religieuze leiders de gelegenheid de Romeinse gezagsdrager nog eens in te prenten dat zij gemeenschappelijke belangen hadden bij de handhaving van de stabiliteit in het roerige gewest.

De gevonniste had tegenover het sanhedrin zelf het motief aangereikt voor zijn uitlevering aan de Romeinse prefect, door zich namelijk Zoon van God te noemen. Dit was een regelrechte inbreuk op het prerogatief van de Romeinse keizer, die zich bij uitsluiting van ieder andere sterveling 'Filius Dei', Zoon van God, noemde; keizer Augustus had dit eerst gedaan, keizer Tiberius was hem daarin gevolgd. De aanklacht die het sanhedrin bij Pilatus tegen Jezus van Nazareth inbracht was *crimen laesae majestatis*, majesteitsschennis. Pontius Pilatus, die alleen gedurende de paasdagen in Jeruzalem verbleef, had eveneens haast. Nadat de gevangene door het sanhedrin aan zijn jurisdictie was overgedragen, heeft hij kennelijk geen eigen gerechtelijk vooronderzoek laten doen. Ook heeft hij geen jury bijeengezocht of een mederechter erbij gehaald. Pilatus heeft rechtgesproken volgens de bijzondere strafrechtelijke procedure *extra ordinem*, als alleensprekende rechter. De Romeinse prefect heeft bij deze verkorte rechtsgang evenwel de procedurele regels die daarvoor stonden gevolgd. Hij heeft de aangeklaagde volgens het relaas in de evangelies drie keer verhoord en hem daarbij alle gelegenheid gegeven van repliek te dienen en ook om de blasfemie jegens de Romeinse keizer waarvan hij werd beschuldigd te herroepen – op soortgelijke wijze als Pilatus' latere collega Plinius de Jongere het ten tijde van keizer Trajanus in Pontus zou doen, zoals in hoofdstuk I werd aangestipt. Het is niet ondenkbaar dat Pilatus, zoals alleen Lucas vermeldt, een second opinion over de Galileeer heeft gevraagd van de tetrarch van Galilea, Herodes Antipas, die evenals hij vanwege het paasfeest in Jeruzalem was en in het nabijgelegen Hasmonese paleis verblijf hield. Uit wat Lucas over deze consultatie vertelt maakt men op dat Pilatus er niet veel wijzer van zal zijn geworden.

Evenals hij tegenover zijn joodse rechters had gedaan, reikte de beklaagde ook de Romeinse rechter zelf het motief voor zijn doodvonnis aan. Op de uitdrukkelijke vraag van Pontius Pilatus of hij de koning der joden is, geeft Jezus uiteindelijk een bevestigend antwoord; door zich koning der joden te noemen betwistte hij het Romeinse gezag over het joodse volk in het rijk, een politieke misdaad waarop de doodstraf stond. De verzekering die de beklaagde eraan toevoegt dat zijn koninkrijk niet van deze wereld is zal Pilatus misschien eraan hebben doen twijfelen of hij met een gevaarlijke gek of een onnozele hals van doen had. Hij laat hem geselen. Volgens de evangelies wordt het slachtoffer in een purperen mantel en met een doornenkroon op het hoofd op-

Afb. 14. Pilatus wast zijn handen in onschuld; paneel Jan Lievens, Stedelijk Museum De Lakenhal Leiden.

nieuw voor Pilatus geleid – purperen mantel en doornenkroon zijn in de Schriften niet terug te vinden. Een enkele exegeet veronderstelt dat de prefect met die uitdossing niet zozeer de aangeklaagde, maar de aanklagers van het sanhedrin belachelijk wilde maken. Pontius Pilatus had de aangeklaagde na de afstraffing kunnen laten gaan.[8]

De evangelisten voeren thans een aarzelende, welhaast humane, Pontius Pilatus op, die medelijden lijkt te krijgen met de toegetakelde man vóór hem, in zijn purperen mantel en met zijn doornenkroon op het hoofd. Het is een onhistorisch beeld. Joodse historici uit die tijd, Flavius Josephus en Philo van Alexandrië, hebben Pilatus geportretteerd als een corrupte, wrede en genadeloze potentaat, van wie men niet licht verwacht dat hij ooit in gewetensnood heeft verkeerd. Dat hij na het uitspreken van het doodvonnis van Jezus van Nazareth in onschuld zijn handen zou hebben gewassen is een toevoeging van Matteüs die waarschijnlijk weer voortkomt uit de behoefte in de tijd van de optekening van de evangelies aan het lijdensverhaal een pro-Romeins en anti-judaïsch tintje te geven. Pilatus komt uit de historische literatuur naar voren als een onaandoenlijke apparatsjik, die zich er wel van bewust was dat loyaliteit aan keizer Tiberius de basis van zijn carrière was. Wellicht heeft Pilatus zich eraan geërgerd dat het sanhedrin hem probeerde te manipuleren en heeft hij zich even afgevraagd of hij over de onnozele Galileeër wel het doodvonnis moest uitspreken, dat de joodse aanklagers coûte que coûte van hem wilden.

Mocht die aarzeling er zijn geweest dan hadden de twee intriganten een sterk argument om Pilatus, wiens zwakke plek volgens Flavius Josephus was diens stalinistische trouw aan Tiberius, daarover heen te zetten. Ze hielden blijkens het evangelie de prefect voor dat als hij *amicus Caesaris* wilde blijven, hij niet anders kon doen dan de man die zelf bekend had majesteitsschennis te hebben gepleegd, te veroordelen tot het vonnis dat op deze misdaad stond voor een niet-jood: de dood aan het kruis.[9] Josephus schrijft: 'Pilatus veroordeelde hem tot de kruisdood, nadat hij de beschuldigingen tegen hem door de hoogst geplaatsten onder ons volk had aangehoord.' De Romeinse landvoogd liet op het kruis in drie talen de *causa poenae*, de reden van zijn vonnis, aanbrengen: 'Jezus Nazarenus Rex Iudeorum' (INRI), (Jezus van Nazareth Koning der Joden). In de tekst zat een kleine wraakneming op Kajafas en Annas. De twee aanklagers bezwoeren de landvoogd dat ze de man uit Galilea niet hadden aangeklaagd omdat hij de Messias *was*, maar omdat hij *beweerde* dat te zijn en vroegen hem de *titulus* in die zin te wijzigen. Met de klassiek geworden woorden 'quod scripsi, scripsi' (wat ik heb geschreven blijft geschreven) weigerde Pontius Pilatus aan de wens van de twee joodse leiders tegemoet te komen.

De kruisiging van Jezus van Nazareth is uitgegroeid tot een van de belangrijkste, zo niet de belangrijkste gebeurtenis uit de wereldgeschiedenis – en heeft Pontius Pilatus, die er uiteindelijk voor verantwoordelijk was, een blijvende plaats in die wereldgeschiedenis verschaft.[10] We dienen te beseffen dat Jezus' dood in die tijd een onbeduidend voorval moet zijn geweest. Dood door kruisiging was in een Romeins wingewest als Palestina min of meer routine. Enkele jaren geleden zijn in een buitenwijk van Jeruzalem de overblijfselen gevonden van een jongeman die in hetzelfde jaar als Jezus van Nazareth is gekruisigd.

Bij Flavius Josephus worden talrijke, vaak willekeurig aandoende, kruisigingen beschreven. Zo vertelt hij van een voorname Romein Florus, die zich bij een opstootje in Jeruzalem door een jood in de menigte beledigd achtte en daarvoor van de joodse autoriteiten genoegdoening eiste. Toen de tempelpolitie de schuldige niet wist op te sporen werden enkele willekeurige verdachten door de Romeinen opgepakt en gekruisigd. De reactie van de opperpriesters bij dit incident was veelbetekenend: zij smeekten de opgewonden massa de Romeinen niet verder te provoceren.

Alle vier evangelisten hebben in hun constructie van het lijdensverhaal een kwaadaardige mythe geweven, dit is de mythe van Jezus versus Barabbas. Deze mythe vindt ongetwijfeld zijn oorsprong in de anti-judaïsche stemming waarin de evangelies geschreven zijn, waarop al meermalen de aandacht is gevestigd. Pilatus zou ingevolge een daarvoor bij het joodse paasfeest bestaand gebruik de joodse aanklagers en hun supporters voor de keuze hebben geplaatst dat hij ofwel Jezus van Nazareth ofwel de ter dood veroordeelde zeloot (en waarschijnlijk sicarius) Barabbas zou vrijlaten. Behalve in de evangelies is in de historische literatuur nergens de geringste aanwijzing te vinden dat zo'n wonderlijk amnestiegebruik bestond, noch in Palestina, noch elders in het Romeinse Rijk. De bewering van de evangelisten mist innerlijke logica. Zelf voeren zij een Pilatus op die vol twijfel uiteindelijk een in zijn ogen onnozele hals ter dood veroordeelt. Hoe zou de Romeinse prefect op het idee hebben kunnen komen om in plaats van hem een, aldus Matteüs, notoire 'revolutionair en moordenaar' op vrije voeten te stellen? – hoe had hij dat besluit überhaupt in zijn rapportages aan Rome kunnen verantwoorden? De kwaadaardigheid van de mythe schuilt in het gebrul dat een joodse menigte tot de prefect zou hebben aangeheven: 'Kruisig hem! Kruisig hem! – waaraan we nog jaarlijks met een vierstemmig koor in de *Matthäus Passion* worden herinnerd: 'Lass ihn kreuzigen!' Nog kwaadaardiger is de uitroep die er in het Matthäus-evangelie op volgt: 'Zijn bloed kome over ons en over onze kinderen!' De toevoeging lijkt mij afkomstig van een of andere gedreven kopiist uit de tweede eeuw, toen christenen joden als 'Christenmoordenaars' begonnen te stigmatiseren.[11]

DE KRUISIGING

Het vervolg van het lijdensverhaal is door de evangelisten vrijwel geheel rond voorzeggingen uit de Schrift gecomponeerd. Geen oudtestamentisch geschrift heeft echter Simon van Cyrene voorzien, die 'komende van het veld' door Romeinse soldaten gedwongen werd Jezus' kruis achter de ter dood veroordeelde naar Golgotha te sjouwen. De scène past niet best in het verhaal. De Romeinse kwelgeesten van Jezus van Nazareth zouden ineens diens lijden hebben willen verlichten. De interventie van de man uit Cyrene zou een lastig oponthoud hebben veroorzaakt. Een ter dood veroordeelde droeg niet zijn kruis, maar de dwarsbalk naar de executieplaats (waar de staanders stonden opgesteld) en deze was met touwen om armen en schouders gebonden. De touwen moesten dus eerst bij Jezus worden losgeknoopt en daarna bij een willekeurige passant worden vastgeknoopt. Simon van Cyrene zal later wel bij de receptie van de evangelietekst van Marcus zijn ingelast als een vroom vermaan dat we allemaal ons kruis te dragen hebben.[12] De kruisiging te midden van moordenaars, de met azijn doordrenkte spons die de gekruisigde in de mond krijgt geduwd, het dobbelen om de kleren van Jezus door soldaten aan de voet van het kruis, de bespotting door omstanders die de magiër uitdagen nu eens te laten zien wat hij kan, de doorboring van de zijde met een lans – ze zijn allemaal te vinden in de Psalmen of bij de Profeten. Ook de laatste woorden van de gekruisigde Jezus, bij Marcus en Matteüs: 'Mijn God, mijn God, waarom hebt gij mij verlaten?', bij Lucas: 'In uw handen beveel ik mijn geest', zijn letterlijke citaten uit de Psalmen.

Was de genezing van het afgeslagen oor in de Hof van Olijven het laatste wonder van Jezus bij leven, direct na zijn dood voltrok zich nóg een wonder – overigens ook weer voorspeld, nu door de minder bekende profeet Amos. Volgens de synoptici – Johannes maakt er geen gewag van – daalde een duisternis over het land die niet minder dan drie uur duurde. De auteur van *The decline and Fall of the Roman Empire*, Edward Gibbon, maakt bij het natuurverschijnsel in zijn fraaie stijl een kanttekening, die nog eens de verwondering verwoordt van de historicus dat de spectaculaire wonderen waarin de evangelies grossieren nergens hun weg hebben gevonden naar werken van geschiedschrijvers van hun tijd:

> Under the reign of Tiberius the whole world, or at least the celebrated province of the Roman empire, was involved in a prenatural darkness of three hours. (...) It happened during the lifetime of Seneca and the elder Pliny, who must have experienced the immediate effect, or received the earliest intelligence of the prodigy. Each of these philosophers, in a laborious work, has recorded all the great phenomena of nature, earthquakes, meteors, comets, and eclipses, which his infatigable curiosity could collect. Both the one and the other has omitted to mention the greatest phenomenon to which the mortal eye has been witness since the creation of the globe.

De verrijzenis van de gekruisigde Jezus op de derde dag is een mythe die wereldgeschiedenis heeft gemaakt, die echter buiten het bevattingsvermogen van de historicus ligt. De kritische lezer kan slechts opmerken dat de midrasjvertellers zich niet helemaal gehouden hebben aan de innerlijke logica die ook mythologische verhalen vereisen.

Volgens de evangelies is de gestorvene, conform de joodse traditie en de christelijke verwachtingen over de jongste dag, 'met lichaam en ziel' uit zijn graf opgestaan. Wanneer de doodgewaande zich aan zijn getrouwen vertoont, eet en drinkt hij met hen, en de ongelovige Thomas laat hij zijn lijf betasten. *So far, so good.* Ondanks deze klaarblijkelijke lichamelijkheid treedt de verrezene echter door gesloten ramen en deuren en dwars door de muren het huis binnen waar zijn discipelen verzameld zijn, alsof hij een geestverschijning is. Van tweeën één: ofwel hij was met lichaam en al verrezen, en dan had hij gewoon moeten aankloppen om binnengelaten te worden, ofwel alleen zijn geest was verschenen, en dan had hij zich, net als Hamlets vader, niet anders dan als een fantoom te gedragen. Een andere inconsistentie die opvalt is deze. De verrijzenis van Jezus van Nazareth is voor evangelist en gelovige het ultieme bewijs dat hij wel degelijk de godmens was die hij beweerd had dat hij was. De eerste de beste sciencefictionfilm over mythologische figuren houdt zich aan een onuitgesproken grondregel van mythologieën, dat goden niet kunnen sterven. De Christusfiguur uit de evangelies verrees evenwel eerst op de derde dag. Het evangelieverhaal druist hier in tegen het lot, zo men wil het noodlot, van de goden: anders dan stervelingen kunnen zij geen time-out vragen!

1 De synoptische evangelies vermelden slechts één paasfeest, het paasfeest aan de vooravond waarvan Jezus zijn einde vond; in het Johannes-evangelie wordt evenwel gerept van drie paasfeesten die Jezus in Jeruzalem zou hebben gevierd.
2 Bij het joodse paasfeest, het feest van de ongezuurde broden, wordt de uittocht uit Egypte herdacht; Pesach valt op een jaarlijks wisselende datum in april. Het Loofhuttenfeest is een dankfeest voor de oogst, dat op de negende dag wordt afgesloten met de voorlezing van de vijf boeken van Mozes; dit feest valt in oktober.
3 Wellicht realiseerde de Galilese cholericus zich niet dat de geldwisselaars een onmisbaar attribuut van de Tempel vormden. Ze moesten voorkomen dat heiligschennende munten met beeltenissen van de keizer de Tempel binnendrongen, die tempelbezoekers uit de joodse diaspora bij zich hadden om offerdieren te kopen, hun jaarlijkse tempeltribuut te betalen of schenkingen te doen; zij wisselden deze munten in tegen de enige munt die Jahwe welgevallig was, de traditionele Israëlische sikkel.
4 Eén van de evangelisten, de arts Lucas uit Antiochië, is waarschijnlijk geen jood van geboorte, doch hij heeft zijn hele leven in de joodse gemeenschap doorgebracht, en is daarin ongetwijfeld met de midrasj vertrouwd geraakt.
5 De lezer kan het vergelijken met de Nijmeegse Vierdaagse, waarbij het gebruik is om op de laatste dag wandelaars die het tot het eind hebben volgehouden, langs de invalswegen van de stad toe te juichen en gladiolen te geven.
6 Iets verderop in het lijdensverhaal staat Petrus zich dan ook te warmen bij een open vuur, terwijl hij volgens de evangelisten elke relatie met de gevangene loochent – de verloochening was door de profeet Zacharia voorzegd.
7 De rol van de Romeinse prefect werd in zijn geval vervuld door de Romeinse vazal koning Herodes Agrippa.

8 Flavius Josephus beschrijft hoe in 62 wederom in Jeruzalem een Messias opstond, ook Jezus genaamd (zoon van Ananias), die eveneens de ondergang van stad en Tempel voorspelde. De latere collega van Pilatus Albinus liet de man zowat levend villen. Deze bleef evenwel bij zijn voorspelling. Albinus oordeelde dat deze Jezus stapelgek was, en liet hem gaan.

9 *Amicus Caesaris*, vriend van de keizer, was voor een hoge Romeinse functionaris geen loze kwalificatie. Een voorganger van Pontius Pilatus, C. Cornelius Gajus, die deze titel wegens gebrek aan loyaliteit en ondankbaarheid jegens de keizer verloren had, was ontslagen en van het keizerlijke hof verbannen; door iedereen in de steek gelaten had hij geen andere uitweg meer geweten dan zelfmoord te plegen.

10 Een van de bewonderaars van Pilatus was Hitler. Nadat hij in 1940 de passiespelen in het Beierse Oberammergau had bijgewoond verklaarde hij: 'Het is van vitaal belang dat de passiespelen worden voortgezet. Daar kan men in Pontius Pilatus een raszuivere Romeinse intellectueel aanschouwen die als een stevige rots zich staande houdt in de joodse modder en drek.'

11 Paus Johannes Paulus II heeft de joodse wereldgemeenschap vergeving gevraagd voor het anti-judaïsme van de vroege christenheid. Hij heeft evenwel niet, althans niet expliciet, vergeving gevraagd voor het antisemitisme dat daaruit is voortgekomen, en dat uiteindelijk tot de holocaust heeft geleid.

12 Een soortgelijke inlas is in apocriefe evangelies de figuur Veronica, die overmand door medelijden met Jezus zich uit de toekijkende menigte losmaakt, met een doek het zweet van het gelaat van de lijdende kruisdrager wist en als dank daarvoor het portret van Jezus van Nazareth in de doek terugvindt.

VIII
Is van Jezus een biografie te schrijven?

Het antwoord op de vraag of van Jezus een biografie is te schrijven is tweeledig. Van Jezus Christus is geen biografie te schrijven. Een mens geworden God, geboren uit een maagd, die wonderen verricht welke de natuurwetten tarten en die uit zijn graf is verrezen, is een mythologische figuur, zoals de antropomorfe Griekse, Romeinse, Germaanse en hindoeïstische goden dat zijn. De mythologische figuur waarop Christus nog het meest lijkt, is de door Zeus bij Alcemene verwekte Heracles, een Griekse held met verheven idealen, die na een leven vol moedige strijd in dienst van de mensheid de dood overwon en onder de goden werd opgenomen. Evenals van Heracles is van Jezus Christus alleen een mythologie te schrijven.

Van Jezus van Nazareth is in principe wel een biografie te schrijven. Hij is een historische figuur die niet alleen in de evangelies wordt beschreven, maar wiens bestaan in andere historische bronnen van zijn tijd wordt bevestigd. Om tot een wetenschappelijke biografie van Jezus van Nazareth te kunnen komen moet hij worden losgemaakt van de mythologische Christusfiguur waarachter hij schuilgaat. Eerst dan kan gericht onderzoek worden gedaan naar de herkomst van Jezus van Nazareth, naar de sociale en religieuze omgeving waarin hij is opgegroeid, en naar de invloeden die zijn persoonlijkheid hebben gevormd, terwijl dan ook in het relaas uit de evangelies over zijn openbaar leven verdichting en waarheid uiteengerafeld kunnen worden. Dit onderzoek zal niet voorbij mogen gaan aan de mythevorming rond zijn persoon; een cruciaal punt daarbij is of Jezus zelf de mythe van de Messias rond zijn persoon heeft gecreëerd dan wel dat deze eerst na zijn dood rond hem is geweven. Geheel los daarvan is een zinvol onderwerp van historische research: ontstaan en ontwikkeling van de Christusmythe en de veranderingen die de Christusfiguur in de loop der eeuwen heeft ondergaan; dat levert echter uiteraard geen biografie op.

Het zal de lezer wellicht verwonderen dat het hier aangegeven onderzoeksprogramma nu nog, na zovele eeuwen christendom, moet worden geformuleerd. De verklaring hiervoor is dat eeuwenlang niet de historische Jezus van Nazareth maar diens alter ego Jezus Christus in het brandpunt van de belangstelling heeft gestaan. Weliswaar is deze eenzijdige focus in de loop van de achttiende eeuw doorbroken, doch de Jezusfiguur is hoofdzakelijk een object van theologische beschouwing gebleven, en nog zelden een object geweest van gericht historisch onderzoek – in dit hoofdstuk zal blijken dat dit onderzoek nog maar pas op gang is gekomen.

Een hedendaagse schrijver over Jezus komt weldra tot de ontdekking dat de Jezusliteratuur zo omvangrijk is dat geen sterveling in staat is deze te overzien. Wanneer men op de computer van een wetenschappelijke bibliotheek of op internet het woord 'Jezus' invoert levert dat een bibliografie die alleen al de omvang heeft van een lijvig boekwerk. Niettemin zijn in de literatuur over Jezus door de eeuwen heen enkele markeringspunten aan te geven. Aan de hand daarvan kan duidelijk worden gemaakt waar de 'Jezuskunde' thans is aangeland.

HYBRIDE VAN EEN BIOGRAFIE EN EEN MYTHOLOGIE

Een eerste poging om tot een soort biografie van Jezus te komen is de evangeliënharmonisatie. Hierbij worden de vier evangelies tot één doorlopend verhaal teruggebracht – de methode wordt dan ook van oudsher *unum ex quattuor,* één uit vier, genoemd. Doublerende perikopen worden geëlimineerd en de schrijver kiest een chronologie voor het verhaal die hem logisch lijkt. De eerste evangeliënharmonisatie dateert van 170. Dit is de in het Syrisch geschreven *Diatessaron* van Tatianus, die de apostel der Syriërs wordt genoemd. Tatianus' geschrift zelf is niet bewaard gebleven, maar wel verscheidene bewerkingen ervan. De toonaangevende bewerking is de *Vita Christi* (Leven van Christus), die in opdracht van Victor van Capua in 548 is gemaakt. Daarin is behalve van het *Diatesseron* gebruikgemaakt van de uit 420 daterende Vulgata van Hiëronymus, die de standaardtekst van het Nieuwe Testament was geworden. De *Vita Christi* heeft de verbreiding van het evangelie zeer bevorderd. Na enkele eeuwen nijver kopiëren in abdijkapittels begon men de Latijnse tekst in volkstalen over te zetten. Een van de eerste is van de hand van een anonieme monnik die een evangeliënharmonisatie schreef in het Middelnederlands – welke op haar beurt de inspiratiebron is geweest voor de beroemde *Rijmbijbel* van Jacob van Maerlant. Kennelijk is het omwerken van de vier evangelies tot één verhaal voor deze en gene nog steeds een stimulerende biografische uitdaging. Een recente poging daartoe is het van 1980 daterende boekwerkje *Jezus, het verhaal van zijn leven*, geredigeerd door C. de Bruin.

De lezer zal begrijpen dat hoe stimulerend het ook mag zijn om uit de vier evangelies één verhaal te destilleren deze exercitie geen biografie, laat staan een wetenschappelijke biografie, oplevert. De historische Jezus van Nazareth blijft immers vastgeklonken aan de mythologische Jezus Christus. Het resultaat is een hybride van een biografie en een mythologie.

Een wat curieuze bijdrage aan de biografie van Jezus van Nazareth zijn de kinderevangelies, die in de vroege Middeleeuwen furore maakten. Het zal de lezer waarschijnlijk niet verwonderen dat in deze apocriefe evangelies aan Jezus al op jeugdige leeftijd wonderkracht wordt toegeschreven; zo verhaalt er een dat hij kleiduiven waarmee hij speelt tot leven brengt. Wat hem misschien wel zal verbazen, is de kwaadaardige manier waarop de jongeling soms met zijn bijzondere krachten omsprong. In een van de kinderevangelies wordt verteld hoe een leeftijdsgenoot onder de dorpelingen van Nazareth de jeugdige Jezus te na kwam en hoe de verbolgen aanstaande Messias zijn belager ter plekke letterlijk liet doodvallen!

Tot aan de achttiende eeuw blijft de Jezusliteratuur het karakter houden van een hybride van biografie en mythologie. Noch Rome noch de reformatoren lieten toe dat geleerden bijbelteksten op het procrustesbed legden van het rationele kritisch denken. De Poolse astronoom Nicolaus Copernicus (1473-1543) ondervond dit toen hij op grond van astronomische berekeningen tot de conclusie kwam dat niet de zon om de aarde, maar de aarde om de zon draait. Copernicus' censors zaten niet in Rome maar waren de hervormers Luther en Melanchthon. Zij achtten de astronomische bevindingen in strijd met het boek Jozua, waarin wordt verhaald hoe Jahwe de Israëlieten in hun strijd tegen de Amorieten te hulp kwam door op de bede van de veldheer Jozua de zon te laten stilstaan boven Gidon – waaruit werd geconcludeerd dat de zon draaide en de aarde stilstond. Pas tegen het eind van zijn leven liet Copernicus zich door vrienden overhalen zijn nieuwe inzicht in het zonnestelsel te publiceren. De voorzichtige uitgever van Copernicus' boek, *De revolutionibus orbium caelestium* (Over de wentelingen der hemellichamen), haalde uit vrees voor de reformatorische censuur de angel uit het boek door in het voorwoord wat de auteur als bewezen theorie beschouwde als een hypothese te presenteren. *De revolutionibus* vond niettemin zijn weg naar de geleerdenwereld van Europa.

Het boek trof een halve eeuw later in de natuur- en sterrenkundige Galileo Galilei (1564-1642) een warme pleitbezorger van Copernicus' 'hypothese'. Galilei legde zijn verdediging van het nieuwe inzicht in de loop der hemellichamen neer in zijn *Dialogo*, waarin hij met kracht van argumenten het heliocentrische stelsel van Copernicus verdedigde tegenover het traditionele geocentrische van Ptolemaeus. De Italiaanse geleerde stuitte op het rooms-katholieke leergezag, dat al evenzeer als de reformatorische leiders in het Copernicaanse stelsel een onduldbare tegenspraak onderkende met het boek Jozua en het daarom tot ketters verklaarde. Het Vaticaan haastte zich *De revolutionibus* alsnog op de index te plaatsen en riep de katholieke geleerde ter verantwoording. De Florentijnse levensgenieter was er niet de man naar zijn plezier in het leven te offeren op het altaar der wetenschap. Nadat hij enige tijd de gast was geweest van de inquisitie en flink onder druk was gezet, herriep hij zijn steun aan de theorie van zijn Poolse collega, dat de aarde om de zon draaide in plaats van andersom – zij het dat hij in de beslotenheid van zijn studeerkamer tegenover geleerde bezoekers uit Europa volhield: 'Eppur si muove', en toch beweegt zij (de aarde).[1]

Het zal de lezer duidelijk zijn dat in het oppressieve klimaat

Afb. 15.
Galileo Galilei.

van de zestiende eeuw, waarin zowel het katholieke als het reformatorische leergezag in staat was wetenschappers ervan te weerhouden hun nuchtere bevindingen te openbaren omdat ze met een onnozele bijbeltekst in strijd waren, er al helemaal geen ruimte was voor kritisch onderzoek naar de historiciteit van Jezus van Nazareth. Om deze ban te doorbreken was een Verlichting nodig.

HET BEGIN VAN HET KRITISCH BIJBELONDERZOEK

De Verlichting die een doorbraak zou brengen in de beoordeling van de bijbel als historische bron heeft in de zeventiende eeuw een wegbereider gekend in Spinoza. Baruch de Spinoza (1632-1677) kwam uit een Portugees-joodse familie die zich had gevestigd in Amsterdam, waar de jonge Spinoza een traditionele talmoedische tora-opleiding had gevolgd. Het was niet het evangelie, maar de Hebreeuwse bijbel die hij aan kritisch onderzoek onderwierp. Over bijbelse beweringen als de stilstaande zon boven Gidon schreef Spinoza: 'Als wij in de bijbel iets vinden wat in strijd is met de natuurwetten dan moeten we dit kunnen weerleggen met dezelfde vrijmoedigheid waarmee we de koran weerleggen.' Dit was vloeken in de kerk, maar ook vloeken in de synagoge. Spinoza werd door de Amsterdamse joodse gemeente uitgestoten en in de ban gedaan. Bedreigd door zijn geloofsgenoten zocht hij een goed heenkomen in Rijnsburg, waar hij met het slijpen van lenzen in zijn onderhoud voorzag. In Spinoza's beroemde werk *Tractatus theologico-politicus*, dat de moderne bijbelkritiek inluidde, raadt de auteur de gelovige aan de bijbel zelf uit te leggen, maar bindt hem daarbij op het hart de redelijke natuur te volgen. Tijdgenoten noemden de libertijnse jood de 'eerste systematische atheïst'. De gereformeerde synode van Holland kenschetste in 1670 de *Tractatus* als een werk 'zo vuil en godslasterlijk als de wereld ooit heeft aanschouwd' en vier jaar later werd het boek door de Staten van Holland verboden. Het is duidelijk dat nog een hele weg was te gaan alvorens het bijbelonderzoek zich zou kunnen bevrijden van de kluisters waarin kerkelijk en wereldlijk gezag het gevangen hield.

De Verlichting maakte de rede in plaats van het geloof tot toetssteen van wat waarheid en werkelijkheid is.[2] De beroemde *Encyclopédie ou Dictionnaire raisonné des sciences, des arts et des métiers*, die tussen 1751 en 1772 in 17 delen het licht zag, voerde als slogan dat voor de filosoof de rede moest zijn wat voor de (goed)gelovige christen de genade is. De beroemde Franse encyclopedisten, onder wie Diderot, Voltaire, Montesquieu en Rousseau, vormen een eregalerij van geleerden die openlijk het traditionele theïsme afzwoeren. Zij waren geen uitgesproken atheïsten, doch deïsten. Ze drongen God terug naar de rol van de Onbewogen Beweger, die wellicht de wat wij tegenwoordig noemen big bang in gang heeft gezet, die evenwel het heelal dat daarmee was geschapen meteen had moeten overlaten aan de natuurwetten die met dat heelal waren ontstaan. Deze God werden wonderkrachten als de bijbel hem toekent onthouden. Want, zo had Leibniz het geformuleerd: God is evenzeer als de mens onderworpen aan de wetten der logica. Omdat de logica zoiets irrationeels als het bestaan van een godmens uitsloot, hadden de encyclopedisten geen interesse in een Jezus Christus, en evenmin in een Jezus van Nazareth die daarachter schuilging.

De Franse Verlichting legde in het algemeen weinig belangstelling aan de dag voor de geschiedenis van de mensheid. Haar vizier was gericht op de toekomst, niet op het verleden. Passie voor de historie zou eerst opbloeien in de tijd van de Romantiek, wanneer het centrum der geleerdenwereld verschuift van Frankrijk naar Duitsland waar Leopold Ranke (1795-1886) later de grondslag zou leggen voor de geschiedenis als wetenschap. Geleidelijk maakte de gangbare opvatting dat het de taak der geschiedenis is om morele oordelen te vellen, plaats voor de overtuiging dat het haar taak is kennis over het verleden te vergaren om deszelfs wille.[3] Dit schiep een klimaat waarin het, ook weer geleidelijk, mogelijk werd de historische waarde van de evangelies kritisch te toetsen.

REIMARUS – STRAUSS – RENAN

Een Duitse verlichtingsfilosoof, Gotthold Ephraim Lessing (1729-1781), opende de aanval op het aloude geloof in de verrijzenis van Jezus van Nazareth, en daarmee op de Christusfiguur. Hij deed dat in een geschrift met de onschuldig klinkende titel *Wolfenbütteler Fragmente*, bestaande uit een zevental verhandelingen die Lessing in de periode tussen 1774 en 1778 publiceerde. De *Fragmente*, waarvan Lessing bij de publicatie niet de auteur onthulde, waren geschreven door een tien jaar eerder gestorven leraar klassieken in Hamburg, Hermann Samuel Reimarus. Reimarus had ze zelf niet durven publiceren. Zijn schriftelijke nalatenschap was na zijn dood bij toeval in handen van Lessing geraakt, toen deze bibliothecaris was in het nabij Hamburg gelegen stadje Wolfenbüttel. De zevende verhandeling, 'Von dem Zwecke Jesu und seiner Jünger', bevatte zulk brisant materiaal dat het Reimarus, had hij haar bij zijn leven gepubliceerd, zeker zijn leraarsbaan, zo niet zijn vrijheid, had gekost. Reimarus ontkende niet alleen de goddelijkheid van Jezus, hij ontmaskerde ook nog de apostelen als bedriegers.

Jezus van Nazareth was inderdaad een joodse Messias geweest, zo betoogde Reimarus, maar een Messias met politieke, zij het ook nobele, bedoelingen. De Nazarener wilde zijn volk bevrijden van het Romeinse juk om daarna in Israël een koninkrijk Gods te vestigen waarin ware liefde voor Jahwe en naastenliefde zouden heersen. Voor zichzelf had hij in dit Israëlische rijk naar het hem inspirerende voorbeeld van koning David de post gereserveerd van Messias ben David. Jezus was, nog steeds volgens Reimarus, een zeloot die met zijn gloedvolle toespraken in zijn directe omgeving een flinke aanhang had gewonnen, waarvan de apostelen de kern vormden. De gemankeerde Messias ging roemloos ten onder toen het sanhedrin en de Romeinse prefect hem in de kraag grepen. Aan het kruis hangend was de tragische held zich van zijn debacle bewust geworden. Dit bewustzijn gaf hem de smartelijke woorden in de mond: 'Mijn God, mijn God! Waarom hebt gij mij verlaten?' Reimarus lanceerde de stelling dat de discipelen niet hadden kunnen accepteren dat hun held zo jammerlijk had gefaald. Zij verdonkeremaanden zijn lijk en beweerden dat Jezus was verrezen.

Reimarus' analyse was al met al wat simpel, maar zijn postume geschrift heeft de toen nog heersende overtuiging dat het allemaal echt gebeurd was wat er in de evangelies stond, danig aan het wankelen gebracht. Hij heeft daarmee brandstof aangedragen voor het Jezusdebat in de volgende eeuwen. De twee vragen die Reimarus in het debat heeft ingebracht zijn: geloofde Jezus van Nazareth zelf dat hij de Messias was? en: heeft hij bij zijn leven de Christusfiguur geschapen of is deze een creatie van zijn volgelingen? Het is ongetwijfeld de verdienste van de voormalige leraar klassieken dat hij de zoektocht heeft ingeluid naar de historische Jezus, waarvoor de Romantiek de geesten rijp zou maken. De oogst bleef lange tijd mager; de geschiedenis was nog op zoek naar een wetenschappelijke discipline, en omdat het ontbrak aan historisch onderzoek bleef men aangewezen op de evangelies als historische bron.

In 1835 verscheen een boek dat evenals de *Wolfenbütteler Fragmente* van een halve eeuw eerder als een steen in een vijver de gemoederen in beweging bracht. Het was het boek *Das Leben Jesu, kritisch bearbeitet* van de Duitse theoloog David Strauss (1808-1874). Had Reimarus het evangelie nog gelezen als een historische bron, zij het dat feiten daarin waren verdraaid,

Strauss' stelling was dat de evangelies als historische bron volkomen falen. De evangelies zijn geen geschiedschrijving, maar vormen de neerslag van de religieuze verbeelding van eenvoudige joden uit de eerste eeuw, die hun messiaanse verwachting hadden geprojecteerd op een rabbi uit Nazareth. Strauss achtte een zoektocht naar de historische Jezus een zinloze onderneming. De rationalisten hadden zijns inziens goed gezien dat in de evangelies geen bovennatuurlijke waarheden te vinden zijn, hij voegde eraan toe dat er ook geen historische werkelijkheid in te vinden is. *Das Leben Jesu, kritisch bearbeitet* wekte in theologische kringen als gezegd veel beroering. De auteur ervan kostte het in 1839 zijn benoeming tot hoogleraar in Zürich.

Een generatie na Strauss' boek pakte de Franse auteur Ernest Renan (1832-1892) de draad op die Strauss had achtergelaten, die van de onhistorische Jezus. Renan was opgeleid voor katholiek priester, maar na een diepe geloofscrisis ruilde hij de theologie in voor de filosofie en het habijt voor de mantel der letteren. In zijn boek *La vie de Jésus* van 1863 deed hij een poging om de door de evangelies overgeleverde Jezusfiguur met eigen verbeeldingskracht in te vullen. Het resultaat is een roman waarin Jezus van Nazareth wordt verbeeld als een prettig gestoorde, dweepzieke idealist die uiteindelijk als een anarchistische revolutionair ten onder gaat. Renans boek, dat talrijke drukken beleefde en in verscheidene talen is vertaald, luidde in de moderne Jezusliteratuur een nieuw genre in, dat van de roman.

De boeken van Strauss en Renan vonden weliswaar een ruime verspreiding, maar zij beroerden nauwelijks de gesloten wereld van de gelovige christenheid; dat deed evenmin de stroom van profane Jezusliteratuur die ze op gang brachten. Toen de kerk eenmaal de schok van de Verlichting had verwerkt, wierp zij een dam op tegen profanatie van de evangelies en van de Jezusfiguur, die tot diep in de twintigste eeuw heeft standgehouden. Het rooms-katholieke leergezag wapende zich tegen de aanval op de ahistoriciteit van de kerkelijke leer over Jezus Christus door de heilsboodschap los te maken van de profane geschiedenis. Het dogmatische antwoord dat Rome gaf op de ahistoriciteit van de evangelies, luidde dat heilsfeiten historisch niet te verifiëren zijn. Omdat ze het resultaat zijn van het ingrijpen van God liggen zij niet in de sfeer van het wetenschappelijk kennen, doch in die van het nederig geloven. Dit exclusivisme van Rome – dat stilzwijgend gevolgd werd door de protestants-christelijke kerken – hield de katholieke en protestantse theologenwereld verre van het profane debat over de historische Jezus. Dat betekent allerminst dat niet ook uit deze wereld der ahistorische orthodoxie in de negentiende en twintigste eeuw een overstelpende stroom van Jezusliteratuur bleef uitgaan – in de negentiende eeuw zagen niet minder dan zestigduizend boeken over Jezus het licht. Voorzover deze de trekken hadden van een biografie van Jezus, bleven zij gevangen in de traditionele hybride van biografie en mythologie.

ALBERT SCHWEITZER

In het begin van de twintigste eeuw trad uit protestants-christelijke kring een fenomeen naar voren dat een nieuw ijkpunt werd in het Jezusdebat. Dit was de theoloog – en ook musicoloog en begaafd organist – Albert Schweitzer (1875-1965). Schweitzer, een oom van Jean-Paul Sartre, publiceerde als privaatdocent voor het Nieuwe Testament te Straatsburg in 1906 een boek dat onder de titel *Geschichte der Leben-Jesu-Forschung*, waaronder het in 1913 werd heruitgegeven, wereldwijd faam heeft gekregen. In zijn boek zette Schweitzer eerst de Jezusliteratuur vanaf Reimarus op een rijtje. Hij stelde vast dat in de loop van de negentiende eeuw Jezus in de profane literatuur is ontdaan van dogmatische aangroeisels, zoals de twee-naturentheorie en de goddelijke drie-eenheid, maar constateerde dat schrijvers op zoek naar de historische Jezus allen een eigen Jezus hebben gecreëerd, waardoor het beeld van de man uit de evangelies volkomen diffuus was geworden. De een had in Jezus de kapitalist ontdekt, de ander de communist, sommigen beschouwden hem als conservatief, anderen als progressief; hij was getekend als een moralistische dweper, als een revolutionair, zelfs als een avonturier. Albert Schweitzer achtte al deze pogingen om Jezus te actualiseren zinloos.

Na de resultaten van anderhalve eeuw Jezusonderzoek op een rijtje te hebben gezet geeft Schweitzer in het tweede deel van zijn boek zijn eigen schokkende beeld van de historische Jezus. De diagnose van de theoloog luidt dat Jezus een eschatologische apocalypticus is geweest: eschatologisch, dat wil zeggen dat hij ervan overtuigd was dat het einde der tijden nabij was, een apocalypticus, want dat einde, dat het koninkrijk Gods zou brengen, zou worden ingeluid met grote catastrofes, zoals in de 'Apocalyps' van Johannes is voorspeld. De aankondiging van het einde der tijden en van de catastrofes waarmee dat gepaard zou gaan, stempelde Jezus van Nazareth volgens Schweitzer tot een traditionele onheilsprofeet, zoals Jeremia en Elia waren geweest. In zijn overtuiging dat het koninkrijk Gods nabij was, verkondigde de rabbi een voor zijn tijd uiterst radicale ethiek – indien uw rechteroog u tot zonde dreigt te brengen, ruk het uit, als uw rechterhand u ergert, kap hem af! Deze ethiek was zo radicaal, zegt Schweitzer, omdat deze was bedoeld als een 'interimethiek', in afwachting van het nakende einde.

Jezus van Nazareth zag evenwel dat het einde der tijden dat hij verkondigde almaar niet aanbrak. Daarom heeft de rabbi, die thans bij Schweitzer iets psychopathisch krijgt, de rol van de Messias op zich genomen, in de hoop dat hij door het offer van zijn leven het einde der tijden kon forceren. Op dat punt aangeland keert Schweitzer terug bij Reimarus. Evenals Reimarus had beweerd meende ook Schweitzer dat Jezus aan het kruis ontdekte dat hij jammerlijk gefaald had; ook hij interpreteert de woorden 'Mijn God, mijn God! Waarom hebt gij mij verlaten?' als de tragische bewustwording daarvan. Het grote verschil tussen beiden is dat waar Reimarus een revolutionaire Messias zijn falen deed inzien, dat bij Schweitzer een geëxalteerde eschatoloog was.

Schweitzer concludeert dat de apocalyptische profeet Jezus voor ons onbegrijpelijk is en zal blijven. We moeten deze raadselachtige figuur laten aan zijn tijd. In een fraaie, beroemd geworden, zin formuleert Schweitzer het aldus: 'Aber er (Jezus) blieb nicht stehen, sondern ging an unserem Zeit vorbei und kehrte in die Seinige zurück' (Maar Jezus bleef niet staan, doch ging aan onze tijd voorbij en keerde in de zijne terug). Wat van hem is overgebleven, zijn wat Schweitzer noemt 'de effecten van Jezus'. Dit is in de eerste plaats voor de godsgelovige diens onvoorwaardelijke overgave aan de Schepper, in de tweede plaats voor eenieder zijn ethiek – zoals die met name is terug te vinden in de bergrede. De gemankeerde Messias moge deze als een interimethiek hebben bedoeld, in feite is zij het belangrijkste 'effect' dat Jezus voor het aardse leven heeft nagelaten.

Albert Schweitzer bepleitte het koninkrijk Gods dat de profeet Jezus van Nazareth had aangekondigd te aanvaarden als een metaforische oproep tot innerlijke vernieuwing. De Duitse theoloog droeg daarmee bij aan de gelukzalige illusie van de belle époque van zowel gelovigen als niet-gelovigen dat, nu de hele wereld dankzij het westers imperialisme werd beheerst door de christelijke cultuur, een betere wereld tot stand kon worden gebracht. Deze verwachting werd in 1914 met het uitbreken van de Eerste Wereldoorlog de bodem ingeslagen. De moord in Serajewo betekende het begin van wat de Engelse historicus Eric Hobsbawm heeft gekenschetst als 'de korte twintigste eeuw', die vijfenzeventig jaar later eindigde met de val van de Berlijnse muur. In deze *age of extremes*, zoals Hobsbawm de twintigste eeuw ook noemt, was de holocaust een dieptepunt in de geschiedenis der mensheid, dat geen mens in het land van *Dichter und Denker* van Schweitzer in dat blijmoedige eerste decennium na de eeuwwende had kunnen bedenken. De verbitterden zagen het als een teken dat God, zoals Nietzsche al had verkondigd, nu definitief dood was; de hoopvollen zochten een vlucht uit de gebroken droom van een koninkrijk Gods op aarde naar het aloude koninkrijk Gods in het hiernamaals.

Albert Schweitzer was intussen onze tijd voorbijgegaan. Omdat hij een daadwerkelijke bijdrage wilde leveren aan de vestiging van het koninkrijk op aarde was hij zijn leven gaan wijden aan het verlichten van het lijden van 'verre naasten'. Na een medische studie was Schweitzer als zendeling-arts naar Afrika getrokken en had in Lambaréné (in het huidige Gabon) een leprozenziekenhuis gesticht, waarvan hij de leiding op zich had genomen. Anders dan Jezus keerde Albert Schweitzer terug in onze tijd. Na de Tweede Wereldoorlog vestigde hij zich weer in Europa, waar 'de man van Lambaréné' verscheidene onderscheidingen ten deel vielen, waaronder in 1952 de Nobelprijs voor de vrede. In 1951 publiceerde Schweitzer de zesde druk van zijn boek *Leben-Jesu-Forschung* en vestigde daarmee de aandacht van een nieuwe generatie theologen op zich. In een lange voorrede bij de heruitgave van zijn boek keek Schweitzer terug op de Jezusliteratuur van de afgelopen halve eeuw. Hij constateerde dat deze geen nieuwe gezichtspunten had opgeleverd, doch de chaos alleen maar had vergroot. Hij verklaarde geen aanleiding te zien tot herziening van de tekst van zijn boek.

BULTMANN

Albert Schweitzer had talloze bewonderaars, maar de wat eigenzinnige theoloog heeft geen school nagelaten. Intussen was, wederom uit protestants-christelijke kring, een theoloog opgestaan die wel school heeft gemaakt en die niet meer uit het Jezusdebat weg te denken is. Dit is de Duitser Rudolf Bultmann (1884-1976), jarenlang hoogleraar exegese van het Nieuwe Testament aan de universiteit van Marburg. Bultmann heeft zijn baanbrekende visie op de figuur van Jezus gelanceerd in een voordracht, 'Neues Testament und Mythologie', die hij midden in de oorlog op 21 april 1941 op een theologische conferentie in Frankfurt heeft gehouden. Evenals Schweitzer haakte ook Bultmann aan bij een van de punten van Reimarus, namelijk diens bewering dat de Christusfiguur uit de evangelies het product was van de vroege christengemeenschap. Bultmann bracht ook de oude stelling van Strauss weer tot leven dat de evangelies onhistorisch zijn. Hij zag het aldus: de vroege christengemeente leefde in een tijd waarin joodse, Griekse en heidense tradities gewoon waren zich het godswezen in mythologische beelden voor te stellen. Ditzelfde hebben de vroege christenen met de Christusfiguur gedaan, en dat is terug te vinden in de evangelies. Een sleutelwoord in de theorie van Bultmann is 'ontmythologisering'. Een preëxistente Zoon Gods, die via een maagdelijke geboorte als de Gezalfde op de aarde is neergedaald om de wereld uit de zonde te verlossen, die aan het einde der tijden zal zetelen op de wolken om het laatste oordeel uit te spreken over alle levenden en gestorvenen; de indeling van de wereld in hemel, aarde en hel, bevolkt door engelen en duivels; de apocalyptische aankondiging van het einde der tijden en van de vestiging van het koninkrijk Gods – het zijn allemaal mythologische voorstellingen uit de tijd van hun ontstaan, die niets uitstaande hebben met de werkelijke wereld, welke onderworpen is aan de wetten van oorzaak en gevolg. Wat slechts overblijft is het historische feit van de kruisdood van Jezus van Nazareth.

Klinkt dit allemaal helder en duidelijk, daarna neemt de theoloog een draai waardoor hij voor een agnosticus niet meer te volgen is. Je moet, zegt Bultmann, door middel van exegese de diepere betekenis van de mythologieën zien te ontdekken. Dat is wat Bultmann met 'ontmythologisering' bedoelt – waarvan hij zelf niet ten onrechte zegt dat het een 'onbevredigend woord' is. Evenals Schweitzer noemt Bultmann Jezus een eschatoloog. Hij verkondigde evenwel niet het einde der tijden, maar was, en is nog steeds, het einde der tijden. Jezus Christus is het Woord Gods, dat hij met twee hoofdletters schrijft. Om het Woord te verstaan moet je de normale wetten van oorzaak en gevolg opzijzetten. Een ander sleutelwoord bij Bultmann is het Griekse woord *kerygma*, verkondiging. Jezus Christus is kerygma. Dit moet je niet proberen te begrijpen maar existentieel beleven, en daardoor geloven. Voor een niet-gelovige zoals gezegd allemaal nogal ondoorgrondelijk. Het klinkt alsof het Vaticaan spreekt wanneer Bultmann ten slotte de heilsboodschap buiten de wetten der geschiedenis plaatst en verkondigt dat geloven gehoorzamen is – aan wat is niet helemaal duidelijk, waarschijnlijk bedoelt hij zoiets als een innerlijke stem.

Omdat Bultmann, de grondlegger der *Formgeschichte*, het niet ging om de geschiedenis van Jezus, maar om de ontwikkeling van Christus als kerygma, was hij niet geïnteresseerd in de historische Jezus. Doordat zijn volgelingen de geschiedenis van de kerygma gingen onderzoeken aan de hand van historische feiten over Jezus in het evangelie heeft Bultmanns ontmythologiseringstheorie niettemin een geweldige stoot gegeven aan het onderzoek naar de historische Jezus, zowel in protestantschristelijke als in katholieke kring – waarbij bultmannianen en antibultmannianen over elkaar buitelen.

Sedert de jaren zestig van de vorige eeuw is een stroom van 'biografische' lectuur en literatuur over Jezus van Nazareth op gang gekomen. Het is tegelijk een periode die gekenmerkt wordt door toenemende ontkerstening. Dit lijkt in tegenstelling met elkaar, maar is dat niet. Schrijvers die hun geloof, soms na innerlijke strijd, vaarwel hebben gezegd willen dat graag in geschrifte motiveren, maar evenzeer willen hun collega's die binnen hun kerk zijn gebleven daar getuigenis van afleggen. De meesten van hen zijn theologen; auteurs uit andere disciplines, van wie men evenzeer zou verwachten dat zij willen getuigen van hun geloof of ongeloof, historici, psychologen, natuurkundigen, antropologen, zijn (nog) verre in de minderheid. Overheersen in de Jezusliteratuur dus de theologen, het merendeel van hen is dominee of priester dan wel ex-dominee of ex-priester (en een enkele ex-non zoals de productieve schrijfster Karen Armstrong). Het theologische discours wordt met name gaande gehouden door het debat tussen deze twee kampen, dat van praktiserende geestelijken en dat van hen die de toga aan de wilgen hebben gehangen.

Er is nog een derde bron waaruit een rijke stroom van Jezusliteratuur en, vooral, -lectuur stroomt. Dit is die van de esoterie. Dit is de geheime kennis van 'ingewijden' die menen de voor anderen ontoegankelijke geheimen over het goddelijke te hebben doorgrond. De esoterische Jezuskunde heeft een flinke impuls gekregen door archeologische vondsten in 1945 en 1947 in Egypte respectievelijk Israël, waarvan de inhoud thans grotendeels voor de geïnteresseerde leek toegankelijk is geworden – zij zal in het volgende hoofdstuk worden besproken. In de bibliotheken die door deze opgravingen aan het licht zijn gebracht, is veel gnostisch materiaal gevonden, en in hoofdstuk II is al aangestipt dat esoterie en gnostiek in het verlengde van elkaar liggen.[4]

BULTMANNIANEN EN ANTIBULTMANNIANEN

Staan we een moment stil bij enkele biografische studies van Jezus van Nazareth die de recente Jezusliteratuur heeft opgeleverd. Een gezaghebbend werk, al uit het begin van de jaren vijftig, is *Jezus van Nazareth* van de bultmanniaan G. Bornkamm.

Zelf zegt de auteur in zijn boek: 'Niemand is meer in staat een biografie van Jezus te geven.' Hij acht desalniettemin een wetenschappelijke, objectieve beschrijving van Jezus' geschiedenis en diens werk gewenst. Met kritische blik volgt Bornkamm de evangelies en andere vroegchristelijke bronnen. De waarschuwing van Bultmann voor mythologische verdichtsels in acht nemend, tracht Bornkamm een zorgvuldig portret van Jezus van Nazareth te tekenen. De christelijke auteur wil echter geen afstand doen van de christologie waarin de historische Jezus is verpakt – zo neemt hij, anders dan Bultmann, de getuigenis van de apostelen van hun ontmoeting met de uit de dood opgestane Jezus als ware getuigenis. Al met al raakt hiermee ook Bornkamm weer verstrikt in de traditionele hybride van een biografie van Jezus van Nazareth en een mythologie van Jezus Christus.

Overtuigender is een recente poging uit de school van Bultmann *Jezus, der Glaube, die Fakte* uit 2002 van Carsten Peter Thiede. De titel geeft al aan hoe de auteur – nu eens geen theoloog, maar een historicus – de valkuil van de hybride tracht te ontlopen. Thiede, die zegt dat zijn boek geen biografie wil zijn, probeert met zijn grondige kennis van de vroegchristelijke geschiedenis de historische Jezus van Nazareth gescheiden te houden van de mythologische Jezus Christus. De gelovige geleerde wil echter evenmin als Bornkamm de Christusfiguur prijsgeven. Op scherpzinnige wijze probeert hij Christus, zelfs diens wonderen, historisch te 'bewijzen'. Weet Thiede de hybride te vermijden, hij valt in een andere valkuil, die van de man die te veel bewijst en daardoor niets bewijst.

Beide schrijvers hebben hoe dan ook met het weinige betrouwbare historisch materiaal dat de evangelies bieden gepoogd een biografische schets van Jezus van Nazareth te geven. Hun landgenoot Rudolf Augstein volgt in zijn uit 1972 daterende *Jesus Menschensohn* een andere weg. Augsteins boek is één voortdurende polemiek. De schrijver polemiseert met de evangelisten, met theologische exegeten, met historische exegeten en bovenal met Bultmann, daarbij overigens een overweldigende kennis van de relevante literatuur tentoonspreidend. Doordat de auteur vrijwel alles wat de bronnen opleveren doodpolemiseert, blijft de lezer aan het eind van zijn boek achter met het absolute minimum van een biografie: Jezus is geboren, heeft geleefd en is gestorven.

In ons land wordt het Jezusdebat aangevoerd door de protestantse theoloog H.M. Kuitert en de katholieke theoloog E. Schillebeeckx. De productieve Kuitert is een kritische navolger van Bultmann, die, zoals hij in een van zijn boeken zegt, 'het verlossende woord' heeft gesproken. Kuitert meent dat de mythologisering in de evangelies waar Bultmann op wijst evenzeer het Oude Testament kenmerkt. Zowel het ene als het andere presenteert zich als een narratieve eenheid, maar in beide gevallen moet men bedacht zijn op de religieuze mythe. Daarom dient het Oude Testament evenzeer te worden 'ontmythologiseerd' als het Nieuwe Testament. Bij zijn ontmythologisering verwijdert dominee Kuitert zich in werken die hij na zijn pensionering als hoogleraar aan de Vrije Universiteit van Amsterdam gepubliceerd heeft zo ver van het traditionele Christusbeeld in de kerk waartoe hij behoort dat het lijkt alsof hij tegelijk met zijn theologische ambt ook zijn kerk heeft vaarwel gezegd. In zijn boek *Jezus, nalatenschap van het christendom* zegt Kuitert het niet langer als zijn taak te zien het christendom te verkondigen, doch slechts om het uit te leggen. In zijn geschriften staat onvermijdelijk de figuur van Jezus en daarmee de vraag naar diens historiciteit centraal. Kuitert stelt de jood die Jezus van Nazareth was en tot het eind is gebleven, voorop en beklemtoont dat Jezus geenszins de 'eerste christen' is geweest. Wanneer de historicus naar de historische Jezus op zoek gaat, zal hij die dan ook niet in de christelijke, maar in de joodse traditie moeten zoeken. Kuitert geeft daarmee een veelbelovend onderzoeksterrein aan voor een wetenschappelijke biografie van Jezus van Nazareth. Zelf wil hij zich (nog?) niet wagen aan deze onderneming, zegt Kuitert, omdat hij geen historicus is.

Schillebeeckx heeft getuige de titel van zijn bekende boek *Jezus, het verhaal van een levende* kennelijk wel zoiets als een biografie van Jezus willen schrijven. Ook voor hem zijn, zoals voor alle schrijvers die zich in de historiciteit van Jezus van Nazareth verdiepen, de evangelies vrijwel de enige bron; daarin probeert hij de historische Jezus op het spoor te komen. De lakmoesproef die hij bij zijn onderzoek hanteert is de vraag die hij voortdurend stelt: 'Jezus-echt?' Ondanks deze kritische toets biedt Schillebeeckx ten opzichte van de traditionele rooms-katholieke visie op de Jezusfiguur nauwelijks nieuwe gezichtspunten. Ook hij is aangeraakt door Bultmann, maar de katholieke theoloog, die zich ondanks zijn pensionering niet aan het katholiek leergezag wil onttrekken, is gedwongen uiterst voorzichtig om te gaan met de bultmanniaanse theorieën, die allerminst de instemming van het Vaticaan hebben. Zijn hele boek is daardoor één geleerd wikken en wegen, en daardoor geen gemakkelijke kost. Angstvallig vermijdt Schillebeeckx buiten de traditionele katholieke christologie van de twee-naturenleer, de Drie-eenheid, de Verrijzenis en de eucharistie te treden. Liever dan bij het netelige schemergebied van mythe en werkelijkheid zoekt Schillebeeckx zijn toevlucht bij Bultmanns kerygma, Jezus Christus als verkondiging van het Woord Gods. *Jezus, het verhaal van een levende* staat al met al mijlenver af van een biografie, laat staan een wetenschappelijke biografie. Het boek is in feite een apologie van de traditionele katholieke leer in een modern jasje.

Een op dit moment toonaangevende 'biografie' van Jezus van Nazareth is ten slotte het boek *Jezus* van de Amerikaanse auteur A.N. Wilson, dat in de Nederlandse vertaling de titel *Jezus, een biografie* heeft meegekregen. De schrijver laat in zijn voorwoord doorschemeren dat het boek een afrekening is met zijn theologiestudie, toen hij gedwongen werd te geloven wat hij niet (meer) geloven kon. Hij presenteert zich als een ongelovige Tomas die zegt geneigd te zijn bij elk woord uit het evangelie 'misschien' te plaatsen. Ondanks deze gezonde scepsis geeft Wilson, eenmaal aan het schrijven, zich al te gemakkelijk over aan vergaande speculaties. Interpretatie van de evangelieteksten brengt onvermijdelijk de noodzaak mee om te speculeren over de betekenis ervan – ik heb dat evenzeer gedaan in de hoofdstukken van dit boek die gewijd zijn aan de evangelieteksten. Wilson laat zich evenwel hier en daar verleiden tot speculaties die loutere fantasie nabijkomen. Zo knoopt hij aan twee vage niet te identificeren personages in het lijdensverhaal een kleine thriller vast.[5] Een andere keer laat hij zich zo meeslepen door zijn enthousiasme dat hij de lezer wil doen geloven dat van de olijfbomen die heden nog in de golf van Gethsemane te vinden zijn er enkele nog getuige zijn geweest van het drama dat zich daar bijna twee millennia geleden heeft afgespeeld!

Hoewel Wilson er niet voor terugschrikt om aan de hand van weinig gegevens het verloop der gebeurtenissen te reconstrueren, heeft zijn boek veeleer het karakter van een bundel essays over aspecten van de Jezusfiguur uit de evangelies dan dat van een biografie waarin de psychologische ontwikkeling van de hoofdpersoon in het verloop van zijn leven wordt beschreven en verklaard. Eerder heb ik gesignaleerd dat auteurs, wanneer ze tegelijk de historische Jezus van Nazareth en de mythologische figuur Jezus Christus trachten te beschrijven, verstrikt raken in een hybride van biografie en mythologie. *Jezus, een biografie* toont het andere probleem aan waarmee elke wetenschappelijke biografie van Jezus van Nazareth worstelt: het gebrek aan objectieve, te verifiëren feiten.

EEN BIOGRAFIE VAN JEZUS VAN NAZARETH?

Het eerste hoofdstuk van dit boek leverde de minimale grondstructuur op van een biografie, te weten: Jezus van Nazareth is geboren, heeft geleefd en is gestorven. In daaropvolgende hoofdstukken heb ik deze grondstructuur proberen op te vullen met gegevens over zijn levensloop, over de historische context waarin hij heeft geleefd en gepreekt, met impressies van zijn persoon, en met woorden die hij heeft gesproken. Daarbij is gebleken dat onze kennis over Jezus van Nazareth een grote leemte laat zien over de eerste drieëndertig levensjaren, waarvan uiterst weinig te reconstrueren is, en deze beslaan, volgens de gehanteerde berekening, meer dan 90 procent van zijn leven. Over wat we weten van die resterende 10 procent stuiten we voorts voortdurend op onzekerheid of de gebeurtenissen die worden verhaald mythe of werkelijkheid zijn, of de woorden die de evangelisten van hem hebben opgetekend letterlijk of metaforisch zijn bedoeld en in hoeverre in de midrasjverhalen die zij vertellen beelden en woorden uit het Oude Testament de plaats innemen van wat zij in de evangelies over Jezus' lijden verhalen. De onontkoombare conclusie is dat over Jezus van Nazareth geen wetenschappelijke biografie te schrijven is: wetenschappelijk, dat wil zeggen gebaseerd op objectieve verifieerbare gegevens; een biografie, dat wil zeggen een op deze gegevens gebaseerde levensbeschrijving die de ontwikkeling van de persoonlijkheid laat zien en aldus verklaart hoe en waarom de gekruisigde is geworden die hij werd. Het is een ontmoedigende conclusie, doch behoeft niet het laatste woord te zijn.

Van geen enkele historische figuur is een totaal objectieve biografie te schrijven. Elke biograaf ervaart bij het schrijven van het levensverhaal van zijn held of heldin dat hij bij bepaalde levensfasen – vooral vaak de jeugdjaren – stuit op een tekort aan gegevens, of zelfs op het geheel ontbreken daarvan. Omdat een levensverhaal geen leemten duldt, zal hij deze met eigen verbeeldingskracht trachten in te vullen. Hij zal daarbij gebruikmaken van de weinige gegevens die hij in handen heeft, hij zal door middel van introspectie zich inleven in het verloop van zijn eigen leven gedurende die leemten en hij zal gelijkenissen zoeken met de wel bekende levensloop van vergelijkbare historische figuren. Deze methode vermindert de objectiviteit van de biografie en doet de subjectiviteit ervan toenemen. Wordt het beroep op het inlevingsvermogen van de auteur erg groot dan verandert de aard van de biografie. Dan treedt in de plaats van de wetenschappelijke biografie een ander genre, dat van de *vie romancée*.

De vie romancée is een biografisch genre waarin de schrijver zich volledig verplaatst in de gedachtewereld en het gevoelsleven van zijn object; hij vertelt diens levensverhaal van binnenuit. Het is nog steeds een biografie, gebaseerd op zoveel mogelijk objectieve gegevens die de schrijver ter beschikking heeft. De vie romancée dient te worden onderscheiden van de historische roman. In de historische roman zijn de hoofdpersonen – zoals Anna Karenina bij Tolstoj, Don Quichotte bij Cervantes, Sinuhe de Egyptenaar bij Waltari – fictionele producten van de schrijver, geplaatst in een historisch kader. Beide genres hebben gemeen dat ze behalve historisch literair van aard zijn. Hun kwaliteit wordt dan ook bepaald door het literaire genie van de schrijver.

Afb. 16. *The Life of Brian*, een hilarische 'vie romancée' van Jezus van Nazareth.

De vie romancée als biografisch genre werd in 1921 ingeluid met *Eminent Victorians* van het briljante lid van de Bloomsbury-groep Lytton Strachey. Het werd in het interbellum een geliefd genre, met auteurs als Ludwig (*Goethe*), Stefan Zweig (*Josef Fouché*), André Maurois (*La vie de Disraëli*).

De gerenommeerde historicus Johan Huizinga was geen bewonderaar van dit literair-historische genre; hij noemde de vie romancée 'geparfumeerde geschiedschrijving'. Zijn niet minder gerenommeerde collega Jan Romein prees het genre echter aan. Onder invloed van de Franse school Annales uit de jaren zestig van de vorige eeuw, die het literair gebruik der 'evenementengeschiedenis' radicaal afwees en nog meer de literaire geschiedschrijving die geweven was rond het leven van grote mannen, boette de vie romancée in historische kring aan gezag in. Het genre is echter geenszins verdwenen. Een zowel literair als historisch hooggewaardeerd voorbeeld ervan is *Hadrianus' gedenkschriften* van Marguerite Yourcenar uit 1951, dat in de jaren zeventig verscheidene herdrukken beleefde en dat in verscheidene talen is vertaald. Een ander voorbeeld is *I Claudius* van Robert Graves, dat door de verfilming ervan bijzonder populair werd. In ons land is de meesteres van de vie romancée Hella Haasse: *Het geheim van Appeltern, Mevrouw Bentinck, Heren van de thee*. Ik noem ten slotte een recent voorbeeld dat goed aansluit bij het onderwerp van dit boek. Dat is het boek uit 2001 dat de Amerikaanse hoogleraar oude geschiedenis Paul Maier schreef over de belangrijkste antagonist van Jezus van Nazareth, Pontius Pilatus. In het voorwoord van zijn boek geeft Maier een motivering voor zijn keuze van de vie romancée, die volop op het levensverhaal van Jezus van Nazareth van toepassing is:

> · Er is te weinig bronnenmateriaal over Pontius Pilatus voor een [wetenschappelijke] biografie, maar te veel om alleen bij de fantasie te rade te gaan. Deze bladzijden streven naar een compromis dat kan worden omschreven als een gedocumenteerde roman [een *vie romancée* dus].

Ik noemde eerder in dit hoofdstuk de roman *La vie de Jésus* van Renan. Deze kan worden beschouwd als een eerste 'vie romancée' van Jezus van Nazareth. Renan heeft weliswaar navolgers gehad, maar die hebben weinig hoogtepunten opgeleverd. Het genre is beter tot zijn recht gekomen in de filmkunst. Bekende films zijn *Il vangelo secondo Matteo* uit 1964 van de befaamde Italiaanse regisseur Paolo Pasolini, de verfilming van de populaire musical *Jesus Christ Superstar*, en *Jésus de Montréal* van de Canadese regisseur Denys Arcand, die in 1989 een prijs won op het filmfestival van Cannes.

De overtuigingskracht van de vie romancée is behalve van de literaire kwaliteit van de schrijver afhankelijk van omvang en betrouwbaarheid van de feiten met behulp waarvan hij de roman componeert. Dit is een van de redenen waarom de vraag relevant is welke perspectieven het historische onderzoek naar Jezus van Nazareth nog zal opleveren, en ook of dit onderzoek in een verder verschiet wellicht voldoende historisch materiaal zal opleveren voor een wetenschappelijke biografie. Deze vraag zal in het volgende hoofdstuk onder ogen worden gezien.

1 Paus Johannes Paulus II heeft in 1992 Galilei, een jaar later Copernicus gerehabiliteerd – het zal wel niet ter wille van de nabestaanden zijn geweest, maar beter laat dan nooit!
2 Tijdens de Franse Revolutie zou de God der kerken worden vervangen door de godin Ratio.
3 Rankes veel geciteerde maxime luidt dat de taak van de historicus is te tonen *'wie es eigentlich gewesen ist'*.
4 Elke zichzelf respecterende boekwinkel en elk antiquariaat heeft dan ook tegenwoordig een beduidend aantal planken ingeruimd voor esoterische en gnostische literatuur en lectuur.
5 Het zijn twee korte passages in de synoptische evangelies: de ene waarin enkele discipelen op aanwijzing van hun meester bij een onbekende eigenaar de ezel vinden voor de intocht in Jeruzalem, de andere waarin een onbestemde 'man met een kruik', eveneens op aanwijzing van Jezus, enkele andere discipelen de weg wijst naar de lokaliteit waar het Laatste Avondmaal kan worden genuttigd.

IX
Het historisch onderzoek naar Jezus van Nazareth

De belangstelling van de christenheid voor haar historische wortels was, zoals eerder opgemerkt, eeuwenlang gericht op de mythologische Jezus Christus, niet op de historische Jezus van Nazareth.

Zodra keizer Constantijn bij het edict van Milaan in 313 het christendom onder zijn bescherming had genomen kwam de pelgrimage naar het Heilige Land op gang. De pelgrims zochten in Palestina niet naar historische plaatsen en artefacten van Je-

Afb. 17. Keizer Constantijn de Grote.

zus van Nazareth; waar ze naar zochten waren getuigenissen van het lijden van Christus, die zij als kostbare devotionalia mee naar huis konden nemen. Een van de eerste pelgrims was de moeder van koning Constantijn Helena.[1] Met nog meer hartstocht dan haar zoon had zij zich aan het nieuwe geloof overgegeven en had zich, terwijl Constantijn daarmee wachtte tot op zijn sterfbed, meteen laten dopen. Helena bracht al in 324, tien jaar na het edict van Milaan, een bezoek aan Jeruzalem om daar de heilige plaatsen van de lijdende Christus in ogenschouw te nemen. Zeventig jaar na dit bezoek schreef Ambrosius dat de – inmiddels heilige – Helena in Jeruzalem het kruis terugvond waaraan Jezus gestorven was, en ook de geselpaal waaraan Pontius Pilatus hem had laten vastbinden. De christengemeente, die zich inmiddels weer in Jeruzalem gevormd had, maar nu uitsluitend uit niet-joden bestond, heeft zich ongetwijfeld alle moeite gegeven de keizerlijke moeder het even uitzonderlijke als waardevolle getuigenis van Jezus' kruisdood te doen vinden.

Misschien stond Helena, van huis uit herbergierster, wat wantrouwig tegenover de gemakkelijke vondst van kruis en geselpaal, die driehonderd jaar onzichtbaar waren geweest. Zij liet het kruis achter onder de hoede van de bisschop van Jeruzalem Makarios; wat zij met de geselpaal heeft gedaan vermelden de kronieken niet. Wel weten we nog dat ze een stuk hout meenam dat de tekst, of althans een fragment daarvan, toont van de causa poenae die Pontius Pilatus als reden van zijn vonnis op het kruis had laten aanbrengen; zij borg het op in haar paleis in Rome, de huidige kerk van het Heilig Kruis (Santa Croce). Nog niet zo lang geleden is door deskundigen vastgesteld dat dit fragment met de Latijnse woorden (vertaald in Nederlands) '…van Nazareth Ko…' het authentieke fragment is van de oorspronkelijke *titulus* boven het kruis met de woorden: 'Jezus van Nazareth Koning der Joden'.

Het lijkt uitermate onwaarschijnlijk dat het kruis dat Helena in Jeruzalem had achtergelaten het ware kruis was. De gelukkige bezitter ervan, bisschop Makarios, ontdekte weldra dat het kruishout, ondanks de betwistbare authenticiteit ervan, een economische waarde vertegenwoordigde. Niet alleen knielden pelgrims bij de aanschouwing ervan in aanbidding neer, zij boden ook forse bedragen voor een splinter van het kruis. Daarmee begon een algemene jacht van pelgrims op splinters van het Heilige Kruis, en meteen ook op spijkers waarmee de Heiland erop was vastgenageld. Splinters en spijkers vonden hun weg naar kerken, kloosters en kapellen en naar burchten en kastelen in Europa, waaraan ze met een flinke opslag door de pelgrims waren doorverkocht. Ze werden, vervat in kostbare schrijnen, tentoongesteld en wegens de wonderkracht die deze devotionalia uit het Heilige Land werd toegedicht verhoogden ze de status van kerk, klooster, kapel, burcht en kasteel. Achteraf moet wel worden vastgesteld dat met de splinters en spijkers die in de loop der eeuwen vanuit Palestina naar Europa werden geëxporteerd een heel woud van kruisen zou kunnen worden opgericht![2]

Toonden de pelgrims geen interesse in de historische Jezus van Nazareth, dat deden evenmin de monniken en nonnen die in het Heilige Land neerstreken en in de heilige plaatsen hun kerken en kloosters bouwden. Palestina raakte in de byzantijnse periode overdekt met christelijke bouwwerken die de oorspronkelijke joodse plekken aan het zicht onttrokken. Na de verovering van Palestina in 640 door de islam werden de heilige plaatsen en hun beheerders door de kalifaten der Omajaden en Abbasiden ontzien. Maar na het weldadig bewind van de kalief van Bagdad, Haroen al-Rasjid (766-809) raakte het land door inwendige twisten verscheurd. Het bood kruisvaarders een gezochte kans om het Heilige Land te zuiveren van de heidense muzelmannen; zij vestigden in de elfde eeuw verscheidene kruisvaardersstaatjes in Palestina. De door een vrome saus overgoten agressie van de kruisvaarders, die al even wreed tekeergingen tegen moslims en joden als tegen hun christelijke broeders en zusters uit Byzantium, vormt een inktzwarte bladzijde in de geschiedenis van het christendom.[3] Pausen zegenden de wapens van de kruisvaarders; hun ridderordes vestigden in het hele Midden-Oosten nederzettingen, zo ook in Palestina, waar Boudewijn van Boulogne zich tot koning van Jeruzalem uitriep.

In 1244 viel Palestina in handen van de Egyptische Mamelukken. Daarmee daalde een rust neer over het land die drie eeuwen duurde en waarin de heilige plaatsen deelden. Nadat sultan Süleyman de Grote in 1516 Palestina bij het Turkse rijk had ingelijfd, kende het Heilig Land eeuwen van wisselende tijden. Rustige tijden waren het voor de heilige plaatsen en hun religieuze beheerders zolang de sultans en grootviziers het bestuur over hun vele christelijke onderdanen aan eigen geloofsgenoten overlieten; dieptepunten waren er wanneer de geduchte janitsaren het gebied binnenvielen om er hun kromzwaarden te wetten. Turkije koos in de Eerste Wereldoorlog de verkeerde partij en verloor bij de vrede van Versailles het grootste deel van zijn veroveringen van voorgaande eeuwen. Palestina werd een Engels protectoraat. De nieuwe christelijke heerser liet uiteraard de heilige plaatsen alle ruimte en bood de beheerders ervan wanneer dat nodig was bescherming tegen hun Arabische omgeving, die een steeds dreigender houding aannam tegenover de joden die na de Balfour-declaratie van 2 november 1917 het beloofde land binnenstroomden, alsook tegenover hun Britse beschermers.

Was in de loop der eeuwen Palestina het domein geworden van een grote verscheidenheid van christelijke conventen en denominaties, deze hadden vaak meer te stellen met elkaar dan met belagers van buiten. Zo betwistten in Jeruzalem – en betwisten nog steeds – rooms-katholieken, Grieks-orthodoxen, kopten, Aramese christenen, een Ethiopische christengemeente en jakobitische Syriërs in de kerk van het Heilig Graf elkaar het stukje dat ze in het marmeren grafmonument hebben veroverd – protestants-christelijken en Anglicanen, die pas na de Reformatie in het Heilige Land op de religieuze markt verschenen, visten vrijwel overal achter het net.

HET HUIDIGE HISTORISCH ONDERZOEK

Toen in de achttiende eeuw de belangstelling voor de historische Jezus van Nazareth baan brak ging dat niet gepaard met gericht historisch onderzoek in het land waar hij geleefd had; dat gebeurde evenmin in de negentiende eeuw. Het was de stichting van de staat Israël op 14 mei 1948 die de aanzet werd voor grootscheeps archeologisch onderzoek in het land van de bijbel – van de christelijke en van de Hebreeuwse bijbel. Tegelijkertijd heeft de school van Bultmann sedert de jaren zestig van de vorige eeuw het moderne tekstuele onderzoek gestimuleerd. De techniek komt beide te hulp, de archeologie en de tekstanalyse. De archeologie, een nog betrekkelijk jonge wetenschap, heeft haar analyse- en dateringstechniek (waaronder de c-14-methode) steeds verder verfijnd, terwijl zij eveneens profiteert van verbetering van de graaftechniek in de utiliteitsbouw. Het tekstuele onderzoek heeft bijzonder veel profijt van de computertechniek. Deze heeft de mogelijkheden van systematische opslag van onderzoeksresultaten uitermate vergroot, biedt daarnaast via internet tot dusver ongekende mogelijkheden tot bliksemsnelle uitwisseling van gegevens en heeft de mogelijkheid geopend wereldwijd te discussiëren over de betekenis van het gevonden materiaal – verscheidene recente resultaten van het Jezusonderzoek die in dit hoofdstuk zullen worden besproken zijn ontleend aan, vaak uitgebreide en diepgravende, websites (waarin Amerika de kroon spant).

Het is verrassend dat zo veel kennis over de historische Jezus van Nazareth, nu het taboe op de ontmythologisering van Jezus Christus voorgoed doorbroken is, in de korte tijd van goed een halve eeuw verzameld is. Wat voor talrijke andere historische figuren uit voorbije eeuwen geldt, geldt ook voor de Jezusfiguur, namelijk dat de historicus van de eenentwintigste eeuw over veel meer feitelijke kennis en inzicht beschikt dan die van voorgaande eeuwen. Dankzij onze onderzoeks- en analysetechniek, onze opslagmethoden, en niet in de laatste plaats onze kritische historische zin, weten wij onnoemlijk veel meer over Jezus van Nazareth en zijn tijd dan de middeleeuwer, die duizend jaar dichter bij hem stond. Zonder dat hij zich er altijd van bewust is, wordt het werk van de hedendaagse historicus gezegend door de paradox dat zijn kennis van het verleden met het voortschrijden van de tijd niet langer afneemt, doch toeneemt.

Een recent boek over het bijbelonderzoek verdient hier aandacht; het heeft de resultaten van een halve eeuw onderzoek op een rijtje gezet en laat bovendien zien welke tussenstappen nodig zijn om eerlang tot een wetenschappelijke biografie van Jezus van Nazareth te komen. Het is het boek *Excavating Jesus* van twee Amerikaanse auteurs, de bijbelvorser John Dominic Crossan van de Paul University in Chicago en de archeoloog Jonathan

L. Reed van de Californische universiteit La Verre. De ondertitel van hun boek, *Beneath the Stones, Behind the Texts*, geeft aan wat hun onderzoekmethode behelst. Zij graven de tijdlaag uit van de periode waarin Jezus van Nazareth leefde. Reed doet dat met het archeologische onderzoek naar het fysieke milieu van Jezus van Nazareth, Crossan doet het met de tekstuele bronnen over Jezus; in hun boek brengen zij hun beider resultaten op verhelderende wijze samen.

Men kan de werkmethode van *Excavating Jesus* nog het beste vergelijken met het pellen van een ui. Evenmin als een ui heeft de geschiedenis een kern; beide bestaan uit schil op schil op schil. Het Palestina van de eerste eeuw vormt een schil tussen de daaronder liggende schil van Herodes' koninkrijk en de erboven gelegen schil van de Romeinse onderdrukking na de Grote Joodse Opstand. De vergelijking is ook daarom verhelderend omdat evenals dat het geval is met de schillen waaruit een ui is opgebouwd ook de archeologische en tekstuele lagen van de geschiedenis van de mensheid op en uit elkaar zijn ontstaan. Twee voorbeelden uit *Excavating Jesus* kunnen dit metaforische beeld illustreren. Het huis van Petrus dat het archeologisch onderzoek in Kafarnaüm aan het licht heeft gebracht, waarin Jezus volgens de evangelies placht te verblijven, is gebouwd op een binnenhof uit een eerdere periode en is bedekt met overblijfselen van een byzantijns kerkje dat er in de vierde eeuw bovenop is gebouwd. Op vergelijkbare wijze 'graaft' Crossan evangelieteksten met authentieke gegevens over Jezus van Nazareth uit tussen de erop gevormde laag van het vroege anti-judaïsche christendom en de eronder gelegen tijdslagen van de geschriften der profeten, met wier vooraankondigingen de evangelisten Jezus hebben aangekleed.

HET TEKSTUEEL ONDERZOEK

Is het historisch onderzoek in Palestina eerst in de tweede helft van de twintigste eeuw goed op gang gekomen, één historicus uit de negentiende eeuw die zijn latere collega's is voorgegaan verdient hier eerst ten tonele te worden gevoerd. Het is de Duitse bijbelvorser Konstantin von Tischendorf (1815-1874). Omdat

Von Tischendorf zich mateloos ergerde aan de zijns inziens ongefundeerde speculaties over de historische Jezus in zijn omgeving ging hij zelf op onderzoek uit. Op zijn niet-ongevaarlijke, door tsaar Alexander II gesponsorde (derde) expeditie naar de Sinaïwoestijn stuitte hij in het Catharina-nonnenklooster op de berg Sinaï door een wonderlijke samenloop van omstandigheden op de complete handschriften van het Oude en Nieuwe Testament. Later onderzoek bevestigde dat de handschriften uit de eerste helft van de vierde eeuw stamden. Daarmee werd de Codex Sinaïticus, zoals Von Tischendorf zijn vondst doopte, meteen een geduchte concurrent van de Codex Vaticanus, zoals in een eerder hoofdstuk al is aangestipt. De Duitser mocht de manuscripten van de nonnen meenemen om ze thuis nader te bestuderen, mits hij ze weer netjes terugbracht. De geleerde liet echter de behoefte om de keizerlijke sponsor zijn dankbaarheid te tonen zwaarder wegen dan zijn belofte aan moeder-overste. Na er voor zichzelf afschriften van te hebben gemaakt deed Von Tischendorf de manuscripten de tsaar cadeau.[4]

De Codex Sinaïticus bleek bij nadere bestudering op drieduizend plaatsen af te wijken van de Codex Vaticanus. Voor een groot deel zijn de afwijkingen van geringe betekenis, maar enkele verschillen roepen bedenkelijke vragen op over de authenticiteit van handschriften van de evangelies. Het meest opvallende verschil is dat in het Marcus-evangelie van de Sinaïticus het traditionele slot ontbreekt. Dit zijn de perikopen waarin Jezus' verschijning na zijn dood en zijn hemelvaart worden beschreven. De reikwijdte van deze ontdekking werd eerst later onderkend, toen de exegeten tot de conclusie waren gekomen dat het Marcus-evangelie – en niet dat van Matteüs – als de grondslag van de synoptische evangelies moet worden beschouwd. Ook met het slot van het Johannes-evangelie bleek er iets mis te zijn. Toen Von Tischendorf de handschriften thuis grondig bekeek ontdekte hij dat het laatste hoofdstuk, waarin de verschijning van Jezus aan de apostelen aan het Meer van Galilea en Jezus' benoeming van Petrus tot 'hoeder van de schapen' worden beschreven, in een ander handschrift en met een andere soort inkt waren geschreven dan de rest. Het leek er verdacht veel op dat dit hoofdstuk later was toegevoegd aan het logisch einde van de evangelietekst: 'nog vele andere tekenen heeft Jezus gedaan in het bijzijn van zijn leerlingen, welke niet in dit boek zijn opgetekend'. Voorts bemerkte Von Tischendorf nog dat in zijn tekst van het evangelie van Lucas de evangelist, anders dan in de Vaticanus, niet rept van Jezus' tenhemelopneming, en ook dat deze evangelist onvermeld laat dat de Meester bij het Laatste Avondmaal de gasten zou hebben aangemaand dit te blijven vieren.

Al met al lijkt vergelijking van de beide codices te bevestigen dat de autografen van de evangelies door kopiisten flink bewerkt zijn voordat ze hun geautoriseerde versie hebben gekregen.

Een sprekend voorbeeld van de noodzaak om correct de tijdslaag van een historische tekst over Jezus te identificeren is het zogenoemde *Testimonium Flavianum*. Het gaat om een passage over Jezus in het al vaker opgevoerde werk *De oude geschiedenis van de joden* van Flavius Josephus, welke luidt:

> Omstreeks die tijd leefde Jezus, een wijs mens, als men hem al een mens moet noemen. Want hij was iemand die wonderlijke daden verrichtte, een leraar van mensen die bereid zijn de waarheid te aanvaarden; en hij won vele joden, maar ook velen van de Grieken voor zich. Deze [man] was de Messias (Christus). En toen Pilatus hem op een aanklacht van vooraanstaanden van ons volk gestraft had door kruisiging, hielden degenen die begonnen waren hem lief te hebben daarmee niet op. Want hij verscheen op de derde dag weer levend; de goddelijke profeten hadden deze en talloze andere wonderlijke dingen over hem voorzegd. Tot op de dag van vandaag is de groep van christenen, die naar hem genoemd is, nog niet opgehouden te bestaan.

De passage was al geruime tijd voorwerp van debat onder historici, nadat een jonge Duitse jurist, Hubert von Giffen, in 1559 de echtheid ervan voor het eerst ter discussie had gesteld. Het leek uitermate onwaarschijnlijk dat een niet-christelijke jood van farizeesen huize in een boek dat van vóór de evangelies dateerde, een dergelijke 'geloofsbelijdenis' zou hebben afgelegd. De meeste critici hielden het erop dat de tekst van Josephus' geschiedwerk door een christelijke censor bij een heruitgave ervan was gefal-sificeerd. Het debat over de authenticiteit van het *Testimonium Flavianum* kreeg in 1971 een nieuwe impuls toen de Israëlische historicus Shlomo Pines zijn boek *An Arabic Version of the Testimonium Flavianum* publiceerde. Pines liet zien dat in een eerdere tijdslaag (de tiende eeuw) de Arabisch-christelijke historicus Agapius het *Testimonium Flavianum* aldus had aangehaald:

> Er was in die tijd een wijs man, Jezus genaamd. Hij stond bekend als deugdzaam, en velen onder de joden en overige volkeren werden zijn leerlingen. Pilatus had hem veroordeeld tot de dood door kruisiging. En degenen die zijn leerlingen waren lieten hem niet los. Zij zeggen dat hij hun is verschenen drie dagen na zijn dood en dat hij leefde, en dus geloofden ze dat hij de Messias (Christus) was, over wie de profeten allerlei wonderen hadden verteld. En het volk van de christenen, naar hem genoemd, is tot op vandaag niet verdwenen.

In deze versie is niet langer sprake van een geloofsbelijdenis, maar van een neutrale berichtgeving op basis van *hearsay*. De vraag is evenwel nog steeds of dit nu de oorspronkelijke tekst van Flavius Josephus is. Aanleiding tot deze vraag is dat ook de versie van Agapius slecht past in de tekstuele context van het hoofdstuk uit *De oude geschiedenis van de joden* waarin deze staat. In dit hoofdstuk beschrijft Flavius Josephus eerst twee calamiteiten die over de joden kwamen, dan komt de Jezuspassage en de schrijver vervolgt met: 'Tegelijk omstreeks deze tijd trof nog een ander ongeluk de joden(...)'. Het lijkt alsof de joodse schrijver de Jezusfiguur eveneens als een calamiteit of ongeluk voor de joden heeft gepresenteerd. Verder onderzoek in diepere tijdslagen lijkt geboden.

DODE-ZEEROLLEN EN DE KRUIK VAN NAG HAMMADI

Twee vondsten van oude teksten in woestijnen in het Midden-Oosten kort na de Tweede Wereldoorlog zijn een geweldige impuls geweest voor het onderzoek naar de historische Jezus en zijn tijd. De meest spectaculaire vondst waren in 1947 de Dode-Zeerollen nabij het plaatsje Chirbet Qumram in de woestijn ten noordoosten van de Dode Zee. Het begon met een toevalstreffer. Toen een herdersjongen op zoek was naar een verdwaalde geit stuitte hij in een grot op een kruik. In de kruik bleken zeven papyrusrollen te zitten. Na de toevallige ontdekking volgde een systematische speurtocht door geleerden in het landschap van grotten en ravijnen rond Chirbet Qumram. Het gebied bleek een ware fundgrube. In 1952 werd in een grot een hele serie kruiken opgedolven, die niet minder dan achthonderd rollen bevatten. De goed geconserveerde teksten en tekstfragmenten, deels op papyrus, deels op perkament, bleken te dateren uit de periode van de derde eeuw voor Christus tot 68 na Christus. Duidelijk werd dat ze waren verborgen, hoogstwaarschijnlijk toen de Romeinse legioenen, die er onder leiding van de veldheer Trajanus op uit waren gestuurd om de joodse opstand te onderdrukken, de Dode Zee naderden – een van de vondsten bestond uit een in koper gegraveerde inventaris van een schat, met de plaatsen waar deze verborgen was. De inhoud van de kruik die de herdersjongen had gevonden is in bezit gekomen van het museum Hechal-Ha-sefet in Jeruzalem, de rest van de bibliotheek werd goeddeels ondergebracht in het Palestijns Archeologisch museum in het toenmalige Jordaanse gedeelte van Jeruzalem.[5] De teksten van de Dode-Zeerollen zijn deels in het Hebreeuws, deels in het Grieks en deels in het Aramees. Nog eenderde wacht op ontcijfering – waaronder een intrigerende, naar het lijkt stenografische, Griekse tekst waarvan de sleutel nog niet gevonden is.

De Qumrambibliotheek, zoals de geleerden de Dode-Zeerollen zijn gaan noemen, is globaal in drie onderdelen te verdelen. Eén onderdeel bestaat uit de volledige boeken van de Hebreeuwse bijbel, met uitzondering van het boek Esther. Alhoewel deze handschriften duizend jaar ouder zijn dan de tot dan toe bekende handschriften wijken ze niet wezenlijk van elkaar af, wat onderstreept met welke nauwkeurigheid de teksten van de Hebreeuwse bijbel in de loop van al die eeuwen door rabbi's zijn gekopieerd. Een ander onderdeel wordt gevormd door apocriefe en pseudocriefe teksten van gnostische aard. Het belangrijkste onderdeel bestaat uit vele rollen en fragmenten die een beeld geven van degenen die ze verborgen hadden, de Essenen – over wie in eerdere hoofdstukken de bijzonderheden zijn gegeven. De overeenkomsten tussen de Esseense leer en die van Jezus van Nazareth die uit de Qumrambibliotheek naar voren komen, maar evenzeer de tegenstellingen tussen beide, maken het meer dan waarschijnlijk dat de Galilese rabbi met de Essenen in discussie is geweest, en ten minste dat hij zich over hen heeft uitgesproken – zoals hij ook zijn mening over Farizeeën en Sadduceeën niet onder stoelen en banken stak. Opvallend is ook dat de eerste christenen Esseense gebruiken overnamen; zo kenden de Essenen een gemeenschappelijke Avondmaalsviering, waarbij het gebruik was 'het brood te breken'. Hier komt weer eens de vraag op: hebben de evangelisten de Essenen bewust uit hun evangelies geweerd of is dat bij de latere receptie gedaan – naar de reden daarvoor kan men slechts gissen.

Eerder al, in 1945, waren bij Nag Hammadi in de woestijn in Boven-Egypte teksten gevonden uit de eerste eeuw, die de laatste tijd nog meer aandacht hebben gekregen dan de Dode-Zeerollen. Ook deze vondst was aan een toeval te danken. Een Arabische boer – zijn welluidende naam Mohammed Ali al-Samman zij hier aan de vergetelheid ontrukt – stuitte toen hij aan de voet van het Jabal-al-Tarifmassief naar teelaarde aan het graven was met zijn schop op een kruik. De blij verraste boer dacht dat Allah hem een kruik vol juwelen en goud had doen vinden. De waarde van de schat bleek van heel andere aard. De kruik bevatte dertien in leer gebonden codices op papyrus. De koptische handschriften dateerden van de vierde eeuw en moesten rond 360 zijn begraven, waarschijnlijk door een nabij de plek gevestigde koptische kloostergemeenschap. De vondst werd overgedragen aan het koptisch museum van Caïro. In de turbulente tijd die Egypte kende nadat koning Faroek door een militaire junta onder leiding van kolonel Naguib was afgezet, raakten de codices van Nag Hammadi in de vergetelheid. Een deel verdween in een kluis, een ander deel, met de kostbaarste codices, werd in een oude koffer gestopt, die jarenlang door het museum heeft geslingerd. Eerst tien jaar na de vondst van de kruik bij Nag Hammadi doken de codices weer op en kon met de vertaling en het onderzoek ervan worden begonnen.⁶ Het werd een wereldwijd project. Facsimile's van de codices werden geleerden uit verscheidene landen ter hand gesteld. In 1977 kwam onder leiding van de initiatiefnemer James M. Robinson een integrale Engelse vertaling tot stand, *The Nag Hammadi Library in English* – intussen is ook een integrale Nederlandse vertaling totstandgekomen.

De Nag Hammadi-'bibliotheek' is hoofdzakelijk een verzameling van gnostische geschriften, die in de vroege christenheid als ketters waren bestempeld en daardoor uit de circulatie waren geraakt. De grote verscheidenheid van de codices bestrijkt zulke intrigerende terreinen als alternatieve versies van de schepping, verhalen over het leven van de apostelen, apocalyptische verhandelingen, apocriefe evangelies, en zelfs een aantal bespiegelingen over de vrouwelijke kant van het goddelijke – die, voorzover mij bekend, nog niet de welverdiende interesse van feministen hebben gewekt. De tekst uit de Hammadibibliotheek die het meest tot de verbeelding spreekt is die welke begint met de woorden: 'Dit zijn de verborgen woorden die Jezus de levende sprak en die Didymus Judas Tomas heeft opgetekend.' De auteur moet de ongelovige Tomas uit het evangelie zijn die, zoals eerder bleek, ook Didymus werd genoemd. Het

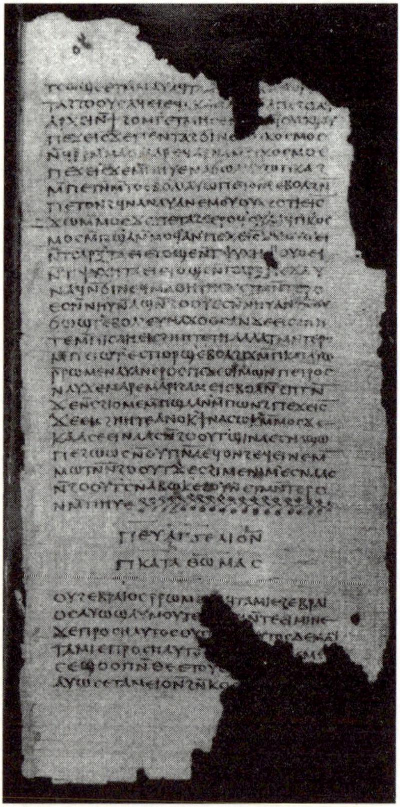

Afb. 18. De titelpagina van het evangelie van Tomas; Institute for Antiquity and Christianity, Claremont California.

gevonden handschrift heeft, zoveel is wel duidelijk, diepere tijdslagen. Waarschijnlijk is het de koptische vertaling van een eerder in het Grieks geschreven handschrift. Er wordt nog getwist over de oorspronkelijke tijd van ontstaan. Een aantal Amerikaanse deskundigen, onder wie Crossan van *Excavating Jesus*, dateert het op 50 na Christus. Mocht dit juist zijn dan zou het Tomas-evangelie van vóór de vier gecanoniseerde evangelies dateren, en zou het zich hebben onttrokken aan de regie van de grote organisator van het christendom Paulus, die de vroege christelijke leer heeft gedirigeerd. Hoe dan ook treedt uit het evangelie van Tomas, dat al 'het vijfde evangelie' wordt genoemd, een heel andere Jezus naar voren dan met wie het christendom in de vier evangelies is vertrouwd geraakt.[7]

Het Tomas-evangelie is een stuk beknopter dan de vier andere evangelies. Het bestaat uit 114 wijsheidsuitspraken, die *logia* worden genoemd – de literaire vorm lijkt op *Also sprach Zarathustra* van Friedrich Nietzsche. De Jezus die spreekt is het type van een gnosticus, zoals die in een eerder hoofdstuk werd geschetst. Zo luidt een *logion*:

Jezus zei:
Wie het Al denkt te kennen,
Maar niet zichzelf kent,
Blijft volkomen in gebreke.

In het Tomas-evangelie komen noch Jezus' wonderen, noch het lijdensverhaal, noch de verrijzenis voor. Niettemin heeft ongeveer de helft van de logia letterlijke parallellen met de vier evangelies. Onze landgenoot Jacob Slavenburg, die nauw betrokken is bij vertaling en onderzoek van de bibliotheek van Nag Hammadi, heeft in een van zijn boeken, *Valsheid in geschrifte*, de logia uit het Tomas-evangelie die parallellen hebben met perikopen in de vier evangelies met elkaar vergeleken, en op de wijze die *Excavating Jesus* aanbeveelt de gelaagdheid daarvan blootgelegd. Het eerste wat bij vergelijking opvalt is dat Tomas veel kernachtiger formuleert dan zijn collega's – alsof Marcus, Matteüs, Lucas en Johannes steeds rond een wijsheidsuitspraak van de Meester een verhaaltje hebben gedicht. Een tweede opvallend verschijnsel is dat in het evangelie van Tomas de kwaadaardige uitvallen van Jezus in de richting van de Farizeeën ontbreken. Een van de tekstvergelijkingen die Slavenburg geeft biedt een goede illustratie van beide kenmerken.

Marcus:
> Toen stuurden ze enkele Farizeeën en Herodianen op Hem [Jezus] af, om Hem vast te zetten. Deze kwamen bij Hem met de vraag: Meester, we weten dat Gij oprecht zijt en U aan niemand stoort, want Gij ziet de mensen niet naar de ogen, maar leert de weg van God in oprechtheid. Is het geoorloofd belasting te betalen aan de keizer of niet? Maar Jezus die hun huichelarij doorzag, antwoordde: Waarom probeert ge Mij te vangen? Geeft Mij een denarie, dan zal ik eens zien. Van wie is deze beeldenaar en het randschrift? Ze antwoordden: Van de keizer. Daarop sprak Jezus tot hen: Geeft dan aan de keizer wat de keizer toekomt en aan God wat God toekomt. En ze stonden verwonderd over Hem.

Matteüs:
> Zij stuurden hun leerlingen met de Herodianen op Hem [Jezus] af met de vraag: Meester, wij weten dat Gij oprecht zijt en de weg van God in oprechtheid leert, en Gij stoort U aan niemand, want gij ziet de mensen niet naar de ogen. Zeg ons daarom: Wat dunkt U? Is het geoorloofd belasting te betalen aan de keizer of niet? Maar Jezus doorzag hun valsheid en zei: Waarom probeert gij Mij te vangen, gij huichelaars? Laat mij de belastingmunt eens zien. Zij hielden Hem een denarie voor. Hij vroeg hun: Van wie is deze beeldenaar en het randschrift? Zij antwoordden: Van de keizer. Daarop sprak Hij tot hen: Geeft dan aan de keizer wat de keizer toekomt. Toen ze dit hoorden stonden zij verwonderd; zij lieten Hem met rust en gingen heen.

Lucas:
> Ze stelden Hem de vraag: Meester, we weten dat Gij onomwonden de waarheid spreekt en onderwijst, en de weg van God zonder aanzien des persoons in oprechtheid leert. Is het ons geoorloofd aan de keizer belasting te betalen of niet? Maar hij doorzag hun arglistigheid en zei tot hen: Laat mij

eens een denarie zien. Van wie draagt hij de beeldenaar en het randschrift? Zij antwoordden: Van de keizer. Daarop sprak Hij tot hen: Geeft dan aan de keizer wat de keizer toekomt en aan God wat God toekomt. Zo waren zij niet in staat Hem in het openbaar op Zijn woord te vangen. Verbaasd over Zijn antwoord deden ze er het zwijgen toe.

De vergelijking van deze perikopen uit de synoptische evangelies laat zien hoe de drie evangelisten, vrijwel letterlijk, van elkaar overschreven. Hoe heeft Tomas het geformuleerd?

> Zij toonden Jezus een goudstuk en zeiden tegen Hem: Caesars mannen eisen belasting van ons. Hij zei tegen hen: Geef Caesar wat voor Caesar is, geef God wat voor God is en geef Mij wat het Mijne is.

Tomas geeft de kern van Jezus' woorden weer zonder daaromheen een voor de Farizeeën incriminerende franje te knopen. Ondanks zijn beknoptheid geeft Tomas een toevoeging die de synoptici weglaten: 'en geef Mij wat het Mijne is'. Slavenburg maakt daarbij de kanttekening: 'Naar alle waarschijnlijkheid heeft deze zin in alle oude handschriften gestaan. Latere afschrijvers zagen er echter iets onlogisch in. Want was Jezus niet God? Er stond dus iets dubbel en dat moest wel fout zijn. Een overduidelijke illustratie van het feit dat woorden van Jezus later ingepast werden in een theologie die niet meer het onderscheid tussen de mens Jezus en Christus en God kon maken.'

Is de Jezus bij Tomas een gnostische wijsheidsleraar met soms ondoorgrondelijke uitspraken, hier en daar openbaart hij ook een uitermate nuchtere kant van zijn rijke persoonlijkheid, getuige tenslotte dit juweeltje uit het Tomas-evangelie:

> Zijn leerlingen zeiden tot Hem: Heeft de besnijdenis nut of niet?
> Hij zei tot hen:
> Als die nut had zou de Vader hen wel besneden uit de moeder voortbrengen.

ARCHEOLOGISCHE VONDSTEN IN PALESTINA

Het archeologisch onderzoek in Palestina levert een steeds gedetailleerder beeld van het fysieke milieu waarin Jezus van Nazareth in de eerste eeuw heeft geleefd. Ook wat de archeologie betreft dateren de belangrijkste resultaten van na de Tweede Wereldoorlog. In de archeologische activiteit die in Israël wordt ontplooid, komen samen: de belangstelling van de moderne Israëliër voor zijn historische verleden, de nieuwsgierigheid van beheerders van de heilige plaatsen naar het oorspronkelijke aanzien daarvan en in het algemeen de sterk toegenomen zin voor archeologisch onderzoek in oude cultuurlanden. De opgave waarmee dit onderzoek in Israël, zowel van christenen als van joden, wordt geconfronteerd, is om onder de tijdslagen die zo veel sporen in de Israëlische grond hebben achtergelaten de laag van de eerste eeuw van onze jaartelling op te sporen, die voor beide partijen zo belangrijk is geweest.

Zoals verwacht kan worden is het meeste archeologisch onderzoek verricht in en rond *Jeruzalem*. In de negentiende en eerste helft twintigste eeuw waren onder supervisie van het Palestine Exploration Fund incidenteel opgravingen verricht. Het systematisch onderzoek kwam eerst goed op gang toen de Israëliërs na de Zesdaagse Oorlog van 1967 de controle verwierven over het grootste deel van de oude stad van Jeruzalem, waaronder de Tempelberg. Alle Israëlische archeologen van naam hebben aan dit onderzoek hun bijdrage geleverd. De oude stad uit de tijd van koning Herodes is thans vrijwel volledig opgemeten, in kaart gebracht en driedimensionaal gereconstrueerd. Een biograaf van Jezus van Nazareth kan thans met behulp van de maquette van de oude stad daardoorheen dwalen, de plaatsen bezoeken die Jezus heeft bezocht en de stad aanschouwen zoals hij hem heeft aanschouwd.

Enkele jaren na de ontdekking van de Dode-Zeerollen is begonnen met het uitgraven van het klooster van de Essenen in *Qumram*. De uitgravingen vonden plaats in de jaren 1951 en 1956 en stonden onder leiding van de Franse archeoloog pater Roland de

Veaux van de École biblique et archéologique Français te Jeruzalem. De Veaux overleed in 1971 voordat hij zijn eindrapport over de opgravingen in Qumram op papier had gezet. Daardoor zijn belangrijke vragen over het ontstaan van het complex tot dusver onbeantwoord gebleven. De Esseense monniken hebben kennelijk hun domein niet tegen Trajanus' troepen verdedigd, maar het kloostercomplex vóór de komst ervan verlaten. Daardoor zijn grote vernielingen achterwege gebleven en bood de ruïne toen ze was blootgelegd veel authentiek materiaal uit de eerste eeuw – zo werd in het scriptorium een inktpot aangetroffen waarin nog resten waren te detecteren van de inkt die erin had gezeten. Qumram bleek in vele opzichten *selfsupporting* te zijn geweest. Het had een eigen pottenbakkerij – waar ook de speciale, met een deksel afgesloten kruiken waren gemaakt waarin de Dode-Zeerollen waren opgeborgen – het fabriceerde zijn eigen perkament en leer, verbouwde op een helling in de buurt zijn eigen graan en liet zijn herders de kuddes van het klooster weiden bij een oase in de buurt.

De opgravingen van Qumram zijn voor de reconstructie van het leven van Jezus van Nazareth in het bijzonder van belang, omdat er velerlei voorwerpen zijn gevonden die toen in Palestina gemeengoed moeten zijn geweest: keukengerei, schoeisel, lederwaren, kleding, lampen, bokalen et cetera. De opgravingen geven een goed beeld van het bewassingsritueel dat orthodoxe joden in die tijd praktiseerden en dat voor de Essenen een ware obsessie moet zijn geweest. Geweldige baden, *miqwaoth*, waren ingegraven die de bewoners de mogelijkheid moeten hebben geboden om om de haverklap een zuiveringsbad te nemen. Het voor het badritueel vereiste 'levende water' werd via een vernuftig boven- en ondergronds kanalenstelsel van verre afstand constant aangevoerd.

Een omvangrijk archeologisch project is ook geweest de reconstructie van de verloren stad *Caesarea Maritima*, de havenstad die koning Herodes aan de Middellandse Zee had laten bouwen, ter hoogte van het tegenwoordige Haifa. Decennialang zijn Israëlische en Amerikaanse archeologen met een leger van vrijwilligers in de zomermaanden naar de kust getrokken om onder de ruïnes van een stad die kruisvaarders eroverheen hadden gebouwd en onder de daaronder gelegen fundamenten van heiligdommen uit de byzantijnse periode de marmeren stad uit te graven van Herodes en van de latere Romeinse landvoogden. Doordat de grandeur van vroeger eeuwen had plaatsgemaakt voor een kale kustvlakte, was het mogelijk het oorspronkelijke Caesarea Maritima op schaal te reconstrueren, met inbegrip van de kunstmatige haven die er deel van uitmaakte.[8] Een belangwekkende ontdekking in de stad Caesarea was een natuurstenen bouwsteen waarin een tekst was gebeiteld waarvan alleen de fragmenten nog te lezen waren, en die vermoedelijk oorspronkelijk als volgt is geweest:

CAESARIENSIBUS TIBERIEUM
PONTIUS PILATUS
PRAEFECTUS IUDAEAE
DEDIT

De steen werd aangetroffen in de muurresten van een theater uit de byzantijnse periode, maar was oorspronkelijk de voetsteen geweest van een aan een door Pontius Pilatus aan keizer Tiberius gewijde tempel, het 'Tiberieum' in de tekst, die 'Pontius Pilatus' de inwoners van Caesarea ('Caesariensibus') had geschonken ('dedit'). De steen bewees dat de titel van Pontius Pilatus niet procurator was geweest, zoals Tacitus abusievelijk in zijn *Annalen* had vermeld, maar (nog) praefectus. Met name bevestigde de steen Pilatus' hondentrouw aan keizer Tiberius, aan wie bij zijn leven vrijwel geen tempel is gewijd.

Twee andere steden uit de omgeving van Jezus, waar grootscheeps archeologisch onderzoek is verricht zijn Sepforis en Tiberias. In Sepforis was het niet moeilijk opgravingen te doen, want de trotse toenmalige zetel van Herodes Antipas is thans al evenzeer een verlaten oord als de stad van zijn vader, Caesarea, dat is. Tiberias, dat tot de intifada een drukbezocht kuuroord was, stelde wat meer beperkingen aan de gravers, doch ook in deze oude stad hebben Israëlische archeologen in de loop van de jaren veel onderzoek verricht. Het onderzoek in Sepforis en Tiberias heeft overeenkomsten, maar ook verschillen opgeleverd tussen de steden die Herodes Antipas heeft gesticht, en het Caesarea Maritima van Herodes de Grote, dat de zoon ongetwijfeld tot voorbeeld heeft gediend. Sepforis en Tiberias, die miniatuur-Caesarea's waren, werden evenals Caesarea gekenmerkt door een Grieks-Romeinse architectuur, met een rechthoekig stratenplan, waaraan een ingenieus rioleringsstelsel niet ontbrak, met hoofdstraten van twaalf meter breed, geflankeerd door drie meter brede colonnades gestut door granieten zuilen, met een Grieks theater, met huizen voorzien van gepleisterde gevels en pannendaken en van binnen versierd met fraaie mozaïeken. Restanten van de paleizen die Herodes Antipas in Sepforis en Tiberias moet hebben gehad zijn tot dusver niet gevonden, wel van een basilica met een grondoppervlak van veertig bij dertig meter, in Jezus' tijd het bestuurscentrum, later als kerk in gebruik genomen.

Komen de steden van vader en zoon in hun Grieks-Romeinse architectuur overeen, het archeologisch onderzoek heeft ook verschillen aangetoond. Anders dan in Caesarea waren de vooraanstaanden in Sepforis en Tiberias, op wie Herodes Antipas was aangewezen voor het bestuur van het hem toevertrouwde gewest, joden. Alhoewel het gehelleniseerde joden waren moest de tetrarch hun gevoeligheden ontzien. Dat is ongetwijfeld de reden waarom in de twee voormalige Galilese hoofdsteden geen sporen zijn aangetroffen van heidense tempels en standbeelden, die zo dominant aanwezig waren in Caesarea. De archeologische reconstructie geeft al met al een goed beeld van het Sepforis dat Jezus in zijn Nazareth-tijd meermalen zal hebben bezocht, en van het Tiberias dat in de evangelies al evenmin voorkomt, maar dat als de latere hoofdstad van Galilea wellicht eveneens met bezoeken van de Heiland is vereerd.

In *Kafarnaüm* is in de loop van de afgelopen decennia archeologisch onderzoek gedaan door zowel Israëlische archeologen als archeologen van de franciscaanse orde die in deze plaats gevestigd is. Dankzij dit onderzoek is een vrij nauwkeurig beeld verkregen van de vissersplaats aan het Meer van Galilea uit de tijd dat Jezus daar zijn hoofdkwartier had. Het fysieke milieu bevestigt de beschrijving in een eerder hoofdstuk van het joodse karakter van Kafarnaüm, waardoor het qua sfeer hemelsver af stond van Sepforis en Tiberias. Het stratennet was niet gepland, maar organisch gegroeid: smalle donkere straatjes en stegen van vier tot zes meter breed, met een primitieve sleuf aan weerskanten voor de afvoer van zowel regen- als rioolwater. De woningen in Kafarnaüm met hun extended families waren, zo blijkt uit het archeologisch onderzoek, in zichzelf gekeerde complexen. Ze waren gebouwd rond donkere binnenhoven, met aan de straatzijde enkele hoog in de muur uitgespaarde openingen voor het opvangen van wat daglicht. Ze waren opgetrokken uit eenvoudige ter plaatse gevonden bouwmaterialen, de muren van veldstenen, bestreken met modder en mest, de daken van rietmatten aangesmeerd met klei.[9]

Archeologen dachten in Kafarnaüm ook de synagoge te hebben gevonden uit de eerste eeuw, waar Jezus volgens de evangelies veelvuldig zou hebben gepreekt. De fraaie synagoge, waarvan de ruïnes werden blootgelegd en die daarna in oude luister is herbouwd, dateert echter van de byzantijnse periode. Franciscaanse archeologen menen onder deze byzantijnse synagoge sporen te hebben gevonden van de synagoge uit het evangelie. De auteurs van *Excavating Jesus* zijn er echter van overtuigd dat ook deze synagoge van later datum moet zijn. Evenals dat in een eerder hoofdstuk voor Nazareth is vastgesteld, had ook in Kafarnaüm een Galilese synagoge slechts het karakter van een plaats van samenkomst, en zo'n willekeurige plaats – een plein, een schuur, een huiskamer – valt archeologisch niet te identificeren. In het begin van dit hoofdstuk is al een belangrijke archeologische opgraving in Kafarnaüm vermeld, die van het huis van Petrus, of in feite van diens schoonmoeder, waar Jezus placht te verblijven wanneer hij in Kafarnaüm was. De fundamenten van het huis werden tussen 1968 en 1985 uitgegraven door de franciscaanse archeologen Vergilio Carbo en Stanislav Lofferda.

In 1986 is niet ver van Kafarnaüm in het Meer van Galilea een vissersboot uit Jezus' tijd gevonden, die bij de uitzonderlijk hete zomer van dat jaar was drooggevallen. De vissersboot, die thans goed geconserveerd in de kibboets Ginosar ligt tentoongesteld, is er zo een als waarop Jezus volgens de evangelies het meer placht op te varen. De onderdelen van de gevonden boot zijn gemaakt van inferieure houtsoorten, behalve de kiel die van Libanese ceder is. De constructie van de boot, waarin allerlei onderdelen verwerkt zijn van afgedankte boten, laat zien dat de Galilese scheepsbouwers handige knutselaars waren.

In de plaats die voor de reconstructie van Jezus' leven het belangrijkste is, *Nazareth*, heeft het archeologisch onderzoek ongelukkigerwijs nog het minste resultaat opgeleverd. Een truc van de geschiedenis heeft gewild dat de trotse toenmalige hoofdstad van Galilea in het dal, Sepforis, met de grond is gelijkgemaakt, terwijl het onooglijke gehucht op de nabije heuvel dankzij de – door de Nazareners versmade – Nazarener een booming city is geworden. Tot aan de intifada was een jaarlijks aangroeiende stroom van toeristische pelgrims uit de hele wereld de economische motor van Nazareth. Ook hier moest diep gegraven worden voordat men de laag van Jezus' tijd kon bereiken en boven al die lagen van bouwactiviteiten uit vroeger eeuwen lag in Nazareth de weerbarstige laag van de hedendaagse toeristenindustrie, die niet gemakkelijk wijkt voor het belang van archeologisch onderzoek. De voorwaarden voor archeologisch onderzoek werden echter gunstiger toen de franciscaanse archeoloog Bellarmino Bagetti in de jaren zestig van de vorige eeuw opgravingen kon doen in en rond de Annunciatie-kerk, die toen daar werd gebouwd op de plaats van de grot waar Maria de blijde boodschap van de engel zou hebben ontvangen. Onder de fundamenten van een Romaanse basiliek en een bisschoppelijk paleis uit de tijd van de kruistochten en van een daaronder gelegen byzantijnse kloosterkerk stuitte de energieke pater op de geologische onderlaag van hard gesteente, waarover de povere resten verspreid lagen van het armzalige gehucht dat Nazareth in zijn prille begin was geweest – ze zijn in een van de voorgaande hoofdstukken beschreven.

Archeologisch onderzoek in twee plaatsjes die enigermate met Nazareth vergelijkbaar waren, geven een indruk van de fysieke infrastructuur van een Galilees dorp in de eerste eeuw. Het ene is het dorp Jodefat dat evenals Nazareth gelegen was op een heuveltop in Neder-Galilea, het andere is Gamla, gelegen op een bergkam op de Golanhoogte. Beide dorpen zijn door Romeinse legioenen die uit Judea gevluchte joden achternazaten in 67 na Christus verwoest en daarna door hun bewoners voorgoed verlaten. Omdat Jodefat noch Gamla ergens in het evangelie wordt genoemd, hadden ze nimmer de aandacht van pelgrims getrokken. Hun ruïnes lagen nog onberoerd toen Israëlische archeologen er hun opgravingen deden. De gevonden restanten van de twee dorpen van weleer boden als het ware een momentopname van Israëlische dorpen uit de eerste eeuw. Uiterlijk en inrichting van huizen die in Jodefat en Gamla zijn opgegraven, moeten het evenbeeld zijn van de huizen van Nazareth in Jezus' tijd. De dagelijkse huisraad die er is opgegraven, bestaat voornamelijk uit een grote verscheidenheid aan aardewerk. Het is aardewerk van klei die gedroogd is in de zon, omdat wanneer het gebakken zou zijn het in de ogen van de orthodoxe jood van die tijd onrein zou zijn. Huisraad kon ook niet van glas of ijzer zijn, omdat dat evenzeer aan vuur zou hebben blootgestaan; bovendien werden ijzeren en glazen voorwerpen uit heidense oorden geïmporteerd. Jodefat en Gamla hebben ook de rituele baden, de miqwaoth, prijsgegeven die er in de vloer waren uitgegraven. Ze zijn veel bescheidener van schaal dan die van de aan het rituele wassen verslaafde monniken in Qumram, maar ze getuigen van het feit dat rituele wassingen ook in een Galilees dorp deel van het dagelijkse leven vormden.

OSSUARIA

Belangwekkende archeologische vondsten uit recente jaren in de omgeving van Jeruzalem zijn een drietal *ossuaria*. Joden cremeerden niet hun doden zoals de Romeinen en vele andere volkeren deden. Ingevolge een duizendjarige traditie werden doden ter aarde besteld. Ze werden samengebracht in familiegraven in grotten en spelonken. Ten tijde van Herodes de Grote was onder degenen die het zich konden veroorloven een nieuwe begravingsmethode ontstaan, die tot de Grote Joodse Opstand in zwang is gebleven. Het was een begrafenis in twee fasen. Het lijk werd eerst gedurende ongeveer een jaar in een grot op een schacht of richel neergelegd, waar men het lichaam tot ontbin-

Afb. 19. Het ossuarium van de hogepriester Kajafas; Israël Museum Jeruzalem.

ding liet overgaan. Daarna werden de botten verzameld en in een kist van kalkzandsteen bij de botten van eerder overleden familieleden gedeponeerd. Van deze beenderkisten, 'ossuaria' geheten, van ongeveer vijftig bij veertig bij dertig centimeter en afgedekt met een stenen deksel, zijn er honderden te vinden in het Israël Museum te Jeruzalem. De beenderkisten werden vaak aan de buitenkant versierd met geometrische ornamenten, naar het voorbeeld van de ornamentering in de architectuur van de Tempel. Op de kist werden de namen gekrast van de doden wier botten in de kist waren bijgezet, met vermelding van een familierelatie als 'vader, moeder, echtgenote, zoon van…'

In november 1990 werd bij graafwerkzaamheden in Zuid-Jeruzalem voor de aanleg van een weg nabij het Bos van de Vrede een grot aangetroffen waarin schachten waren uitgeboord van circa twee meter diep, waarin ossuaria waren ingeschoven. Van de twaalf beenderkisten waren er tien door grafschenders kapotgebroken. Een van de twee die door een gelukkig toeval intact waren gebleven droeg het opschrift YEHOSEF BAR CAIPHA. De deksel was geornamenteerd met takmotieven, de buitenwanden met rozetten. De drievoudige inscriptie van de naam was ruw ingekrast, kennelijk met de spijker die in de kist werd aangetroffen. Het ossuarium borg de beenderresten van zes geraamten: twee zuigelingen, een kind van drie à vijf jaar, een tiener, een volwassen vrouw[10] en een zestigjarige man. De laatste werd geïdentificeerd als de hogepriester Kajafas, die in het proces tegen Jezus van Nazareth als aanklager was opgetreden – het ossuarium bevatte dus de stoffelijke resten van een van Jezus' belangrijkste antagonisten.

In juni 1968 werd de Israëlische archeoloog Vasilias Tzageris van de archeologische dienst van Israël erbij gehaald toen bij werkzaamheden in de Jeruzalemse buitenwijk Givat Hamivtar een tombe met vijf ossuaria uit de eerste eeuw was gevonden. In een ervan werden de beenderresten gevonden van een man die sindsdien bekendstaat als 'de gekruisigde man van Givat Hamivtar'. Het waren de stoffelijke resten van een jongeman van midden twintig, met een lengte van een meter zestig, die blijkens de inscriptie YEHOCHONAN (Aramees voor Johannes) BEN-HUZKUL heette, en die door kruisiging om het leven was gebracht. De vondst bleek in meer dan één opzicht onthullend.

Kruisiging was een vorm van staatsterreur die algemeen werd toegepast op niet-Romeinen in het Romeinse Rijk, en heeft geduurd tot keizer Constantijn. Zo spreekt Flavius Josephus van duizenden die alleen al in de loop van de eerste eeuw in Palestina zijn gekruisigd. Men was dus algemeen bekend met de kruisigingspraktijk, waarover veel kennis was overgeleverd. Gekruisigden waren vrijwel altijd opstandige slaven, criminelen en eenvoudige lieden die een halsmisdaad hadden begaan. De gewoonte was hen aan het kruis te laten wegrotten. De gekruisigde van Givat Hamivtar was een opvallende uitzondering. Zijn familie moet zo invloedrijk zijn geweest dat zij erin geslaagd was toestemming te krijgen het lijk van het kruis te halen; het moet ook een vermogende familie zijn geweest, getuige het feit dat zij zich een ossuarium kon permitteren. Aan de hand van de beenderresten kon voorts worden vastgesteld dat de jongeman op het kruis gebonden was geweest. Dit was de gebruikelijke methode, zoals historici eerder hadden vastgesteld. Doordat de armen boven het hoofd werden vastgebonden stierf de gekruisigde door verstikking. Het proces werd veelal verhaast door zijn benen te breken, waardoor hij zijn laatste steunpunt verloor. De handen van de gekruisigde vastspijkeren, een extra gruwelijke kwelling, kwam ook voor. Eerder waren de stoffelijke resten van een aan het kruis gespijkerde slaaf gevonden, bij wie de polsen aan de kruisbalk waren vastgenageld. Dit is anatomisch gezien een stuk logischer dan de handpalmen vastspijkeren. Want de handpalmen zouden door het lichaamsgewicht meteen inscheuren, waarmee het lichaam van de dwarsbalk zou vrijkomen.[11]

Opvallend aan de gekruisigde man van Givat Hamivtar was ten slotte de wijze waarop diens voeten aan het kruis waren genageld. Tegen de rechterenkel, die in het ossuarium lag, zat een versteend stuk hout van een olijfboom, met een door hout en enkel heen geslagen kromgebogen spijker van 12,5 centimeter. De verklaring die hiervoor werd gevonden was dat men bij het afnemen van het lijk van het kruis kennelijk de afgebogen spijker niet had losgekregen en daarom enkel met spijker en stuk hout van het kruis had gerukt, die tezamen in het ossuarium waren beland. De conclusie die hieruit valt te trekken, is dat gekruisigden met de benen aan weerskanten van de staander door de enkels aan het kruis werden vastgespijkerd. Op deze wijze is de gekruisigde Jezus ook tot in de vierde eeuw, toen men nog weet had van de Romeinse kruisigingspraktijk, afgebeeld. Eerst daarna wordt op kruisbeelden de gekruisigde één spijker door de voeten geslagen. De drie spijkers die dan nodig zijn vormen een dankbaar aangegrepen verzinnebeelding van de Drie-eenheid.

De nieuwe kennis over de kruisigingstechniek die door recente vondsten aan het licht is gebracht, stemt uitermate wantrouwig jegens heiligen, zoals laatstelijk nog pater Pio, die beweren de heilige stigmata, de wonden van Jezus, te hebben ontvangen in de vorm van doorboringen van handpalmen en voeten!

De spectaculairste vondst van een ossuarium is de recente ontdekking van dat van de broer van Jezus, Jakobus. De vondst was in de hele wereld voorpaginanieuws en Discovery Channel heeft er op tv een uitgebreide documentaire aan gewijd. De authenticiteit van dit ossuarium is nog een discussiepunt, vooral omdat de beenderkist niet is opgegraven, maar is gevonden bij een antiquair in Caïro. De man die hem daar vond, de paleograaf André Lemair van de Sorbonne, onthulde zijn ontdekking in het november-decembernummer van het tijdschrift *Biblical Archeology Review* – waarmee zowel de vermaarde Franse geleerde als de wetenschappelijke redactie van het prestigieuze tijdschrift hun naam aan de authenticiteit van het ossuarium hebben verbonden.

De kale beenderkist zonder ornamenten toont op een van de buitenwanden de Aramese inscriptie YA'AKOV BAR YOSEF AKNUI DIYESHUA (Jakob, zoon van Jozef, broer van Jezus). Het zou derhalve het ossuarium zijn van Jakobus, de leider van de vroege christengemeente in Jeruzalem, van wie Flavius Josephus schrijft dat hij in 63 na Christus door steniging om het leven is gebracht. Jakobus, Jozef en Jezus waren in Jeruzalem in de eerste eeuw veelvoorkomende namen. Maar niet velen konden zich een ossuarium veroorloven. Beperkt men het onderzoek van de namen tot deze bovenlaag dan is volgens een naamkundige van de universiteit van Jeruzalem de combinatie zo uitzonderlijk dat zij alleen betrekking kan hebben op de drie personen uit het evangelie: Jezus, zijn vader Jozef en zijn broer Jakobus. Eerder bleek dat wel vaker een familierelatie bij de naam op het ossuarium werd vermeld. Slechts in één geval is evenwel 'broer van' aangetroffen. Dit wijst erop dat Jezus van Nazareth rond 60 een beroemd man in Jeruzalem was geworden, dat wil zeggen binnen de christengemeente, die voor het ossuarium van Jakobus zal hebben zorggedragen.

De beenderkist is inmiddels aan meerdere onderzoeken onderworpen. Het Geologisch Instituut van Israël heeft na analyse van de kalkzandsteen vastgesteld uit welke kalkgroeve in de omgeving uit de eerste eeuw deze afkomstig is, en ook dat de kist rond tweeduizend jaar oud is. Nadat de kist naar Canada was getransporteerd, is deze daar in 2002 aan grondige onderzoeken onderworpen door het laboratorium van het Royal Ontario Museum. Daarbij zijn op de bodem van de kist microscopische sporen aangetroffen van fosfaatrijk materiaal, die wijzen op botresten. Met de ultraviolette spectograaf zijn minutieus de inscripties van de namen op de beenderkist onderzocht. Het vastgestelde patina van de ingekraste letters heeft de authenticiteit ervan bevestigd. Bij de huidige stand van het onderzoek naar het ossuarium van Jakobus lijkt het erop dat deze de beenderresten heeft bevat van Jakobus, zoon van Jozef, broer van Jezus – totdat het tegendeel wordt bewezen[12].

---

1 Zij schonk de Romeinse keizer Constantinus, met wie zij voordat hij keizer werd enige tijd samenleefde, een zoon die Constantijn de Grote zou worden.
2 De bisschop van Jeruzalem, de belangrijkste leverancier van het exportproduct, bemerkte na enige tijd dat met de splinterverkoop de kip met gouden eieren werd geslacht. De opvolger van Makarios kwam op een lumineus idee. Bij de start van het nieuwe pelgrimsseizoen toonde hij het kooplustig pelgrimspubliek een volkomen gaaf kruishout. Het kruis had zijn wonderkracht geopenbaard: wat eraf werd gesneden groeide vanzelf weer aan!
3 In zijn niet-aflatende ijver het christendom te zuiveren van zijn historische zonden heeft paus Johannes Paulus II ook over de kruistochten zijn leedwezen uitgesproken.
4 De atheïstische sovjetregering, die na de val van het tsarenrijk de erfgenaam van de Codex Sinaïticus werd, had geen moeite er afstand van te doen toen het British Museum in 1935 een substantieel bedrag ervoor bood.
5 Een deel van de Dode-Zeerollen was in handen geraakt van bedoeïenen die op rooftocht waren gegaan toen de kruiken voor westerse geleerden zulk een hoge waarde bleken te vertegenwoordigen; zij verkochten hun vondsten aan de meest biedende.
6 Onze landgenoot Gilles Quispel heeft de koffer in het koptisch museum in Caïro opgespoord en heeft, dankzij bemiddeling van koningin Juliana, weten te bereiken dat de inhoud ervan werd vrijgegeven.
7 De kans is klein dat het rooms-katholieke leergezag, dat in een ver verleden elk evangelie buiten de vier gecanoniseerde in de ban heeft gedaan en zich sedertdien in een ivoren toren van stilzwijgen heeft verschanst, zich over het evangelie van Tomas zal uitspreken, nog kleiner dan dat het dit evangelie als 'het vijfde evangelie' zal erkennen.
8 Evenals in de naam van de stad 'Caesarea' werd ook in de naam van de haven, 'Sebastos', keizer Augustus geëerd: 'Sebastos' was de mannelijke Griekse vorm van 'Augustus'.

9 Daardoor was het niet moeilijk om, zoals Lucas vertelt, in het dak een gat te maken en daardoorheen met een draagmat een zieke tot voor de voeten van de gebedsgenezer Jezus te laten zakken, omdat de talrijke klanten bij de voordeur de zieke de toegang tot het huis versperden.
10 Tussen de beenderresten van de vrouw bevond zich merkwaardigerwijs een bronzen munt. Het lijkt er veel op dat in de Kajafas-familie een heidens gebruik was binnengedrongen uit Griekenland, waar de geliefde dode een munt, obool, onder de tong werd gelegd opdat hij of zij in de onderwereld bij het oversteken van de Styx het veergeld kon betalen dat aan de veerman Charon verschuldigd was!
11 Een opmerkelijke 'authenticiteit' van de lijkwade van Turijn is dat deze een gekruisigde toont bij wie de spijkers tussen de handwortels in de pols zijn geslagen. Het getuigt van de anatomische kennis van de auteur van de lijkwade – hetgeen spreekt voor Leonardo da Vinci; als beeldend kunstenaar van de Renaissance was hij uiteraard vertrouwd met de menselijke anatomie.
12 De Israëlische Raad voor de Antieke Oudheid, die meent dat het ossuarium een vervalsing is, is gestart met een actie voor een contra-expertise.

Slotbeschouwing
Christendom zonder Christus

De uiteindelijke opgave waarvoor de biograaf van Jezus van Nazareth staat vraagt van hem naast historisch inzicht de vindingrijkheid van een detective. Hij zal een bevredigend antwoord moeten vinden op de vraag: waar is het lijk gebleven? Antwoord zoeken op deze vraag is net als in een detective een kwestie van elimineren, combineren en deduceren. Mocht ooit een antwoord worden gevonden, dan opent zich het veel verderstrekkende vraagstuk wat dat voor het christendom zou betekenen.

DE KWESTIE VAN HET VERDWENEN LIJK

Het antwoord op de vraag waar het lijk van Jezus van Nazareth gebleven is dat nu al bijna twee millennia opgeld doet is dat er geen lijk is! Jezus van Nazareth zou uit zijn graf zijn opgestaan en met lichaam en al ten hemel zijn gevaren. Een aardse historicus noch een aardse detective kan tot bovenaardse oplossingen zijn toevlucht nemen; vanaf het ontstaan van de mensheid is het een ervaringsgegeven dat wanneer een mens sterft een lijk overblijft.

Een realistischer antwoord op de vraag naar het verdwenen lijk wordt door het evangelie zelf aangereikt. Matteüs schrijft:

> De volgende dag (paaszaterdag) gingen de opperpriesters en schriftgeleerden gezamenlijk naar Pilatus en zeiden: Heer, wij herinneren ons dat de bedrieger toen hij nog leefde gezegd heeft: Na drie dagen zal ik verrijzen. Geef daarom order de veiligheid van het graf te verzekeren, tot de derde dag toe; zijn leerlingen mochten Hem anders eens kunnen stelen, en aan het volk zeggen: Hij is van de doden verrezen. Dit laatste bedrog zou nog erger zijn dan het eerste.

Alle vier evangelisten vertellen dat een lid van het sanhedrin, Jozef van Arimatea geheten, volgens hun zeggen een sympathisant van Jezus, de landvoogd had gevraagd het lijk van het kruis te mogen af halen om het te begraven. Pilatus liet volgens Marcus de centurio roepen die toezicht had gehouden op de kruisiging en vroeg of de gekruisigde al dood was. Toen de Romeinse militair dat beaamde, gaf Pilatus de opperpriester de gevraagde toestemming. Volgens Johannes voegde zich daarna Nicodemus bij Jozef van Arimatea. Samen haalden ze Jezus van het kruis, wikkelden hem in een lijkwade, legden hem in een leeg graf nabij de executieplaats en sloten de grafholte af met een sluitsteen. De verrassende interventie van het lid van het sanhedrin wordt door de evangelisten op zakelijke toon gerapporteerd, zonder dat profeten erbij worden gehaald die het al zouden hebben voorzegd. Even zakelijk klinkt het vervolg van het relaas van Matteüs.

Nadat de opperpriesters 's maandags ter ore gekomen was dat het graf was geopend en dat het lijk was verdwenen, verwachtten ze dat Pilatus een onderzoek zou laten instellen naar het raadsel van het verdwenen lijk. Uit niets blijkt dat de prefect inderdaad een onderzoek heeft laten instellen. Met de melding dat het vonnis was voltrokken en zijn toestemming het lijk te laten begraven was de zaak voor de landvoogd waarschijnlijk afgedaan. Pontius Pilatus kon niet bevroeden dat de verdwijning van het lijk van een gekruisigde Galilese hasid de grondslag zou leggen voor een christendom dat enkele eeuwen later de boedel van het Romeinse Rijk zou overnemen.

In een voorgaand hoofdstuk bleek dat de kritische Hamburgse leraar klassieken Reimarus al in de achttiende eeuw als waarschijnlijke verklaring voor de verdwijning van het lijk heeft aangedragen dat Jezus' leerlingen het hadden verdonkeremaand. Het zal een klein groepje zijn geweest dat in het complot zat: de *inner core* van het apostelenconvent, Johannes, Petrus en Jakobus, daarnaast waren wellicht de drie vrouwen die in de evangelies bij de begrafenis van Jezus ten tonele worden gevoerd, in het complot ingewijd. Reimarus heeft ook een aannemelijk motief van de complotteurs aangereikt. Door het lijk te laten verdwijnen wilden ze de voorspelling van hun geliefde meester, dat hij de derde dag zou verrijzen, redden; tegelijk voorkwamen ze ermee dat zij en hun broeders en zusters voortaan als volgelingen van een quasi-Messias belachelijk gemaakt zouden worden.

In deze complottheorie rijst de vraag wat de rol is geweest van Jozef van Arimatea en Nicodemus. Zijn zij vroeger of later in het complot betrokken? Of hebben deze twee vooraanstaande joden het lijk doen verdwijnen, buiten de apostelen om? Ook voor hen gold als motief dat zij de rabbi Jezus waren toegedaan. Daar kwam wellicht als motief bij dat zij nog een appeltje te schillen hadden met Kajafas. De hogepriester had hen buiten de rechtszitting van het overhaast bijeengeroepen sanhedrin gelaten, waar ze het doodvonnis tegen Jezus van Nazareth hadden kunnen tegenhouden. Ten slotte is denkbaar dat onbekende derden, al dan niet in samenwerking met de twee opperpriesters, het lijk hebben doen verdwijnen. Hoe dan ook is de enige rationele verklaring voor het feit dat op paasdag een leeg graf werd aangetroffen, dat het lijk daar was weggehaald.

Je kunt een lijk op meer dan één manier laten verdwijnen. De meest afdoende methode is het te verbranden. Verbranding druiste evenwel zo in tegen de joodse orthodoxie dat we die optie gereedlijk kunnen uitsluiten. Een enkele historische exegeet heeft de mogelijkheid geopperd dat Jezus' leerlingen het lijk van hun leermeester hebben meegenomen naar hun land Galilea en het daar ergens hebben begraven. Het lijkt mij een hachelijke onderneming bij een dagtemperatuur van circa 25 graden zonder afdoende conserveringsmiddelen een lijk te transporteren over een afstand van 150 kilometer, wat te voet verscheidene dagen zou hebben gevergd. De stank van het ontbindende lijk zou gaandeweg zo penetrant worden dat het bij iedere passant argwaan moest wekken. Bovendien zouden het transport naar en de teraardebestelling in Galilea ertoe hebben genoodzaakt zo veel lieden in het complot te betrekken dat er alle kans zou zijn geweest dat deze of gene zijn mond had voorbijgepraat. Het lijkt mij al met al uiterst onwaarschijnlijk dat het lijk naar Galilea verdwenen is.

De joodse bijbelvorser Flusser heeft de twee vooraanstaande joden die in de evangelies als de lijkbezorgers van Jezus van Nazareth worden opgevoerd in de rabbijnse literatuur teruggevonden. Jozef van Arimatea, lid van het sanhedrin, was een rijk man die wegens zijn weldadigheid zeer werd geacht. Nicodemus die evenals Jezus uit Galilea kwam, bekleedde een hoge bestuursfunctie in Jeruzalem, behoorde tot de drie rijkste patriciërs van Jeruzalem en was wellicht eveneens lid van de Joodse Hoge Raad. Het lijkt mij niet onaannemelijk dat deze vooraanstaande joden, bovendien *well to do*, de gekruisigde, die ze kennelijk hoog hadden, wilden begraven op een wijze die paste bij hun eigen stand: in een ossuarium. In het voorgaande hoofdstuk is uiteengezet dat bijzetting in een beenderkist in twee fasen verliep. Het lijk moest eerst een tijdje in een (voorlopig) graf worden gedeponeerd om het tot ontbinding te laten overgaan.

Zou men Father Brown vragen waar je een lijk moet verstoppen dan zou zijn antwoord ongetwijfeld luiden: tussen andere lijken. Wellicht hebben de complotteurs, wie het ook waren, het lijk uit de grafkamer gehaald en het tussen andere lijken gelegd die lagen te composteren. Ze hoefden daarvoor niet ver met het lijk te sjouwen. Archeologisch onderzoek heeft uitgewezen dat de rotsachtige heuvel waar Jezus aan het kruis hing voorheen een steengroeve is geweest, die in Jezus' tijd behalve als executieplaats als grafheuvel diende. Het zal derhalve geen al te moeilijke opgave zijn geweest daar grotten of spelonken te vinden waar lijken lagen opgeslagen.

De volgende stap in deze, uiteraard uiterst speculatieve, reconstructie zou zijn geweest dat na één à twee jaar de beenderen van het vergane lijk zijn verzameld en in een ossuarium zijn opgeborgen. Een ossuarium werd, zoals in het voorgaande hoofdstuk bleek, bijgezet in een schacht die werd uitgegraven nabij de plek waar de botten van het vergane lijk waren verzameld. De beenderkist van Jezus van Nazareth zou in deze reconstructie kunnen zijn ingegraven in een schacht in een van de uitgegraven grotten en spelonken van de grafheuvel, die in Jezus' tijd nog de vorm had van een schedel en daarom naar het Aramese woord voor schedel in de volksmond de naam Golgotha droeg.

Golgotha is het object geweest van grondig archeologisch onderzoek. Daarbij is nauwgezet, volgens het procédé van *Excavating Jesus*, laag na laag uitgegraven en gedateerd. De onderste laag bleek, zoals boven werd vermeld, een steengroeve te zijn geweest, waarvan de uitgravingen als graven zijn gebruikt. Daarbovenop werden de restanten gevonden van een Romeinse tempel, gewijd aan de Griekse godin der zinnelijke lusten Aphrodite, die was gebouwd na de tweede Grote Joodse Opstand van 134, toen keizer Hadrianus alle joden uit Jeruzalem had verjaagd. Het was deze heidense tempel die Helena aantrof toen zij in 324 Jeruzalem bezocht. Op haar aandringen besloot keizer Constantijn op de ontheiligde plek een heiligdom te laten oprichten dat recht deed aan de vrome herinnering aan Jezus' kruisdood en aan het Heilig Graf waarin hij voor zijn verrijzenis zou hebben gerust. In een brief aan de bisschop van Jeruzalem, Makarios, maakte de keizer duidelijk dat hij het groots wilde aanpakken:

> Wij mogen u ervan overtuigen dat het Onze grote zorg is, wat eenieder wel duidelijk zal zijn, dat die plaats, die onder goddelijke leiding door Ons is bevrijd, met een magnifiek en passend bouwwerk wordt getooid. De basilica die hier zal verrijzen moet niet alleen qua uiterlijk het mooiste bouwwerk worden van Ons rijk, maar zal ook in haar aankleding de bouwwerken van alle steden in pracht moeten overtreffen. Schrijft u Ons, zodra u het bouwplan bestudeerd hebt, met welke pilaren en marmer Wij de basiliek zo kostbaar mogelijk, maar tegelijk dienstbaar aan haar doel kunnen maken, zodat de benodigde materialen, in welke omvang ook en waar deze maar te vinden zijn, kunnen worden aangevoerd.

Eusebius, bisschop van Caesarea, die getuige was van het grondwerk dat voor Constantijns basiliek moest worden uitgevoerd, schreef aan de keizer dat met het slopen van de tempel van Aphrodite zonder twijfel de plaats was blootgelegd waar Jezus in het graf was neergelegd en was verrezen. De heuvel werd geëgaliseerd, waardoor deze haar schedelvorm verloor, en op wat eens steengroeve, begraafplaats en executieplaats was geweest, en waar een heidense Venustempel had gestaan, werd een indrukwekkend heiligdom opgericht, dat zich van oost naar west over ruim tweehonderd meter uitstrekte. Het bestond uit een voorhof, dat de naam 'heilige tuin' kreeg, uit een rijk gedecoreerde basilica van zestig bij veertig meter, uit een binnenhof, waar de

Afb. 20. Reconstructie van de Kerk van het Heilig Graf van keizer Constantijn.

rotsen van Golgotha zichtbaar bleven, en uit een koepel boven een praalgraf op de plaats waar Jezus' graf zou zijn geweest.

Constantijns bouwwerk kwam in 336 gereed, doch werd later door Arabieren goeddeels verwoest. In 1330 werd het door kruisvaarders herbouwd. Na een grote brand in 1808 is de kerk gerestaureerd. De basilica, die niet de naam 'Kerk van de glorieuze Verrijzenis' kreeg, doch 'Kerk van het Heilig Graf', is nog steeds terug te vinden in de oude stad van Jeruzalem aan het eind van de Via Dolorosa.

DE CHRISTELIJKE INVLOED OP DE WESTERSE BESCHAVING

Laten we eens aannemen dat, zoals het ossuarium van Kajafas en, waarschijnlijk, dat van zijn broer Jacobus, ook ooit het ossuarium van Jezus van Nazareth zou worden gevonden – bijvoorbeeld onder de fundamenten van de kerk in Jeruzalem met de intrigerende naam 'Kerk van het Heilig Graf'. Het gaat niet zozeer om de realiteitswaarde van deze – hetzij herhaald – speculatieve veronderstelling, maar om de vraag wat de consequenties zouden zijn voor het christendom wanneer we de herrijzenis van Jezus van Nazareth in de gedaante van Jezus Christus moeten loslaten, wat immers de uitkomst is van mijn onderzoek in dit boek, of er van Jezus een wetenschappelijke biografie is te schrijven.

Voor Paulus zou de consequentie duidelijk zijn geweest. Als Jezus niet is verrezen, dan is het christelijk geloof ijdel, zo hield hij de Corinthiërs voor. Paulus schreef dit in het prille begin van het christendom. Hij kon niet vermoeden dat de organisatie waaraan hij door zijn prediking en brieven body had gegeven een wereldwijde multinational zou worden die bijna tweeduizend jaren later nog steeds zou bestaan. Nog minder was Paulus zich ervan bewust dat juist zijn missionering onder de heidense Europeanen ertoe heeft geleid dat het christendom zich heeft genesteld in de westerse beschaving.

De Engelse geschiedfilosoof Arnold Toynbee (1889-1975) beweerde in zijn indrukwekkende *Study of history* dat de westerse beschaving, net als de beschavingen die haar waren voorafgegaan en de enkele die hij nog meende te ontwaren, zou blinken, zinken en ten slotte vergaan. Zijn tijdgenoot de Franse cultuur-filosoof Teilhard de Chardin (1881-1951), die in zijn geestverruimende studie *Le phénomène humain* heeft laten zien dat de evolutie van de aarde haar vervolg vindt in de geschiedenis van de mensheid, onderkende echter dat alleen de westerse beschaving de boom des levens nog sappen toevoert; hij voorzag dat deze beschaving voorbestemd was als enige over te blijven. Inderdaad is onze westerse beschaving thans zo niet de enig overgebleven dan toch de dominante beschaving geworden. Nog meer dan toen het Westen gewapenderhand andere volkeren overmeesterde beheerst de westerse beschaving met haar markteconomie heden ten dage de wereld, waarin zich dankzij de intense communicatie een mondiale globalisering aan het voltrekken is.[1]

De geschiedenis van de westerse beschaving is, sedert keizer Constantijn in 313 het machtige Romeinse Rijk onder de bescherming van de God der christenen stelde, gaan samenvallen met de geschiedenis van het christendom. Men kan menen dat de Verlichting de breuk vormt in het samengaan van hun beider lotgevallen, dit is echter optisch bedrog. De Verlichting heeft in verscheidene westerse landen weliswaar geleid tot een scheiding van kerk en staat, doch dat is niet gepaard gegaan met een scheiding van godsdienst en politiek. Integendeel, in de negentiende eeuw en de eerste helft van de twintigste eeuw, toen de democratie de westerse burger geleidelijk politiek bewust maakte, heeft het christendom zich *in politicis* danig doen gelden. In de loop van al die eeuwen die verlopen zijn sedert het edict van Milaan is de westerse beschaving zo doortrokken geraakt van de christelijke invloed dat ook wanneer het christendom zich ontdoet van de christologische mythevorming de wereld gekenmerkt zal blijven door christelijke cultuur, christelijk denken en christelijke waarden en normen.

Daar is allereerst de westerse cultuur, ik doel op het domein van de schone kunsten. Door de Christusmythe los te laten zal de Christusfiguur niet uit de literatuur, de beeldende kunst, de muziek, de architectuur verdwijnen. De lezer zal de wereldliteratuur, van Dantes *Divina Commedia* tot Dostojevski's *Schuld en boete*, nauwelijks kunnen begrijpen als hij geen notie heeft van het christelijk erfgoed. Aan de muziekliefhebber gaat de dramatische kracht van Bachs *Matthäus Passion* goeddeels voorbij als hij het lijdensverhaal van Christus niet kent. Talloze schilderingen worden zonder herkenning van de Christusfiguur ondoorgrondelijk. Een Japanse toerist zal in zijn baedeker eerst moeten opzoeken wie en wat Christus is geweest, wil hij de architectonische hoogtepunten in de kerkelijke bouwkunst van Europa kunnen appreciëren – en de wereld zal zich wel niet meer ontdoen van de christelijke jaartelling![2]

En het westerse denken? Zeker, aan de bron daarvan staan de Griekse filosofen. Maar hun wijsbegeerte moest eerst worden herontdekt door christelijke denkers, die hun theorieën absorbeerden, eruit selecteerden en aan het christelijke denken aanpasten, voordat ze werden opgenomen in het westerse denken. Plato's metafysica en Ideeënleer en diens theorema over de onsterfelijkheid van de ziel, dat zo wezenlijk werd voor het christendom, hadden een Augustinus (354-430) nodig om het platonisme in het westerse denken te doen doordringen. Augustinus gaf op zijn beurt het 'cogito ergo sum' door aan Descartes, die er zijn Godsbegrip uit destilleerde, en beïnvloedde tot in de negentiende eeuw denkers als Max Scheler. Het aristotelische denken, dat in de vroege Middeleeuwen via de Arabische filosofen Avicenna en Averroës bekend werd in Europese geleerdencentra, is dankzij de kerkvader Thomas van Aquino (1225-1274) meer dan enig ander filosofisch stelsel het draagvlak van het westerse denken geworden. De *doctor angelicus*, die zijn filosofie volledig in dienst stelde van de theologie, voerde met zijn leerstuk dat de lessen der openbaring door de natuurlijke rede gekend kunnen worden Aristoteles binnen in het christendom. De geleerde dominicaan was niet alleen de leermeester der scholastici, zijn op Aristoteles gebaseerde wijsbegeerte herleefde in de zeventiende eeuw, toen het thomisme het concept van het natuurrecht inbracht in de westerse beschaving, waarmee ook het belangrijke rechtsbeginsel van de particuliere eigendom als natuurlijk recht werd vastgelegd. In de tweede helft van de negentiende en de eerste helft van de twintigste eeuw was het neothomisme de belangrijkste filosofische denkrichting aan vele universiteiten van Europa en Amerika en heeft vrijwel alle grote denkers van die tijd gevormd.

Ook filosofen die zich aan het christendom ontworstelden zijn er veelal door gevormd en beïnvloed. Zo moest Friedrich Nietzsche, zoon van een predikant en opgegroeid in een streng protestants-christelijk milieu, zich eerst ontdoen van de christelijke 'ballast' voordat hij de God der christenen dood kon verklaren. Je ontworstelen aan een denksysteem dat je heeft gevormd brengt onvermijdelijk met zich mee dat residuen van het oorspronkelijke denksysteem achterblijven in je wijze van denken, in de metaforen die je kiest, in de nieuwe moraal die je verkondigt. Dit geldt in wel hoge mate voor de tobbende christen Kierkegaard, die voor Sartre naar diens zeggen de inspirator is geweest voor het existentialisme.

Het zijn enkele grove lijnen waarmee ik mijn stelling wil illustreren dat ook op het terrein van de filosofie het christendom de bakermat van de Europese beschaving is. Evenals de Griekse filosofie door christelijke denkers pasklaar is gemaakt voor het westerse denken, zo heeft het Romeinse recht via het christendom zijn neerslag gekregen in onze juridische handboeken en rechtsstelsels. Het waren Tribonianus en zijn christelijke medejuristen die in opdracht van de byzantijnse keizer Justinianus I in 534 het Romeinse recht voor de christelijke natie hebben vertaald in hun magistrale codificatie van de *Codex Juris Civilis* – die geleidelijk ook het primitieve recht van de 'leges barbarorum' in onze contreien verving.

Waarden en normen? Het gaat minder om waarden dan om normen. Waarden hebben vaak een universeel karakter, het is evenwel de normering van die waarden die het eigene van een beschaving kenmerkt. Waarden als naastenliefde en ontzag voor de schepping en basisconcepten als monotheïsme en het koninkrijk Gods mogen van oorsprong joodse waarden en basisconcepten zijn, het christendom heeft ze in de loop van de eeuwen genormeerd en als christelijke normen in de westerse beschaving ingeplant.

Aan zijn joodse wortels heeft het christendom het monotheïsme ontleend, maar de ontzagwekkende Jahwe, die onder donder en bliksem op de berg Sinaï aan Mozes de stenen tafelen gaf, waarin zijn geboden waren gebeiteld, heeft in het christendom een metamorfose ondergaan. Hij is een God geworden voor alledag, die door de gelovige christen wordt gepercipieerd als een persoonlijke God, met wie hij in gebed kan communiceren en aan wie hij zijn zorgen, verwachtingen en verlangens kan voorleggen. De joodse profeten hadden het koninkrijk Gods beloofd. Jezus heeft het overgenomen. Het was de belofte van een koninkrijk, niet van een republiek, zoals het machtige Romeinse Rijk vóór keizer Augustus was geweest. De overtuiging dat de menselijke soort door koningen moet worden geleid en dat deze hun mandaat rechtstreeks van God ontvangen is dankzij het christendom eeuwenlang *common knowledge* van westerse onderdanen geweest – in een modern land als het onze vindt de burger die notie nog immer terug in de aanhef van zijn wetten: 'Wij Beatrix, bij de gratie Gods, koningin der Nederlanden.'

Universele waarden zijn door het christendom genormeerd, maar de normen blijken vaak idealen waarvan de verwezenlijking te wensen overlaat. Zo heeft het christendom het radicale pacifisme dat Jezus preekte ('Als iemand u op de rechterwang slaat, keer hem dan ook de andere toe') weliswaar in zijn vaandel geschreven, doch vele christenen hebben achter dat vaandel aangelopen zonder zich de leuze die er aan de voorkant op stond nog bewust te zijn – en niet zelden hebben godsgezanten de wapens gezegend waarmee christenen elkaar te lijf gingen. Ethiek is een set van idealen waarvan de verwezenlijking een moeilijke opgave is; het nastreven ervan is de stuwkracht voor de ontwikkeling van de morele component van een beschaving. Heeft de westerse beschaving dankzij het christendom moreel ook vooruitgang geboekt?

Het evangeliewoord 'Wat gij de minsten der Mijnen hebt gedaan, hebt ge Mij gedaan' heeft toegewijde christelijke broeders en zusters – zoals nog in onze dagen Albert Schweitzer en Moeder Teresa – ertoe bewogen hun leven te wijden aan de lijdende medemens. De christelijke ziekenzorg, in wat nog niet zo lang geleden 'gasthuizen' werden genoemd, is het begin geweest van een ziekenhuiswezen dat voor ons een vanzelfsprekende uitrusting is geworden van een beschaafde natie. Caritas, het gebod zich om de naasten te bekommeren, ligt ook ten grondslag aan de christelijke armenzorg, die door toegewijde christenen al evenzeer als dienst aan zijn God is opgevat. De bergrede uit het evangelie met haar concept van sociale rechtvaardigheid heeft aan de caritas een nog veel breder fundament gegeven. Met haar beroep op onderlinge solidariteit is Jezus' bergrede een verre inspiratiebron geweest voor de sociale wetgeving die westerse landen in de twintigste eeuw hebben opgebouwd, nadat de christelijke notie van broederschap en het socialistische gelijkheidsbeginsel elkaar in *politicis* hadden gevonden.

Christelijke normen die in de westerse beschaving hun neerslag hebben gekregen zijn niet alle meer allemans idealen. Men mag echter niet te snel concluderen dat de idealen waaruit verouderde normen voortkomen niet langer een deel vormen van de westerse beschaving. Respect voor het – in het oog van de christen door God gegeven – leven verbiedt volgens hem abortus en euthanasie; respect voor het leven ligt nog steeds ten grondslag aan de wetgeving van de westerse landen. De normering van deze universele waarde wordt in het huidige rechtsbewustzijn thans allerwegen als te rigide ervaren. Maar ondanks de versoepeling van abortus- en euthanasiepraktijk is niet te verwachten dat regeringen van onze westerse landen, zoals in China, ter wille van geboortebeperking de vrouw die van haar tweede kind in verwachting is zullen dwingen zich te laten aborteren. Evenmin is te verwachten dat de radicale euthanasiepraktijk van het Derde Rijk nog ooit zal herleven. Een ander voorbeeld biedt de monogamie uit de joodse traditie, die door Jezus nog werd verscherpt ('Al wie naar een andere vrouw kijkt en haar begeert, heeft in zijn hart al echtbreuk met haar gepleegd'). Het monogame huwelijk van man en vrouw is dankzij het christendom de grondslag geworden van de westerse huwelijkswetgeving en van het familierecht. Men mag menen dat met de legalisering van het homohuwelijk in enkele westerse landen het traditionele huwelijk is doorbroken, het is evenwel niet te verwachten dat onze westerse wetgeving ter regulering van de procreatie nog eens zal overstappen naar polygamie als norm.

De Heidelbergse catechismus verklaarde dat de mens van nature geneigd is tot het kwade, en daarom door een strenge christelijke moraal moet worden ingetoomd. Het is geen blijmoedige boodschap. Onze strafwetgeving, die niet minder dan huwelijks- en familierecht de resultante vormt van een christelijke moraal, houdt er echter terdege rekening mee dat de burger zoal niet geneigd dan toch in ieder geval in staat is tot het kwade. De postchristen, die het geloof der vaderen achter zich heeft gelaten, wordt daarmee nog niet een prechristelijke heiden – evenmin als een gescheiden vrouw weer maagd wordt! De atheïstische humanist heeft dan ook de christelijke notie van goed en kwaad niet overboord gezet, maar noemt de christelijke moraal die in onze strafwetgeving zijn neerslag heeft gekregen 'intuïtieve moraal'.

Het protestants-christelijke denken heeft uit de bijbel de opdracht tot goed rentmeesterschap geput. Dit is de notie dat de mens gedurende zijn korte aardse bestaan van de schepping Gods mag profiteren, maar het verrijkt aan het nageslacht moet nalaten. De socioloog Max Weber heeft in de neiging van calvinistische rentmeesters tot kapitaalaccumulatie de bron van het westerse kapitalisme menen te ontwaren; anderen herkennen in het rentmeesterschap een bijbelse opdracht tot milieubescherming, die in onze generatie haar weg heeft gevonden naar de westerse wetgeving.

GLOBALISERING

De Griekse wijsgeer Protagoras zei dat de mens de maat van alle dingen is en dat daarom de ene beschaving de andere niet de morele maat mag nemen. Zo is de blijde boodschap van Jezus van Nazareth door de christenen niet verstaan. Integendeel, de evangelische opdracht die de christen het meest tot de verbeelding heeft gesproken is: 'Gaat en onderwijst alle volkeren.' Dit woord is door de christenen opgevat als de apostolische opdracht de mensheid tot het christendom te bekeren. Monniken die met Jezus' opdracht in hun ransel eropuit trokken hebben in alle 's heren landen kloosters gesticht en van daaruit tegelijk met het christelijke geloof westerse kennis en vaardigheid verbreid – na de Reformatie voegden protestantse zendelingen hun apostolische activiteiten bij die van de katholieke missionarissen.

De missionarissen en zendelingen volgden het spoor van westerse veroveraars, die de door hen veroverde gebieden koloniseerden. Spaanse conquistadores, Europese landverhuizers en gedeporteerde Britten hebben in Zuid-Amerika, Noord-Amerika en Australië tegelijk met de inheemse bevolking haar beschaving verdreven en er christelijke staten gevestigd. Gekoloniseerde landen in Azië en Afrika is het in wezen niet anders vergaan. Daar hebben de kolonisatoren grenzen getrokken rond hun 'overzeese bezittingen' en er het bestuur van hun koloniën georganiseerd. Ze hebben de economie van de veroverde landen geïntegreerd in de economie van het moederland, er ter wille van de economische integratie producten, technieken en infrastructuur ingevoerd en de inheemse bevolking als werkvolk ingelijfd. Missionarissen en zendelingen vonden in de 'heidense' landen van Azië en Afrika een nog grotere uitdaging dan in Amerika en Australië. Zij hebben hun bekeringswerk ondersteund met scholen en medische zorg en tegelijk met het christelijke geloof christelijke normen geïntroduceerd. Zo nodig met de sterke arm van de kolonisator hebben zij heidense gebruiken zoals kannibalisme, weduweverbranding en bloedwraak uitgeroeid.

Het zijn de scholen en universiteiten van zending en missie geweest die de westers geschoolde intelligentsia hebben opgeleid die na de dekolonisatie hun landen te leiden kreeg. Het is daarom niet verwonderlijk dat de voormalige gekoloniseerde landen nadat ze onafhankelijk waren geworden de bestuursinrichting, economie en infrastructuur van de voormalige kolonisatoren overnamen – compleet met de koloniale grenzen van hun staten, die niet de oorspronkelijke begrenzing van stam en streek volgen, maar die getrokken waren, niet zelden langs de liniaal, op de departementen van Koloniën der voormalige kolonisatoren.

Mogen de kolonisatoren zijn vertrokken, de missionarissen en zendelingen en hun christelijke adepten zijn gebleven en hebben hun christelijke onderwijs, hun medische zorg, hun vakonderricht voortgezet. In menig ontwikkelingsland vormt thans het christelijk onderwijs het kwaliteitsonderwijs waaraan de *ruling class* bij voorkeur zijn kroost toevertrouwt, en wanneer deze elite en hun gezinsleden een operatie moeten ondergaan vertrouwen zij die alleen toe aan christelijke ziekenhuizen.

Missie en zending zijn voor ons archaïsche begrippen geworden, maar de apostolische drive die het christendom in de westerse beschaving heeft ingeplant is gebleven. Deze drive is de motor geworden van wat globalisering is gaan heten, die thans de hele wereld omspant. Marx heeft het al gezegd: de eigenlijke drijfveer van de westerse expansie is het economische belang. Evenals de kolonisatoren, door economische motieven gedreven, veroverd gebied in hun economie inlijfden, zo zijn het thans de verkondigers van de markteconomie die de hele wereld in één grote wereldeconomie proberen te integreren.

Marx heeft ook gezegd: de economische onderbouw bepaalt de culturele bovenbouw. Tegelijk met de westerse markteconomie worden westerse waarden en normen geëxporteerd die, zoals eerder betoogd, in het christendom hun bron vinden. Niet-westerse landen, waarvan de cultuur in een geheel andere bedding is gevormd, moeten zich de westerse beschaving eigen maken, willen ze hun deel krijgen van de vetpotten van de door het westen gedomineerde wereldeconomie. Hun beschavingen hebben geen alternatieven gevonden voor de zwaartekrachtwetten van Newton, voor de ontploffingsmotor, voor $E=MC^2$, waarop ze aangewezen zijn als ze met het Westen technologisch in de pas willen blijven. Zij zullen, goedschiks of kwaadschiks, onze parlementaire democratie moeten adapteren. Ze dienen wat hun bewapening betreft non-proliferatieverdragen te ondertekenen die het westen hun opleggen en zich aan te sluiten bij milieubeschermingsnormen die door het westen zijn ontwikkeld. Zij zullen de mensenrechten in acht moeten nemen die in 1948 door een nog vrijwel westerse Verenigde Naties zijn vastgelegd in de Universele Verklaring van de Rechten van de Mens, waarvan het eerste het beste artikel al laat zien dat ze aan de westerse beschaving zijn ontsproten:

> Alle mensen worden vrij en gelijk in waardigheid en recht geboren. Zij zijn begiftigd met verstand en geweten en behoren zich jegens elkaar in een geest van broederschap te gedragen.

DE PROFEET JEZUS VAN NAZARETH

Keren we nog één keer terug bij de Jezusfiguur. Jezus van Nazareth was niet de eerste christen, maar de laatste der grote joodse profeten. Ook wanneer de historische Jezus van Nazareth wordt losgemaakt van de mythologische Christus, dan blijft hij de grootste wereldhervormer die de geschiedenis heeft gekend – al dankt hij die status aan de mythologische gedaante waarin hij eeuwenlang is overgeleverd.

Verwacht kan worden dat voortgaande ontmythologisering van Jezus van Nazareth geleidelijk de christelijke kerkgenootschappen tot ontbinding zal brengen, en dat hun kerkgebouwen hun functie zullen verliezen. Dat proces is in een land als het onze al volop gaande. Religiositeit, zo heb ik in het voorwoord beweerd, is een kwestie van aanleg: de een heeft die wel, de ander niet. Er zullen wel altijd christelijke sekten blijven die hun dogmatiek blijven koesteren en daarvan in bedehuizen willen getuigen. Maar wat eens de heersende cultuur was in christelijke landen, is meer en meer een subcultuur aan het worden. Wat uiteindelijk van de christelijke godsdienst zal overblijven is de herinnering aan de profetische wereldhervormer Jezus van Nazareth. Als wereldhervormer neemt hij de ereplaats in tussen de wereldhervormers, die evenals hij in lang vervlogen tijden de mensheid een leer wilden aanreiken voor een betere wereld: Mozes, Boeddha, Confucius en Mohammed. Als de Christusfiguur heeft Jezus als een splijtzwam gewerkt, als de profeet Jezus van Nazareth kan hij een bindweefsel worden.

Een splijtzwam: in Christus' naam is de kerk die zijn naam draagt versplinterd in een niet meer te overzien aantal denominaties en sekten, die vaak bittere strijd met elkaar voeren; zij die afweken van de leer van hun kerk zijn als ketters bestempeld en vaak wreed vervolgd. De Christusfiguur is een splijtzwam geweest tussen de wereldgodsdiensten; niet-christenen zijn door de christenen in het beste geval als verdoolde, in de meeste gevallen als vijandige heidenen beschouwd, en wilden ze zich niet tot het christendom bekeren dan werden tegen hen in Christus' naam bloedige godsdienstoorlogen gevoerd. Bovenal is in het teken van zijn kruis het joodse volk waaruit Jezus zelf voortkwam eeuwenlang vervolgd, omdat christenen het ervan beschuldigden Christenmoordenaars te zijn.

Als profeet zou Jezus van Nazareth een heilzaam bindweefsel kunnen worden. De islam heeft van het begin af aan, naast Abraham en Mozes, Jezus als profeet geëerd. Wellicht zal hij ooit door de joden, zoals door Martin Buber, worden erkend als de laatste van hun grote profeten. De boeddhist zal in een immanente profeet Jezus van Nazareth in plaats van een transcendente Jezus Christus misschien een evenbeeld herkennen van De Verlichte, die de Indiërs vijf eeuwen voor Jezus van Nazareth al voorhield dat het leven slechts lijden kan zijn als de *homo consumens* tracht zijn nimmer eindigende aardse begeerten te bevredigen in plaats van rust te zoeken in zijn karma. De profeet Jezus van Nazareth zal geen weerstand oproepen bij de aanhangers van het confucianisme, waarvan de grondlegger met zijn leerlingen door China trok om evenals Jezus van Nazareth dat vier eeuwen later in Palestina zou doen in een door rituelen verstarde samenleving een ethisch reveil te preken. Ten slotte is er één wereldgodsdienst, het hindoeïsme, die geen grondlegger kent, die de meest tolerante lijkt van allemaal en die daarom wellicht is voorbestemd om een dialoog tussen de wereldgodsdiensten op gang te brengen over de waarden en normen die ze voorstaan.

Afb. 21. Mohammed broederlijk met Jezus op stap; Perzische miniatuur achttiende eeuw.

In een wereld die op weg is een *global village* te worden zal een oecumene van de wereldgodsdiensten hopelijk de dreiging van een clash of civilizations kunnen afwenden. Hierin schuilt een goede reden om voort te gaan met het wetenschappelijk onderzoek naar de historische Jezus van Nazareth. Dat onderzoek kan het vereiste materiaal aandragen voor een wetenschappelijke biografie, die de mythologische Godmens kan terugbrengen tot een menselijke profeet, zoals de andere wereldhervormers dat waren, en hem daarmee voor niet-christenen acceptabel maken.

---

1 Ook China, wiens beschaving Toynbee nog zag als een serieuze concurrent van die van het Westen, en dat momenteel als een sterke wereldeconomie komt opzetten, is deel van de westerse beschaving geworden toen Mao Zedong in navolging van Sun Yat-sen de rijke mandarijnentraditie afzwoer en op 1 oktober 1949 de volksrepubliek onder het beschermheerschap stelde van het marxisme, een van de ideologieën die uit de Europese Verlichting zijn voortgekomen.
2 Tijdens de Franse revolutie is tevergeefs getracht om voor de christelijke jaartelling een andere in de plaats te stellen. Ook buiten Europa lukt dat niet. In een land als Thailand bijvoorbeeld, dat met een aandoenlijke hardnekkigheid probeert vast te houden aan de boeddhistische jaartelling – die begint in 543 voor Christus, het sterfjaar van Boeddha – ontkomt men er niet aan om daar waar het met de westerse wereld in aanraking komt, in het handelsverkeer, in de media, op zijn luchthavens, de christelijke jaartelling en de christelijke feestdagen in acht te nemen.

Bibliografie

In hoofdstuk VIII heb ik al opgemerkt dat de literatuur over Jezus voor geen mens meer te overzien is. Ik zal dan ook hier geen poging doen een overzicht van de Jezusliteratuur te geven. Evenmin zal ik alle boeken over Jezus van Nazareth, Jezus Christus en het christendom die ik in mijn (lange) leven ooit gelezen heb, en waarvan in dit boek ongetwijfeld, onbewust, de neerslag is neergelegd, proberen op te sommen. In dit bibliografisch overzicht beperk ik mij tot de literatuur die ik specifiek voor dit boek heb gebruikt. Er zij aan toegevoegd dat ik op internet verscheidene websites heb geconsulteerd. Dit kan de lezer ook zelf doen. Ik raad hem en haar echter aan het onderwerp nauwkeurig te omschrijven, want een zoektocht onder de aanwijzing 'Jezus' levert op internet een *mer à boire* op, waarin men verdrinkt.[1]

Wat betreft de door mij gebruikte evangelietekst nog de opmerking dat ik daarvoor de oude Willibrord-vertaling heb gebruikt waarmee ik vertrouwd was. De lezer en lezeres die met de Statenbijbel of de Canisius-vertaling zijn opgegroeid zullen zich van woorden en passages uit het evangelie die in dit boek voorkomen wellicht een wat andere formulering herinneren. Omdat het in dit boek niet om een exegetische studie gaat, doet de formulering er niet zoveel toe; qua betekenis ontlopen de verschillende vertalingen van het evangelie elkaar niet veel. Ik heb ervan afgezien de 'katholieke' schrijfwijze van namen uit de Willibrord-vertaling over te nemen. In plaats daarvan gebruik ik de thans zowel in protestantse als katholieke kring gebruikte schrijfwijze van het Nederlands Bijbel Genootschap.

---

[1] Wie bijvoorbeeld op de zoekmachine Google het woord 'Jesus' inbrengt, krijgt op dit moment meer dan 5 miljoen items voorgeschoteld!

BASISLITERATUUR

Bijbelse encyclopedie, red. W.H. Gispen en andere (5de druk; Kampen 1975)
Bijbelse persoonsnamen van A tot Z, Nederlands Bijbelgenootschap, samenstelling Rob van Riet (2de druk; Utrecht 1999)
Bijbels-historisch woordenboek, vertaling van *Biblisch-historisches Handwörterbuch* (Utrecht/Antwerpen 1969)
De Heilige Schrift. Het Oude en het Nieuwe Testament, vertaling uit de grondtekst met aantekeningen in opdracht van de Apologetische Vereniging 'Petrus Canisius' (Utrecht/Antwerpen 1963)
De Wereld van de bijbel. Inleiding tot de lezing van de Heilige Schrift, het katholiek bijbels werkgenootschap (Utrecht/Antwerpen 1957)
Grote Winkler Prins. Encyclopedie in twintig delen (7de druk; Amsterdam/Brussel 1966-1975)
Het Nieuwe Testament van Onze Heer Jesus Christus, Katholieke Bijbelstichting Sint-Willibrordus, Den Bosch (Den Bosch 1961)
In het voetspoor van de bijbel. Atlas van het Heilige Land vroeger en nu, Reader's Digest (Amsterdam/Brussel 1983)
Jezus en zijn tijd, Reader's Digest (Amsterdam/Brussel 1988)
'Jezus! Beelden van een multireligieus verschijnsel', themanummer van *Spiegel Historiael* (jrg. 37, nrs. 3-4, maart/april 2002)
Propyläen Weltgeschichte, Vierter Band; *Rom. Die römische Welt*, Golo Mann und Alfred Heus, redactie (Berlijn/Frankfurt/Wenen 1963)
Wie is Jezus?, John Drane, Vereniging tot verspreiding der Heilige Schrift/Bijbel Kiosk Vereniging (2de druk; Amsterdam 1995)

OVERIGE LITERATUUR

Albert Schweitzer, Capita selecta uit Schweitzers theologie, samengesteld door M. de Goeij (Den Haag 1981)
Augstein, Rudolf, *Jesus Menschensohn* (München/Wenen 1972)
Bornkamm, G. *Jezus van Nazareth* (Zeist/Antwerpen 1963)
Bruyn, C.C. de (red.) *Jezus, het verhaal van zijn leven* (Den Haag 1980)
Bultmann, Rudolf, *Jezus Christus en de mythe*, met een inleiding van J.M. de Jong (Amsterdam 1967)
Cahill, Thomas, *Jezus en de wereld in die dagen* (Amsterdam 2000)
Crossan, John, Dominic & Jonathan L. Reed, *Excavating Jesus. Beneath the Stones, Behind the Texts* (San Francisco 2002)
Ehrmann, Michael W. Holmes, *The New Testament. A historical intro-*

duction to the early writings (New York/Oxford 2000)

Flavius Josephus, *De joodse oorlog,* Ambo klassiek (2de druk; Schoten 1992)

Flavius Josephus, *De oude geschiedenis van de joden,* deel I (3de druk; Amsterdam 2002); deel II (2de druk; Nijmegen 2002); deel III (2de druk; Amsterdam 2002)

Flusser, David, *Jezus – een joodse visie* (Hilversum 2001)

Gibbon, Edward, *The Decline and Fall of the Roman Empire,* An Abridgement by D.M. Low (Londen 1974)

Giebels, Lambert J., *Ontwikkeling van het democratisch denken. Democratie: participatie en delegatie* (Amsterdam 1987)

Hart, Maarten 't, *Wie God verlaat heeft niets te vrezen. De Schrift betwist* (5de druk; Amsterdam 2002)

Hart, Maarten 't, *De bril van God. De Schrift betwist* II (2de druk; Amsterdam/Antwerpen 2002)

Hermesdorf, B.H. D., *Schets der uitwendige geschiedenis van het Romeins recht* (7de druk; Nijmegen 1971)

Heyer, C.J. den, *Opnieuw: Wie is Jezus?* (5de druk; Zoetermeer 2002)

Keller, Werner, *En de bijbel heeft toch gelijk. De historische juistheid wetenschappelijk bewezen* (Amsterdam/Brussel 1980)

Kuitert, H.M., *Jezus: nalatenschap van het christendom. Schets voor een christologie* (2de druk: Baarn 1998)

Lehmann, Johannes, *Het Jezus concern. Wat Jezus werkelijk wilde en hoe Paulus Christus voorstelde* (Deventer 1973)

Maier, Paul, *Pontius Pilatus* (2de druk; Zoetermeer 2002)

Meershoek, G.Q.A., *Herbronning van de evangeliën – een boeiende ontdekkingstocht* (Oegstgeest 1992)

Ree, Erik, *Jezus van Nazareth* (Amsterdam 1986)

Schillebeeckx, Edward, *Jezus, het verhaal van een levende* (7de druk; Bloemendaal 1980)

Slavenburg, Jacob, *Valsheid in geschrifte. De gespleten pen van bijbelschrijvers* (5de druk; Zutphen 1997)

Sölle, Dorothé und Louise Schottroff, *Jesus von Nazareth* (z.p. 2000)

Stolp, Hans, *Jezus van Nazareth – esoterisch bijbelezen* (9de druk; Deventer 1998)

Thiede, Carsten Peter, *Jesus – der Glaube, die Fakten* (Augsburg 2003)

Vaart Smit, W. van der, *Geboren te Betlehem. Kerstmis zoals het werkelijk was* (Roermond/Maaseik 1964)

Wilson, A.N., *Jezus – een biografie* (6de druk; Amsterdam 2001).

Wilson, Ian, *De lijkwade van Turijn* (Utrecht/Antwerpen 1979).

Illustratieverantwoording

1 David Flusser, *Jezus. Een joodse visie*, p. 26 (Hilversum: B. Folkertsma Stichting voor Talmudia, 2000).
2 Ikonenbriefkaartenboek, Alphen aan den Rijn.
3 Simon Schama, *De ogen van Rembrandt*, p. 280, (Amsterdam/Antwerpen: Contact, 1999).
4 Thermen Museum Rome, in: *Propyläen Weltgeschichte*, vierter Band, p. 321. (Berlijn/Frankfurt/Wenen: Propyläen, 1965)
5 John Dominic Crossan & Jonathan L. Reed, *Excavating Jesus. Beneath the Stones, Behind the Texts*, p. 70-71 (San Francisco: Harpers Collins, 2002).
6 Fotoalbum *Iconografico Sindonia*, Torino, z.j.
7 *In het voetspoor van de bijbel*, p. 155 (Amsterdam/Brussel: Reader's Digest, 1983).
8 *Jezus en zijn tijd*, p. 130 (Amsterdam/Brussel: Reader's Digest, 1988).
9 Idem, p. 88.
10 *Spiegel Historiael*, nr. 3-4, jrg. 37, maart/april 2002, p. 122.
11 *De ogen van Rembrandt*, p. 407 (Amsterdam/Antwerpen: Contact, 1999).
12 Idem, p. 261.
13 *Jezus en zijn tijd*, p. 239, (Amsterdam/Brussel: Reader's Digest, 1988).
14 *De ogen van Rembrandt*, p. 255 (Amsterdam/Antwerpen: Contact, 1999).
15 Google-afbeeldingen.
16 *Spiegel Historiael*, nr. 3-4, jrg. 37, maart/april 2002, p. 161.
17 *Jezus en zijn tijd*, p. 302 (Amsterdam/Brussel: Reader's Digest, 1988).
18 John Dominic Crossan & Jonathan L. Reed, *Excavating Jesus. Beneath the Stones, Behind the Texts*, p. 131 (San Francisco: Harpers Collins, 2002).
19 Idem, p. 243.
20 Idem, p. 170-171 (San Francisco: Harpers Collins, 2002).
21 Kerst- en nieuwjaarskaart 2001 van monseigneur M. Muskens.

Persoonsnamenregister

Abba Chilka 118
Abgar 62
Abraham 11, 130, 214
Adam 11, 24
Agapius 179
Albinus 147
Alcemene 148
Alexander, zoon Herodes de Grote 83
Alexander II 177
Alexander de Grote 22, 70
Alexandra, Hasmonese koningin 73
Allah 181
Ambrosius 172
Amos 144
Ananus 31
Andreas 106
Anna 42
Annas 55, 91, 138-139, 142
Antigonus 76, 81
Antiochus II 71
Antiochus III 74
Antiochus IV, Epiphanes 71, 112
Antipas, joodse gouverneur van Idumea 74
Antipas, zoon van Herodes de Grote 83-84
Antipater 74-75
Antonius, Marcus 75-77, 79
Antrongas 101
Aphrodite 203
Apollo 61
Apollonius 72
Aquino, Thomas van 207
Arcand, Denys 169
Archelaüs 84-85
Aristobulus 74
Aristobulus I 72, 83
Aristobulus II 73
Aristoteles 207
Armstrong, Karen 162
Aser 42

Athanasius 33-34
Augstein, Rudolf 163
Augustinus 18, 206
Augustus, keizer 36, 38, 44, 55-56, 77-78, 81, 83-85, 87, 92, 140, 197, 208
Averroës 207
Avicena 207

Baäl 68
Bach, Johann Sebastian 206
Bagetti, Bellarmino 191
Balthasar 42
Barabbas 143
Bartolomeüs, ook Natanaël genoemd 106
Beatrix, koningin 208
Beauvoir, Simone de 60
Boeddha 104-105, 214, 216
Bornkamm, G. 162-163
Borromaeus, Carolus 62, 66
Bosch, Jeroen 129
Boudewijn van Boulogne 173
Brown, Father 202
Bruin, C. de 150
Brutus 76
Buber, Martin 214
Bultmann, Rudolf 160-161, 164-165, 174

Caesar, Julius 13, 75-77, 185
Carbo, Vergilio 190
Caspar 42
Cassius 75-76
Celsus 35
Cervantes Saavedra, M. de 167
Chamberlain, Houston Stewart 35
Chanan 118
Chanina ben Dosa 118
Charon 198
Chorni de Cirkeltrekker 118
Claudius 13, 88

Clemens van Alexandrië 61
Confucius 214
Constantijn de Grote 171, 194, 197, 203-205
Constantinus 197
Copernicus, Nicolaus 150-151, 170
Coponius 85
Cornelius Gajus 147
Crassus, Marcus 75
Crossan, John Dominic 175-176, 183
Cyprianus 61
Cyrillus van Alexandrië 61
Cyrus de Grote 69-70

Dante Alighieri 206
Darius III 70
David 36, 39-40, 68-69, 72, 77, 100-101, 112, 122, 155
Demetrius II 72
Descartes, René 206
Dewi 67
Diderot, Denis 153
Dionysius Exiguus 65
Domitianus 13
Dostojevski, Fjodor M. 206

Elia 56, 118, 158
Elias 112
Elisa 122
Elizabet 40, 56
Eusebius 203
Eva 24
Eyck, Jan van 64
Ezechiël 69-70, 72

Fanuël 42
Faroek 181
Filippus 106
Florus 143
Flusser, David 18-19, 118, 134, 201

Galilei, Galileo 151-152
Gamaliël 119
Gandhi, Mahatma 116
Gibbon, Edward 23, 144
Giffen, Hubert von 178
Graves, Robert 168

Haasse, Hella S. 169
Hadrianus, keizer 203
Haroen al Rasjid 173
Hart, Maarten 't 34-35, 65, 122
Hegel, Georg Wilhelm Friedrich 44
Helena 172, 203

Heracles 148
Herodes Agrippa 146
Herodes Antipas 50, 58-59, 75-77, 84, 106, 108, 101, 126, 129, 140, 176, 187-189
Herodes de Grote 38, 43, 50, 55, 78-86, 88, 189, 192
Herodes Filippus 55, 84, 108-109, 127
Herodias 58-59
Hiëronymus 61, 150
Hillil 114
Hitler, Adolf 35, 147
Hobsbawm, Eric 159
Hood, Robin 128
Hosea 43
Huizinga, Johan 168
Hyrcanus I 73
Hyrcanus II 73-75, 77

Immanuel 34
Iraneüs 44
Isidorus van Pelusium 61
Israël ben Eliëzer 123

Jahwe 24, 39-40, 56, 59, 69-70, 73-74, 81, 86-88, 94-95, 98, 100, 109, 114, 117-118, 138, 146, 151, 155, 208
Jakobus, broer van Jezus 12, 15, 28, 31, 44, 49, 108, 139, 195-197, 204
Jakobus, zoon van Alfeüs 106
Jakobus, zoon van Zebedeüs 33, 106, 108, 123, 136, 144, 200
Jannaeus, Alexander 73
Jeremia 26, 56, 131, 135, 158
Jesaja 26, 34, 41, 53, 60, 69
Jezus, zoon van Ananias 147
Jezus van Nazareth, Christus, *passim*
Johannes, zoon van Zacharias 55
Johannes, zoon van Zebedeüs 8, 15, 19, 22, 54, 60, 65, 98, 105-106, 108-109, 120-121, 123-125, 130, 136-137, 158, 177, 183, 200
Johannes I, paus 65
Johannes de Doper 46, 55-59, 66, 98, 100, 105-106
Johannes Paulus II, paus 170, 197
Josephus, Flavius (alias Joseph ben Mathitjahoe ha-Kohen) 11-12, 23, 43, 47, 49-50, 56, 58-59, 66, 85, 91, 93, 95-97, 100-101, 103-104, 117-118, 122, 141-143, 147Jo, 178-179, 194, 196
Jozef, broer van Jezus 49
Jozef, vader van Jezus 11, 35-37, 40-43,

49-50, 53, 106, 196
Jozef van Arimatea   138, 200-201
Jozua   151
Judas, broer van Jezus   49, 108
Judas de Galileeër   39, 44, 50, 100-102
Judas de Makkabeeër   72-73
Judas Iskariot   33, 106, 108, 123, 135
Judas Taddeüs   106
Juliana, koningin   197
Jupiter   45
Justinianus I   207
Justinus de Martelaar   61

Kaïfas   55
Kajafas   91-92, 94, 137-139, 142, 193-194, 198, 200, 204
Kautsky, Karl   116
Khomeiny, ayatollah   68
Kierkegaard, Søren   207
Kleopatra   77
Kuitert, H.M.   164

Lazarus   121-122, 131
Leibnitz, Gottfried Wilhelm   153
Lemair, André   196
Leo XIII   18
Lepidus   75, 77
Lessing, Gottold Ephraim   154
Levi, bijnaam van Matteüs   106
Livia   55
Lofferda, Stanislav   190
Lucas   7, 11, 16, 18-21, 37-43, 49, 51, 56, 53-57, 60, 105-106, 112, 128-130, 136, 140, 144, 146, 178, 183-184, 198
Lucianus van Samosata   14
Ludwig, Jacob   168
Luther, Maarten   151
Lysanias   55

Machiavelli, Niccolò   81
Maerlant, Jacob van   150
Maier, Paul   169
Makarios   172, 197, 203
Malchus   137
Manasse   69
Mao Zedong   216
Marcus   7, 15, 18-20, 53, 57, 106, 112, 127, 135-137, 144, 177, 183-184, 200
Maria, moeder van Jezus   35-36, 40-43, 49, 56, 65, 108, 191
Maria, zuster van Lazarus   130
Maria Magdalena   33, 54, 60
Mariamne   82-83

Martha, zuster van Lazarus   130
Marx, Karl   212
Matteüs   7, 11, 15, 18-20, 34-35, 38, 42-43, 50-51, 53, 56-60, 106-108, 112, 114, 116-117, 122, 126, 127, 136-137, 141, 143-144, 177, 183-184, 199-200
Maurois, André   168
Melachthon   151
Melchior   42
Menahim   102
Messias ben David   155
Micha   40
Mohammed   214, 215
Montesquieu, Charles de   153
Mozes   52, 59, 61, 68, 87, 96, 101, 112, 114, 139, 146, 208, 214
Muhammad Ali al-Samman   181

Naguib, kolonel   181
Natanaël, zie Bartolomeüs   106
Nebukadnezar II   69
Newton, Isaac   212
Nicodemus   139, 200-202
Nikolaüs   82
Nietzsche, Friedrich   159, 183, 207

Octavianus (Augustus)   75, 77

Panthera Abdas   35
Passolini, Paolo   169
Paulus, ook Saul en Saulus   7, 14-16, 23-24, 30-32, 44, 88, 183
Petrus, zie Simon   7, 15-16, 29-33, 106, 108, 112, 116, 136, 146, 176, 190-200, 205
Philo   141
Pines, Shlomo   179
Pio, pater   195
Pisa, Secundo   62, 64
Pius XII   89
Plato   15, 17, 206
Plinius de Jongere   12-14, 140
Pompejus, Gnaeus   74-75, 77, 86, 88, 118
Pontius Pilatus   14, 29, 43, 55, 88-94, 101-103, 127, 135, 139-143, 147, 169, 172, 178, 188, 199-200
Protagoras   211
Ptolemaeus, minister   82
Ptolemaeus Soter, koning   70, 151

Quirinius   36, 38-40
Quispel, Gilles   197

Ranke, Leopold 154, 170
Ratio 170
Reed, Jonathan L. 176
Reimarus, Herman Samuel 154-155, 158, 160, 200
Remus 44
Renan, Ernest 154-155, 169
Robinson, James M. 182
Roma 79
Romanus Lecopenus 62
Romein, Jan 168
Romulus 44
Rousseau, Jean Jacques 153

Salome, dochter van Herodias 59
Salome, viervorstin van Abilene 84
Salomo 68-70, 81, 110
Sartre, Jean-Paul 60, 157, 207
Satan 104
Saturinus 39
Saturnus 45
Scheler, Max 207
Schillebeeckx, Eduard 164-165
Schweitzer, Albert 157-161, 209
Sesbassar 70
Simeon 42
Simon, broer van Jezus 49
Simon bar Kochba 31, 102
Simon de IJveraar 106, 116
Simon de Makkabeeër, koning 72
Simon van Cyrene 144
Simon van Perea 101
Sjah 68
Slavenburg, Jacob 183-185
Socrates 15, 55, 111
Spinoza, Baruch de 152-153
Stefanus 29, 139
Steiner, Rudolf 44
Strachey, Lytton 168
Strauss, David 154-157, 160
Suetonius 13, 112
Süleyman de Grote 173
Sun Yat-sen 216

Tacitus 14, 39, 188
Tatianus 149
Teilhard de Chardin, Pierre 205
Teofilus 16

Teresa, Moeder 123, 209
Tertulianus 61
Theudas de Egyptenaar 101
Thiede, Carsten Peter 163
Thucydides 17, 27
Tiberius 14, 55-56, 87, 90, 92, 106, 145, 188
Timotheus 15
Tischendorf, Konstantin von 17, 176-177, 178
Titus, episcopos 15
Titus, zoon keizer Vespanianus 12
Tolstoj, Lev 167
Tomas, *zie ook* Didymus 106, 108, 145, 165, 182-185, 197
Toynbee, Arnold 205, 216
Trajanus 12, 14, 140, 180, 187
Tribonianus 207
Tzageris, Vasilias 194

Valerius Gratus 91
Varrus 12
Veaux, pater Roland de 187
Veronica 147
Vespanianus 12
Victor van Capua 149
Vinci, Leonardo da 66, 198
Vitellius 102
Voltaire, F.M.A. de 153

Waltari, Mika 167
Weber, Max 210
Weiss, Johann 19
Wilson, A.N. 165-166
Wilson, Ian 61-62, 64

Xenophon 15

Yehochonan ben-Huzkul 194
Yourcenar, Marguerite 168

Zacharia 26, 134-135, 137, 146
Zacharias 55, 56
Zacheüs 60
Zebedeüs 106
Zerubabbel 70
Zeus 72-73, 79, 148
Zweig, Stefan 168